Mariam Lau
Harald Schmidt

Mariam Lau

Harald Schmidt
Eine Biografie

Ullstein

Für Jörg,
Emily, Charlotte und Anna

Inhalt

Anhang

Einleitung

Professionelle Humorproduktion hat mich schon als Kind begeistert. Wir wohnten eine Zeit lang in der Etage unter Wolfgang Neuss in Berlin, dessen anarchischer Witz die Generation meiner Eltern aus der Nachkriegszeit durch den Sittenwandel der Sechziger Jahre getrommelt hatte. Neuss pflegte große Frühstücksgesellschaften abzuhalten, bei denen er, gelegentlich mit Brötchen jonglierend, zu den Schlagzeilen der Tageszeitungen extemporierte. Wenn man aufpasste, konnte man hören, wie diese Improvisationen dann am Abend, rhythmisiert, angereichert und verdichtet, ihren Weg zu einem großen Publikum fanden. Neuss führte ein wüstes Leben, war Sozialdemokrat (bis man ihn ausschloss), Metzger, Filmemacher, hatte einen Finger im Krieg verloren, las heute Rilke, morgen Mickey Maus, konnte schmetternd lachen, stand aber gelegentlich auch laut heulend in der Gegend herum, weil er Liebeskummer hatte – kurz: Neuss schöpfte aus dem Vollen, und deshalb liebten ihn die Leute. Erstmalig in der Geschichte des deutschen Humors wurde jemand gleichzeitig von Intellektuellen wie von Proleten geschätzt.

Wie man weiß, währte dieses Glück nicht lange, und es ist danach auch nie wieder vorgekommen – bis Harald Schmidt auftauchte. Durch seine Herkunft aus einem katholischen, kleinbürgerlichen Milieu, das aber auch dem schwäbischen Bildungsbürgertum gegenüber offen war, konnte er den Feuilletonredakteur ebenso für sich einnehmen wie die Fremdsprachenkorrespondentin. Spielend leicht kann er im Laufe eines Abends von den antibürgerlichen Klischees (»Seine Hunde hießen Minima und Moralia«)

zu giftigen Bemerkungen über die Massenkultur gleiten (»Guildo Horn geht zum Friseur: bitte einmal legen und fetten«), und so waren schließlich alle zufrieden. Zeitweise.

Schmidts Vita ist eine Aufsteigerlegende mit glücklichem Ausgang, so denkbar wohl nur in einer Gesellschaft wie der Bundesrepublik, deren derzeitiger Kanzler eins von fünf Kindern einer Putzfrau ist. Deshalb geht es in Schmidts Texten auch zentral um Benimmfragen: wie man »anders reist«, wie man ein Rotweinglas hält, wie man über den neuen Roman von Jonathan Franzen spricht und welches Waschbecken cool ist. Schmidt hat kein Hochschulstudium absolviert, dafür aber eine Art autodidaktische Abendschule: Im Deutschen Herbst 1977 verfolgte er die Arbeit von Claus Peymann am Stuttgarter Theater, imitierte dessen Truppe, eignete sich dessen Thomas-Bernhard-Weltbild an, beobachtete seinen Umgang mit Terror und Nazi-Vergangenheit und die Reaktionen darauf in der Presse. Eigene schauspielerische Ambitionen, trainiert an der Stuttgarter Schauspielschule, fanden einstweilen ein trauriges Ende am Stadttheater Augsburg, wo er jahrelang als bedeutungsloser Mameluck für glücklichere Kollegen Säcke über die Bühne schleppte. Gerettet hat ihn Kay Lorentz, der Gründer des Düsseldorfer Kom(m)ödchen, der ihn in den achtziger Jahren an sein Haus holte und damit in die Tradition des mahnenden und warnenden deutschen Kabaretts sozialdemokratischer Prägung.

Schmidts großer Traum war damals der Samstagabend im deutschen Fernsehen, die Metamorphose zum Erben von Peter Frankenfeld, Hans Rosenthal oder Rudi Carell, nur eben für die frühen Neunziger. Als er dann schließlich dort angekommen war, mit »Verstehen Sie Spaß« und zunächst sehr respektablen Einschaltquoten, war der Kitzel schnell verflogen. Mit einem Schlag verschwanden die langen Haare, die alte Freundin, der Flirt mit dem Massenpublikum und hervor trat: Dirty Harry. Dass der wütende Biss nicht aus innerer Ranküne, sondern wohlkalkulierten Einschätzungen der allgemeinen Stimmungslage entsprang, dass man es also bei Harald Schmidt mit einem Fuchs im Wolfspelz zu tun hatte, wurde einem erst später klar, als der Furor der frühen Jahre einem gelassenen Parlando Platz gemacht hatte.

Flankiert von der Debatte über politische Korrektheit lancierte Schmidt in seiner Late Show Türkenkasper und Polenwitze, Ossi-Satiren und Betroffenheits-Gedröhn und haute so lange auf Akademiker ein, bis sie ihm aus der Hand fraßen. Schmidt verkörperte eine völlig ungewohnte gelehrige Unbeschwertheit: deutsch, aber glücklich! Seine Hitler-Parodien (»Der Führer hatte nur ein Ei«) waren von hinreißender Leichtigkeit, hatten geradezu Lubitsch-Touch – zumal sie eindeutig nicht von der finsteren Indifferenz zeugten, die sein Epigone Stefan Raab an den Tag legt.

Ich musste ihn also einfach verehren. Und begann, ihm nachzustellen. Ich wollte wissen, wie all das zusammenhing: der Biss und der Katholizismus, das sozialdemokratische Kabarett, die politische Inkorrektheit, das Kulturkonservative und das durchaus Freundliche im Umgang. Ich spielte sogar mit avancierten Diätplänen: falls ich ihm denn mal begegnen sollte, wollte ich nicht so maßlos vor mich hinwoppeln. Aber weder Charmoffensiven noch Drohungen, weder raffinierte Tricks noch Winkelzüge wollten verfangen: Harald Schmidt gab Interviews landauf, landab; lächelte hier, laudierte da – nur eben nicht bei mir. Eine Biografie, so wurde mir bedeutet, sei mit seiner Unterstützung absolut nicht zu machen, er wolle »ein Geheimnis bleiben«. Seine Bonitos, loyal bis zur Selbstaufgabe, bildeten ebenfalls eine Front aus Granit; wenn auch Manuel Andrack mir immerhin netterweise seine Magisterarbeit zukommen ließ. Mein privater Starrsinn, aber vor allem die freundliche Hilfe von Herbert Feuerstein, Fred Kogel, Kay Lorentz junior, Anka Zink, Karin Zahn, Fred Ilgner, Sabine Busch, Gernot Binkle, Hilmar Bachor, Michael Au, Martin

Hoffmann, Ulrike Schmid, Michael Kost, Andreas Warausch und die vieler anderer führte dann dazu, dass dieses Buch doch noch zustande kam.

Wie gern hätte ich Harald Schmidt durchgehend gefeiert! Hinterrücks haben sich die Zeiten aber im Laufe der Recherchen doch sehr verändert, die Lage hat sich auf allen Fronten zugespitzt, und dieser Zuspitzung, so finde ich jedenfalls, war Schmidts Comedy nur selten gewachsen. Nicht, dass es keinen Bedarf nach Satire mehr gäbe, im Gegenteil. Andere Entertainer – David Letterman zum Beispiel – haben die Kurve auch durchaus genommen. Bei Schmidt aber treten plötzlich Schwächen zutage, die in den sieben fetten Jahren, als das Witzeln noch gegen die Gutmenschenkultur geholfen hat, gnädig verborgen blieben. Sein Auftritt nach dem 11. September, die absolute Berechenbarkeit seiner Reaktionen auf Flutkatastrophe und Rezession konnten selbst eingefleischten Sympathisanten zu denken geben. Selbstzufrieden kreist seine Show mittlerweile um sich selbst, vakuumverpackt vor dem Rest der Spaßgesellschaft geschützt. Den Gründen für diesen seltsamen Leistungsknick musste ich unbedingt nachgehen. Aber wir Fans wissen: das letzte Wort über His Schmidtness ist noch lange nicht gesprochen …

Der Teufel bleibt

Besuch in Nürtingen

Wer nachts mit dem letzten Zug in Nürtingen ankommt, sieht sich nach dem eiligen Weghuschen der wenigen Mitfahrenden einer gespenstischen Leere gegenüber. Es ist niemand da, gar niemand, es kommt auch kein Auto vorbei und erst recht kein Taxi. Aber in einer Ecke des Bahnhofs leuchtet es: Hier steht Harald Schmidt, überlebensgroß, als Pappfigur hinter dem Modell des Nürtinger Bahnhofs, das er mit den Leuten von Bonito, seiner Produktionsfirma, für die Show vom 19. Dezember 2001 aus Märklin-Elementen zusammengebastelt hatte. Oben rechts in der Ecke hängt der Monitor, auf dem die Sendung wiederholt wird, in der Schmidt dem Rest der Welt seine Heimatstadt erklärte. Anschließend sollte das Modell im Internet versteigert werden, zugunsten der SOS-Kinderdörfer.

Für den verzagten Zugereisten hat die Installation mit ihrer Wiederholungsmaschinerie etwas Tröstliches; die Züge machen weiter, der Conférencier macht weiter, die Sonne über Nürtingen macht weiter – für die Nürtinger ist die Sache eher zweischneidig. In Schmidts Heimatfilm waren sie als tendenziell einfältig, verklemmt (»Es gibt keine käufliche Liebe in Nürtingen«), unterdurchschnittlich begabt (anderswo gescheiterte Gymnasiasten werden täglich mit dem »Tageszügle« eingefahren), typisch schwäbisch dargestellt – mit einem Wort: als provinziell heruntergekommen, und das hat einige durchaus gekränkt. Andreas Warausch, Kulturredakteur der *Nürtinger Zeitung*, schrieb dem »neu entdeckten Patrioten« einen offenen Brief: »Lieber Harald Schmidt, wir Nürtinger möchten uns bei dir bedanken. Danke! Du willst unseren Bahnhof versteigern. Zuerst habe ich sogar gedacht, den richtigen, den echten. Mit all seinem Müll drumherum, mit all seinen steilen, dunklen Treppen, mit all seinen Verspätungen. Da bin ich sogar wach geblieben, bis nach Mitternacht. Das tue ich sonst nie, du weißt doch, wenn die Bürgersteige hochgeklappt werden, geht der brave Nürtinger schlafen. Etwas war ich schon enttäuscht, dass es dann nur ein Modell war. Nur a bissle. Denn es ist so toll, dass du Nürtingen eine Stunde lang mit Emotions gepowert hast. Eine Stunde im Fernsehen. Das hat bisher noch keiner geschafft. Et mol des Sandmännle. Was denkst du, wie die restlichen paar Deutschen außerhalb Nürtingens, die deine Show am Mittwoch angeschaut haben, noch vor der ersten Werbepause geschlafen haben? Danke, Harald, du bisch besser wie des Sandmännle …«[1] Man hat keine allzu hohe Meinung von sich selbst (vermüllter Bahnhof, verschlafene Anmutung), möchte diese aber nicht von jemandem ins Land hinausposaunt hören, der sich davongemacht hat und dabei auch noch reich und berühmt geworden ist. »Wer in Nürtingen selbst eine Abrechnung mit dem vermeintlichen schwäbischen Biedersinn und kleinbürgerlicher Provinzialität erhofft hatte, sah sich enttäuscht«, hieß es in einer Rezension der Sendung. »Wer in Nürtingen eine solche Abrechnung befürchtet hatte, sah sich erleichtert.«[2] Diese Ambivalenz dürfte so mancher empfunden haben; man wünscht sich die öffentliche Anprangerung dessen, was man selbst gelegentlich bei aller Liebe unerträglich findet, und fürchtet sie zugleich. Denn all das fällt schließlich auf den einzelnen Nürtinger zurück: man ist halt dageblieben.

Aber die Beleidigten ließen sich nicht lumpen. Als die Internet-Auktion nach kurzer Zeit gescheitert war, weil die Meistbietende gar kein Geld hatte, trat eine Initiative des Nürtinger »Kulturvereins Provisorium« auf den Plan, die mit Schmidt-Maske und Einmachglas vor dem Fotomaten im Bahnhof zu Spenden aufrief. Binnen kurzem hatte man über 28 000 Euro gesammelt, die

Danken für alles: Harald Schmidt mit dem Modell des Nürtinger Bahnhofs (2001)

Schmidt dann überreicht wurden, zusammen mit 15 000 Euro von der Bahn. Man wollte schließlich nichts geschenkt (hätte es wohl auch nicht bekommen). Und so kam das Modell, auf dem so vieles »nicht ganz original gelungen« war, wie Schmidt selbst einräumte, mit Hilfe der Neuffener Speditionsfirma Schall von Köln nach Nürtingen. Dass sich Harald Schmidt zur Einweihung im Frühjahr 2002 nicht einfinden mochte, hing, so vermuteten böse Zungen, mit der Ironisierung seiner Person durch die überlebensgroße Pappmaché-Figur zusammen, die nun von hinter den Gleisen herüberlinst – »eine Ironisierung«, so kommentierte ein Nürtinger Kunststudent, »die ja auch uns selbst einschließt, die wir ihn so abgöttisch verehren«.

Die Episode erzählt einiges über Harald Schmidt und das Verhältnis zu seiner Heimatstadt, die hier Humor und Hartnäckigkeit an den Tag gelegt hat. Dass er, den die Stadt lachend zu ihren drei Helden zählt – Hölderlin, Härtling, Harry – der umstrittenste ist, und nicht etwa der verrückte Dichter Friedrich Hölderlin, den sie im Hölderlin-Jahr mit einem aufwändigen Theaterspektakel ehren, oder der frühere Nestbeschmutzer Peter Härtling, relativiert doch das Bild der beschränkten schwäbischen Provinz, das Schmidt in seinem Heimatfilm von Nürtingen gezeichnet hat. Kann es sein, dass dieses »Kleinreden« stattfindet, um den eigenen Aufstieg noch ein wenig erstaunlicher zu machen, als er ohnehin schon ist – die Legende vom Künstler aus kargen Verhältnissen?

Statt des bigotten Pietismus, den es natürlich auch gibt – einheimische Kulturkritiker sprechen auch vom »Pietkong« – schlägt einem in Nürtingen nämlich vor allem ein unerschrockener Bildungseifer entgegen: bei 40 000 Einwohnern leistet sich die Stadt immerhin 30 Schulen, darunter eine Kunst- und eine Kunsttherapieschule, eine Wirtschaftsfachschule sowie diverse Berufsschulen, die ihre ganz eigenen Spuren am Bahnhof hinterlassen. Das Rudolf-Steiner-Gymnasium am Ort führt zu großem Beifall die Stücke Peter Härtlings auf, der zu diesen Anlässen immer öfter und lieber nach Hause kommt und eine beiderseitige Annäherung konstatiert, die er sich bestimmt nicht einfach so ausgedacht hat. Niemand hat Grund, die Nürtinger Jazz-Tage zu belächeln, für die sich auch renommierte Musiker wie Aziza Mustafa Zadeh, Chico Freeman oder David Friedman nicht zu schade waren.

Durch die Teilung des städtischen Gymnasiums in eine naturwissenschaftlich und eine sprachlich ausgerichtete Oberschule entstand 1970 das Hölderlin-Gymnasium, das auch Harald Schmidt besuchte. In der freundlich ausgeleuchteten Eingangshalle des Beton-Flachbaus, auf dem Berg hinter dem Metabo-Firmengelände, wird dem Besucher das Gedicht »Lebenslauf« entgegengehalten, wie ausgedacht für den Zögling Schmidt:

»Größers wolltest auch du, aber die Liebe zwingt
All uns nieder, das Laid beuget gewaltiger,
Doch es kehret umsonst nicht
Unser Bogen, woher er kommt.
Aufwärts oder hinab! Herrschet in heil'ger Nacht,
Wo die stumme Natur werdende Tage sinnt,
Herrscht im schiefesten Orkus
Nicht ein Grades, ein Recht noch auch?

Diß erfuhr ich. Denn nie, sterblichen Meistern gleich,
Habt ihr Himmlischen, ihr Alleserhaltenden,
Daß ich wüsste, mit Vorsicht
Mich des ebenen Pfades geführt.

Alles prüfe der Mensch, sagen die Himmlischen,
Daß er, kräftig genährt, danken für Alles lern',
Und verstehe die Freiheit,
Aufzubrechen, wohin er will.«[3]

Danken für alles: In der Theater-AG, die auch Harald Schmidt besuchte, haben sie zuletzt »Herr Puntila und sein Knecht Matti« aufgeführt. Fotos an den Wänden zeigen gutaussehende junge Nürtinger beim emphatischen Spiel; auch Beckett, Nestroy oder Harold Pinter stehen auf dem Programm. Heidi Jüttner, langjährige Leiterin der Gruppe, erinnerte sich im Gespräch mit der *Stuttgarter Zeitung* noch gern und voller Bewunderung an ihren »begabtesten Zögling«, seine »freche Gosch« und seine Improvisationsgabe.

Von den »5833 ehemaligen Jahrgangskameraden, die mit ›dem Harry‹ nach eigenem Bekunden die Schulbank gedrückt haben«, wie die Lokalzeitung süffisant vermerkte, wird diese Einschätzung nicht ungebrochen geteilt. Speziell die Mädchen, so berichtet die einstige Klassenkameradin Gabi Sigler, hätten in Angst und Schrecken vor ihm gelebt. Hundsgemein sei er gewesen und verletzend, habe »schweinisches Zeugs« geredet, bis sie in Tränen ausgebrochen und weggerannt seien, habe den Weiberhelden gespielt, obwohl sich nie eine mit ihm eingelassen habe. Wer ins »Gambrinus« zum Tratschen ging, achtete streng darauf, dass »der Kotzbrocken« nicht davon erfahre.[4]

Das darf man wohl getrost unter ganz gewöhnlicher pubertärer Jungenangst und Mädchenphobie verbuchen. Einen ersten Indikator für genuine Frauenfeindlichkeit wird man kaum darin sehen wollen. Schmidt selbst liegt da sicher näher, wenn er knapp sein Dilemma umreißt: »Scheiße ausgesehen und einfach nichts draufgehabt, was den Mädels imponiert hätte. Die Dates hatten die Sportstars der Schule. Hätte ich bei den Bundesjugendspielen 4000 Punkte gemacht und keine Akne gehabt, hätte ich keine Witze machen müssen.«[5]

Sein ehemaliger Englischlehrer Herr Winter seufzt bei der Nennung des Namens Harald Schmidt leicht gequält, fasst sich aber schnell wieder und bekennt, dass ihm die Schüler der siebziger Jahre mit ihrer aufmüpfigen Art insgesamt doch lieber waren, eine größere pädagogische Herausforderung darstellten als die von heute, die häufig bloß das Curriculum und ihre »Interpretationshilfen zu Don Carlos« abstottern wollten. Kein Leistungskurs ohne den »Faust«; nur bei genügend Zeit und engagierten Spitzenkräften unter den Schülern hat man sich mal Becketts »Endspiel« gegönnt. Das Hölderlin-Gymnasium verfügt schon lange über ein eigenes Symphonieorchester, das bis nach Kanada geladen wurde. Wer will, absolviert »Creative Writing«. Bornierte Provinz?

Im Foyer präsentieren Schüler die selbst gemachte Fotoausstellung »Armut«. Es beschleicht einen der Gedanke, das Milieu, dem Harald Schmidt entstammt, habe viel mehr mit dem nachdrücklichen akademischen Gutmenschentum der siebziger Jahre zu tun, als er es später wahrhaben wollte – was auch seine Zeit als

Texteschreiber und Kabarettist beim Düsseldorfer Kommödchen für die bekennende Sozialdemokratin Lore Lorentz nahe legt. Er konnte da nie so richtig mitschwingen. Auf die Frage, ob er als junger Mann zu den »Betroffenen« und den Idealisten gehört habe, antwortete Schmidt einmal »Idealist ja, betroffen nein. Ich würde sagen: ein idealistischer Witzbold«.[6]

Auch die katholische Kirche am Ort – St. Johannes, bei der Schmidt Organist wurde und in deren Pfarramt er seinen Zivildienst leistete – bildet keine frömmelnde Gemeinschaft von Hinterwäldlern, jedenfalls nicht unter ihrem gegenwärtigen Pfarrer Wolfgang Sedlmeier, bei dem selbst der Hausfrauengottesdienst am Donnerstagmorgen gelöst, freundlich und gänzlich ohne falsche Betulichkeit vonstatten geht. Schmidts Heimatkirche ist ein typischer Bau der fünfziger Jahre in der Tradition der liturgischen Bewegung der Zwanziger, ohne historisierende Spielereien, mit Tabernakel in geometrisch verschachtelten Legofarben Rot, Gelb und Blau. Das Seitenschiff ist gänzlich abgetrennt; in weiser Voraussicht für Zeiten spärlicheren Besuchs. Auf dem Schwarzen Brett an der Tür hängen nicht nur Einladungen zu Wallfahrten nach Lourdes, Santiago de Compostella oder Mariazell, sondern auch ein Brief an den prototypischen jungen Menschen, der im Begriff ist, sich vorbeizuschleichen: »Lieber Mike! Hast du schon gehört; seit einiger Zeit hat die katholische Kirche eine neue Jugendband. Vielleicht denkst du dir, Kirche ist doch langweilig, aber genau das Gegenteil ist der Fall. Wir üben moderne Lieder, wir spielen Unterhaltungs-, Stimmungs- und Kirchenmusik ...«

Man hat dort gute Erinnerungen an Harald Schmidt. Wolfgang Knor, der damals zuständige Pfarrer aus Bad Salgau, schätzte »den Gymnasiasten Schmidt als Organisten und als ehrenamtlichen Mitarbeiter. Nun wollte er in unserer Kirchengemeinde seinen Zivildienst leisten. Gut organisieren konnte er, an seiner Bereitschaft, etwas Sinnvolles zu tun, hatte ich keine Zweifel, und

Mit Bach abgequält, als andere in die Disco gingen: Harald Schmidt (hinten stehend, achter von links) und Mitschüler der Kirchenmusikschule Rottenburg (1978)

er schien ein umgänglicher Typ zu sein. 1977 und 1978 brachte Zivi Harald frischen Wind in unser Pfarrbüro. Wir schätzten seine rasche Auffassungsgabe, freuten uns über seinen Spürsinn für witzige Situationen, ärgerten uns auch gelegentlich über provokante Äußerungen. In den Sommerferien veranstaltete die Gemeinde eine Stadtranderholung für Kinder. Schmidt war natürlich dabei. An einem verregneten Tag erlebte ich unseren Zivi, wie er einen Saal voller frustrierter Kinder stundenlang mit schnell erfundenen Geschichten unterhielt. Junge, in dir steckt noch mehr, dachte ich. Ich hätte ihn mir übrigens auch als Pfarrer vorstellen können.«[7]

Während der Zeit als Zivildienstleistender legte Harald Schmidt an der Kirchenmusikschule Rottenburg die C-Prüfung ab. Mit typischem Understatement merkt er dazu an, dass es danach halt mehr Geld fürs Orgelspielen in der Kirche gegeben habe; ohne C-Prüfung fünf Mark, mit waren es dann fünfzehn – was einen Unterschied machte, denn als jüngster Organist fuhr er jeden Sonntag mit dem Pfarrer über die eingemeindeten Dörfer und spielte auf drei Gottesdiensten. Aber die Ausbildung am Institutum Superius Musicae Sacrae war keineswegs anspruchslos, im Gegenteil. Um überhaupt aufgenommen zu werden, musste man nicht nur großes Talent und die Verwurzelung im religiösen Leben einer Gemeinde nachweisen, sondern auch Kompositionen vom Schwierigkeitsgrad der Sonatinen von Clementi, aus Belá Bartóks Mikrokosmos oder von Bachs zweistimmigen Inventionen vorspielen, auf der Orgel ein Kirchenlied vortragen, ein Kirchen- oder Volkslied singen, ein gutes Gehör und Kenntnisse der Musikgeschichte vorweisen. Die Ausbildung dauerte für externe Studenten, wie Schmidt es war, vier Semester, und umfasste Themen wie »Deutsche Gregorianik«, »Schönes und Warzenhaftes am Barock«, »Hymnologie« (darunter beispielsweise auch »Die Zeit des Nationalsozialismus im Spiegel von Kirchenliedern«), Chorleitung, aber auch Akkorde in der Popmusik, Schlagzeuggrooves, Stimmbildung, Zungenpfeifen, Komponieren mit dem Computer und so weiter. Kommilitone Walter Hirt, heute selbst Musikdirektor der Diözese, erinnert sich, dass Schmidt sehr bald improvisiert und Liedsätze selbst arrangiert habe, was oft zu einiger Unruhe bei seinen Zuhörern im Gottesdienst führte, wenn es zu verjazzt klang. Es sei ihm mit der Musikausbildung sehr ernst gewesen. Zugleich habe Schmidts größte Freude darin bestanden, am Abend nach Vorlesungsschluss die Fahrräder der Studentinnen zu klauen, sich mit Kommilitonen in einem der Musikzimmer zu verschanzen und auf der Orgel den »Schneewalzer« zu spielen, während ein anderer auf dem Rad um das Instrument herumraste. Auch habe er gern und häufig zur Unterhaltung der versammelten Mannschaft den Dr. Helmut Kohl gegeben, wie es auch zur damaligen Zeit schon üblich war. Bei der Abschlussprüfung habe er, Hirt, Schmidt beim Orgelspiel umblättern sollen; aber dieser habe so verteufelt schnell gespielt, dass er die erste Seite verschlafen habe, wodurch Schmidt dann bald aus dem Tritt gekommen sei. Statt dann mit hochrotem Kopf paralysiert vor dem Blatt zu sitzen und die Sache verloren zu geben, sei Schmidt an die Brüstung gerannt und habe zur Kommission heruntergerufen: »Meine Damen und Herren, bitte entschuldigen Sie, aber der Hirt ist einfach zu dämlich zum Umblättern!« Alles lachte, und die Situation war gerettet.

Trotzdem darf man sich diesen Lebensabschnitt nicht als launige Feuerzangenbowle vorstellen. Im Antje Vollmer-Deutsch würde man wohl eher vom »gelebten Glauben« Harald Schmidts sprechen, in seinem Fall eine sehr private Angelegenheit, mit Bigotterie-Schutzfaktor 32, gut abgeschirmt durch unfeierliches Auftreten. Von außen wirkt es, als habe dieser ursprünglich katholische Glaube nicht nur durch das pietistische Nürtingen, sondern auch durch die Musik Bachs eine stark protestantische Färbung angenommen. Das Solipsistische, aber auch der gelegentliche Weltekel Bachs, das »Ich habe genug«, schwingt in vielen Äußerungen Schmidts mit. Auf die Frage, was seine Utopie in Bezug auf das menschliche Zusammenleben sei, hat er beispielsweise einmal geantwortet: »Travel in your own country. Im übertragenen Sinn: Lass mich! Belästige mich nicht.«[8] Die Möglichkeit, sich von der Welt mit ihren Colas und gefährlichen Mädchen zurückzuziehen und zugleich Teil einer imaginären Gemeinschaft zu werden, hat sich für den Teenager und jungen Mann Harald Schmidt wohl gerade mit der Musik Bachs geboten. Verschwende deine Jugend!

Das Musik-Label *Universal Classics* konnte Harald Schmidt für seine Reihe »XY trifft ...« gewinnen, in der Iris Berben Verdi präsentiert (»Bei Iris Berben startet ein Film im Kopf, wenn der Name Verdi fällt«), Diedrich Diedrichsen, stets dem Widerspenstigen zugeneigt, Arnold Schönberg vorstellt; Christoph Schlingensief es gutgelaunt mit Wagner aufnimmt und Dieter Wedel mit Mozart. Im Booklet schreibt Schmidt: »Mein Klavier- und Orgellehrer

Schönes und Warzenhaftes am Barock: Bachliebhaber Harald Schmidt am Flügel (1994)

Otto Lehmann, gebürtig aus Danzig, war evangelischer Kirchenmusikdirektor. Deshalb gab es für mich in den ersten Jahren meines Klavierunterrichts nichts außer Bach – zweistimmige Inventionen und Sinfonien. (...) Ich darf also mit gutem Recht behaupten, dass ich mich zu Zeiten, da andere in die Disco gingen, mit Bach abgequält habe und überwiegend an ihm gescheitert bin. Eigentlich ausschließlich. Merkwürdigerweise ist daraus nicht eine sofortige Abkehr nach Ende des Klavierunterrichts (immerhin bis zu meinem 19. Lebensjahr) entstanden, sondern eine immer tiefere Bewunderung. Wissenschaftlich fundiert formuliert: Bach ist für mich der Größte! Einfach super, dieser Workaholic aus Thüringen! (Schließlich soll ja die Jugend angesprochen werden.)«[9] Die Idee der »trifft«-Reihe, Klassik-Verächtern ein E für ein U vorzumachen, greift Schmidt auf, indem er die eigenen Kenntnisse als Blendwerk präsentiert, das sich jeder leicht aneignen kann: »Die Fantasie G-Dur eignet sich auch für mogelbegabte Hilfsorganisten (wie ich einer war) ideal für Hochzeiten. Der erste Satz ist technisch nicht allzu schwierig (ich weiß, ich weiß), klingt aber so virtuos, und beim zweiten kann man nach der ersten Seite Schluss machen. Die Gemeinde ist gerührt!«[10]

Dass es überhaupt eine katholische Gemeinde im ansonsten protestantischen Nürtingen gibt, verdankt sich dem Zuzug der Vertriebenen – darunter die Eltern Harald Schmidts – aus dem Osten vor und nach dem Ende des Zweiten Weltkriegs. Aber auch hier hat Nürtingen wieder einige Überraschungen parat. Die Vorstellung von den zähnefletschenden, lodenberockten Revanchistenvereinen muss man korrigieren. Zwar wurden der Sudetendeutschen Landsmannschaft unter ihrem Vorsitzenden, dem Arzt Dr. Staffa, vor allem in den ersten Jahrzehnten durchaus nationalistische Neigungen und eine enge Verbindung zum rechtsradikalen »Deutschen Kreis« nachgesagt. Dass die Vertriebenenverbände aber nicht, wie anderswo, von der CDU absorbiert wurden, sondern als dominierende Kraft der Partei Freier Wähler autonom blieben, hängt höchstwahrscheinlich mit ihrer Wertschätzung guter Nachbarschaft und bestickter, aber unbeschwerter Traditionspflege zusammen, die sich eher als Teil der Spaßgesellschaft denn als ihr Gegner versteht. Um die Spätaussiedler der vergangenen Jahre hat man sich bemüht – aber bislang vergebens. Sie sind sehr religiös, Baptisten, Orthodoxe, und wollen unter sich bleiben.

Gelegentlich fährt man in die alte Heimat, aber nicht, um dort Restitutionsverfahren anzustrengen oder Rache zu brüten, sondern um Kirchen, Denkmäler und Stadtmauern wieder aufzubauen, die im Sozialismus verfielen. Im Nürtinger Haus der Heimat, in dem die Säbel der Studentenverbindung Ceres nebst ausgestopften Füchsen hängen, die alten böhmischen Bibeln, die Trachtenkleider, Bierkrüge, Gedenkmedaillen und Vignetten, da trifft sich auch der Judo-Verein, der Shanty-Club, Feuerwehr, Alpenverein und Heimatjugend. Das mag nicht der Ort sein, zu dem man George Michael beim Deutschlandbesuch mitnehmen würde. Aber Nazi-Deutschland ist es eben auch nicht.

Erwin Kronewitter, Bauunternehmer am Ort und Vorstand des Böhmerwaldbundes, erinnert sich, wie er als Sechzehnjähriger mit seiner Familie nach Nürtingen kam. »Den Einheimischen wurde von einem Tag auf den anderen gesagt: zieht eine Spanische Wand durch euer Schlafzimmer, euer Wohnzimmer, und nehmt diese Leute auf. Man teilte die ohnehin nicht luxuriösen Toiletten miteinander, und das praktisch nicht vorhandene Essen. Wer möchte so was schon? Dass man uns nicht gleich mit offenen Armen empfangen hat, kann wohl niemanden überraschen.«[11]

Auch Peter Härtling, selbst Vertriebenenkind wie Harald Schmidt, notierte zu seiner Ankunft in Nürtingen 1946 aus dem Flüchtlingslager Wasseralfingen in seinem Roman »Herzwand«: »Die Einheimischen beobachteten die Ankömmlinge aus der Entfernung. Fremde, und nicht die ersten, die behaupteten, Häuser und Höfe besessen zu haben, und nichts als dreckige Bündel und ihre Anmaßung mitbrachten. Fremde, die vorgaben, Deutsche zu sein, und sich in einer fremden Sprache ausdrückten. Fremde, die man weit fort wünschte. (…) Der Krieg hatte die Stadt von Bomben und Granaten verschont. Nicht nur das. Sie schien konserviert, samt ihren Bewohnern. Offenkundig verweigerten sie sich der Gegenwart, ihren Neuigkeiten und Umstürzen. Zwar trugen sie keine braunen und schwarzen Uniformen mehr, doch eine Aura hatte sich erhalten, so als folgten die Bewohner, wenngleich verstohlen, dem Führer weiter.«[12] Man kann sich vorstellen, dass die gegenwärtige Annäherung zwischen Härtling und Nürtingen auf beiden Seiten erhebliche Abräumarbeiten voraussetzte.

Auch Harald Schmidts Eltern gehörten, wie gesagt, zu diesen Vertriebenen. Anton Schmidt, bis zu seiner Pensionierung Angestellter bei der Stadtverwaltung, kommt aus dem Sudetenland; Martha Schmidt, etwa zwanzig Jahre jünger als ihr Mann und gelernte Kindergärtnerin, aus Südmähren. »Meine Mutter war neun, als es nachts hieß: Rucksack auf und ab zu Fuß«, berichtet Harald Schmidt. Dem Vereinsleben der Vertriebenen konnte er aber nichts abgewinnen. Auf den »Flüchtlingstreffen« seien »Funktionäre im Trachtenanzug« aufgetreten, »die immer die falschen Sätze sagten. Ich konnte es nicht mehr hören. Ich gehöre auch nicht zu denen, die ihren Vater fragten: ›Was hast du im Krieg gemacht?‹ Ich sagte: ›Bitte, ich möchte deine Geschichten nicht mehr hören‹«[13].

Zwanzig Jahre lang wohnte die Familie – die zunächst in Neu-Ulm gelandet war, wo Harald Schmidt am 18. August 1957 geboren wurde – mit seinem Bruder Reinhard und der Oma auf 62 Quadratmetern in der Hermann-Löns-Straße, in der »Braike«, dem Viertel der kleinen Leute, in dem diejenigen lebten, die beim Maschinenhersteller Heller, bei Metabo oder in den Strickfabriken arbeiteten. Die Vertriebenen, die hier lebten, mussten schnell zeigen, dass sie »schaffe könne«, und den Einheimischen nicht länger auf der Tasche liegen würden. Allem Anschein nach eine recht glückliche Zeit, ohne Fernseher, »es wurde sich unterhalten«. Oma und Eltern waren Schmidts erstes Publikum, dem er sich mit einem umgehängten Badetuch als Priester im Messgewand, oder als Dame aus der Nachbarschaft präsentierte, ganze Nachmittage lang. Niemand außer ihm redete, wenn nicht gerade sein Onkel Franz dabei war, die zweite Ulknudel der Familie. Als Junge trug man Lederhosen, spielte Fußball, so gut es ging (es ging wohl nicht so gut), und war bei den Pfadfindern, wo auch die Gebrüder Vetter, Söhne einer ortsansässigen Hotelbetreiberin, Harald Schmidt kennen lernten. Man amüsierte sich bombig zusammen, nicht zuletzt beim beliebten Spiel mit dem Portemonnaie, das hinter dem Busch weggezogen wird, wenn sich irgendein armer Tropf danach bückt.

Die Pfadfinder waren natürlich auch der geeignete Rahmen, die sexuelle Verzweiflung auszuagieren, die einen gelegentlich in der Pubertät überfällt. »Wir waren so verklemmt«, berichtet Schmidt Jahrzehnte später, »dass man im Pfadfinderlager permanent versucht hat, sich gegenseitig an die Eier zu fassen. Das hieß dann ›eiern‹. Das war mehrere Jahre hintereinander in Pfadfinder-Zeltlagern ein regelrechter Sport. Wenn dort gesagt wurde: ›Das Mikro braucht einen Ständer‹, wurde schallend gelacht. Auch die Frage: ›Ist die Sahne schon steif?‹ trug zur allgemeinen Heiterkeit bei.«[14]

Später dann mit dem frisierten Mofa durch die Stadt. Fünfhundert Jerry Cotton-Hefte gelesen. Alles ganz normal eben, auch wenn sich die Eltern gelegentlich etwas wunderten, dass der 16-jährige laut fiktive Elogen auf den »großartigen Harald Schmidt« aus der *Zeit* hielt, den Peymann-Schauspieler, »der in diesem Jahr schon wieder zum Schauspieler des Jahres gewählt wurde« (»Bua, Bua« soll seine Mutter gesagt haben).

Seine Erziehung hat Schmidt als liebevoll in Erinnerung. »Ich weiß mit Sicherheit, dass ich nie geschlagen wurde. Die strengste Strafe war: ›Sofort ins Bett‹. Man kann sagen, meine Eltern waren Fans von meinem Bruder und mir. Was wir erzählten, wurde angehört. Mein Vater hat die kompletten Wochenenden mit uns verbracht – spazieren gehen, Freibad, Fußballstadion.«[15] Wer Schmidts Mutter Martha begegnet, glaubt es sofort: eine freundliche, erfrischende, sicher auch resolute Person. Als Harald Schmidt seine Familie einmal in der Sendung »Gala« unerwartet überfiel, kurz vor Weihnachten 1991, hatte sie rasch den ersten Anflug von Verlegenheit überwunden und ging dazu über, ihn wegen der Vernachlässigung des Orgelspiels zurechtzuweisen. Die im Wohnzimmer sitzende Oma hingegen kicherte verschworen und gab auf Schmidts Geheiß zur Auskunft, als Junge habe er immer Priester werden wollen. Der Vater blickte meist stumm, aber ebenfalls freundlich lächelnd, auf dem gedeckten Tisch herum.

Dem Fernsehpublikum zeigte Schmidt die Treppe, die er schon als Kind mit den Worten »Guten Abend, meine Damen und Herren!« heruntergekommen sein will – und man spürt, dass er eine Familie um sich hatte, die solche Exzentrizitäten mit verständnislosem Wohlwollen begleitete. Als schönste Kindheitserinnerung bezeichnet Schmidt die Zeit, als er mit neun Jahren während einer Mandeloperation im Krankenhaus lag und sein Vater jeden Tag acht Kilometer zu Fuß gehen musste, um ihn zu besuchen, weil die Familie damals noch kein Auto hatte. Schmidt war oft kränklich, wurde einmal sogar wegen Ticks und mysteriöser (hysterischer?) Zuckungen im Gesicht vom Vater in die gefürchtete psychiatrische Klinik nach Tübingen gefahren – eine Episode, die im Heimatfilm »Ein Tag auf dem Nürtinger Bahnhof« ebenfalls eine Rolle spielte. Das Verhältnis zu seinen Eltern sei so gut, dass man noch immer zweimal im Jahr zusammen Urlaub mache. Das kleine Haus, in dem die Eltern jetzt wohnen, hat Schmidt ihnen vor ein paar Jahren geschenkt, »als Altersversicherung«, wie er anmerkt, »falls ich mal auf der Straße stehe«.[16]

Nürtingen hat einiges auszuhalten gehabt. Zweimal hat ein Brand im 18. Jahrhundert die Altstadt verwüstet. Und die Industrialisierung ist nicht immer glücklich verlaufen. »Für mich war es die Zementstadt«, schreibt der Lokalchronist Otto Borst. »Ein Dach nach dem anderen mit Zementstaub wie mit Mehltau überzogen. Eine schreckliche Leblosigkeit, … das bleierne Gesicht des Sterbens über den Dächern. Erst lange, nachdem der grauweiße Staub weggeregnet war und das treuliche Ziegelrot wieder zum Vorschein kam, begannen sich Fremde in die bis dahin gemiedene Trauerstadt zu wagen.«[17] Die Stadt hätte mit ihrer Lage und der zum Schloss umgebauten Burg das Zeug zur Residenzstadt gehabt, aber der zuständige Herzog nutzte sie nur als Abstellgleis. Witwen lebten hier ihrem Ende entgegen, in »verzweifelter Geschwätzigkeit«, wie Härtling schrieb. Gelegentlich wurden sie von einfallenden Kroaten erschlagen.

Wenn man, statt vom Bahnhof, vom Neckar her kommt, stellt sich die Stadt heute alles andere als trostlos dar, treppt sich artig den Berg hinauf, mit Fachwerkhäusern, kleinen Betonbauten, feuerroten Giebeln, alles zusammengehalten von der St. Laurentiuskirche. Sie entstand zwar kurz vor der Reformation, nahm aber deren Nüchternheit voraus. Die Ausstattung soll nicht unterhalten, sondern den Gesprächshallen Raum schaffen, die von pietistischen Gruppen genutzt wurden, von denen es heute noch etliche gibt. Pietkong! Vor nicht allzu langer Zeit fand sogar noch eine Art Bildersturm statt; einige Gläubige forderten, den kleinen grünen Teufel zu beseitigen, der auf einem der Kirchengemälde zu sehen war; der Teufel habe in der Kirche nichts verloren. Ein Journalist intervenierte, der Teufel blieb.

Wer eine knapp gefasste Selbstpräsentation von Harald Schmidts Heimatstadt sehen will, muss den Nürtinger Maientag besuchen, ein Kinder- und Heimatfest, das es seit 400 Jahren gibt. Stolz zeigt die Stadtverwaltung auf ihrer Internetseite ein Gedicht auf den Maientag, das Schmidt 1989 schrieb (siehe unten). Am Maientag fältelt sich, wie auf einem Kalenderblatt, die Geisteslandschaft dieses schwäbischen Ortes auf, und ich behaupte, dass sie sich fast Punkt für Punkt in Schmidts heutigem Treiben, seiner Show, wiederfindet.

Es fängt damit an, dass selbst die Festchronistin nicht genau zu sagen weiß, ob es sich beim »Gang in die Maien« oder »die Ruten« um ein Züchtigungsritual oder eine Art Erntefest handelt – so wie wir uns in der Show, die ja auch ein allabendliches Fest ist, gelegentlich gerügt sehen. Mit den Weiden, die im Frühsommer die Häuser schmückten, schlug man auch die Kinder, die sie sammelten. Dennoch war es, vor der Ankunft des Pietismus, eine Zeit lang ein sehr opulentes Fest, mit Musik und Tanz und Brot, aber auch mit Demütigungsritualen: ungeschickte Kinder mussten mit geschnitzten Esels- oder Schweinsköpfen durch die Stadt laufen. Jahrhunderte später bekam Bettina Böttinger eine Toilettenbrille aufgesetzt.

Nürtingen blieb vom Dreißigjährigen Krieg zunächst verschont, musste aber die Soldaten des Herzogs durchfüttern. Es gab nie eine selbstbewusste Bürgerschicht, eine »Ehrbarkeit« wie in anderen Städten der Gegend, die sich gegen solchen Raubbau zur Wehr gesetzt hätte. Der größte Teil der Einwohner ging nach dem Krieg »dem Bettel nach«, trotzdem bot der Maientag »Nachtessen« und »Undertrunck«, Brezeln, Wettspiele, Kindertanz. Bis der Pietismus kam. »Gassengesänge«, »schallendes Gelächter«, Spazierfahrten im Schlitten oder »Narrenpossen« fielen nun einem Schundkampf zum Opfer. Statt des Kindervergnügens war der Maientag im 18. Jahrhundert oft nicht ohne unfreiwillige Komik: eine Prozession mit Kirchgang, Betstunde und »Gesprächsspielen«, merkwürdigerweise aber unter Beibehaltung der lebenslustigen »Maientagshymne«, dem »Geh aus mein Herz und suche Freud« von Paul Gerhardt. Wo noch Schauspiel erlaubt war, da nur als moralische Anstalt. Anders als gelegentlich angenommen, stand die Aufklärung in diesen Breitengraden dem Pietismus nicht diametral entgegen, nur dass sie nicht an die natürliche Verderbtheit der Kinder glaubte. Mit ihr kamen die Prämien für besondere Leistungen ins Spiel, die Ehrentafeln für Fleiß und Wohlverhalten, die Turnübungen.

Aufatmen konnten die Nürtinger so richtig erst wieder mit dem Heraufzug der Spaßkultur des 19. Jahrhunderts, die Panoramen unbekannter Weltgegenden mit sich brachte, aber auch Karussells, »italienische Nächte« mit Tanz, Familientische im Freien. Im Ersten Weltkrieg fiel das Fest aus. Was die Nazis daraus machten, kann man sich vorstellen: ein Weihe- und Mythen-Volksfest, auf dem viel von Blutbanden, aber wenig von der Gegenwart die Rede war, und es nur eine Biersorte gab. Nach dem Krieg war es dem Deutsch-Amerikaner Robert Reiner, einem echten »Allrightnik« zu verdanken, dass es ein Fest gab, das diesen Namen verdiente. Von ihm kamen die Brezeln. Man trug, statt der NS-Propaganda, nun Schilder durch die Straßen, auf denen beispielsweise stand »Zementstaub die Lungen zupitschiert/die Heinrichsquelle' mild abführt«.[18] In den Fünfzigern des 20. Jahrhunderts liebte man historisierende Spektakel (»Sünder im Blockturm«) oder zog den Drachen »Kotti« durch die Straßen, endlich kamen auch Autoscooter. In den Sechzigern, zu Schmidts Zeiten, präsentierte man plötzlich etwas gänzlich Neues: Kritik. »Ami auf der Weltraumrakete« hieß eine Festzugsgruppe, oder »Bonner Melkkuh«, oder »Nato« (man bemerke den anti-westlichen Zungenschlag des Ganzen). Gleichzeitig hatten es auch und gerade die Jungen gern traditionell, wollten das Fest nicht »dem schnöden Mammon« überlassen. »Wir beaten zum Unterricht« hieß es neckisch auf einem Wagen. Und so ging es weiter, mit dem neuesten Trend des Multikulti – Tanzformation des türkischen Fußballclubs und sogar ein Revival »1968«, mit Blumenkindern, Peace-Zeichen und Batiktüchern.

Hier nun also Harald Schmidts Gedicht auf seinen Maientag aus dem Jahr 1989, fast in voller Länge. Man beachte die geschickte Wahrung des Abstands zum Volk und seinem Fest, bei gleichzeitiger, beherzter Teilnahme:

Maientag

Amerika hat den Tag der Unabhängigkeitserklärung,
Paris den Sturm auf die Bastille
Und Nürtingen den Maientag.

Am Maientag regnet es. Meistens.
Oder es fängt an zu regnen,
kurz nachdem der Umzug losgegangen ist.
Oder das Wetter hält grad noch,
bis der Umzug fertig ist.
Oder es gießt am Abend vorher,

beim Maientagssingen der Schulen
im Hof der Stadthalle wie aus Kübeln,
Und am nächsten Morgen ist das schönste Wetter.
Was koiner denkt het.

Beim Maientagssingen
Sind nicht ganz so viele Leute da
Wie später im Festzelt
Oder beim Boxautofahren,
aber alle singen am Schluss
›Geh aus mein Herz und suche Freud‹.
Hier ist allerdings nicht die Rede
Vom Wiener Erfinder der Psychoanalyse
(Kalauer, wird in den Hausaufsätzen der Hölderlinstadt normalerweise nicht geduldet!), sondern es handelt sich um eine Art Nürtinger Nationalhymne.

…
Am Vormittag haben die Schulkinder
Zu meiner Zeit drei Brezeln
Und eine Mark erhalten,
finanziert aus den Zinsen eines Nürtingers, der ›in Amerika reich worra isch‹.

Am Maientag selber
Herrscht auf gut Schwäbisch heileif.
Ab sechs Uhr morgens ist bei den
Damenfriseuren keine Trockenhaube
mehr frei, feinsinnige Mitbürger
werfen einen besorgten Blick zum Himmel,
die Schüler denken
›Hoffentlich fangts net a zom schiffa'‹.

Gegen zehn Uhr nimmt der Festzug
An der Stadthalle Aufstellung.
Die Klassiker im Zug sind
›Stadtbrand‹, Rulaman, Stadtgarde
und Stadtkapelle.

…
Auf dem Sportplatz neben dem Festzelt
Finden im Anschluss an den Umzug
Tänze statt, die Sportlehrerinnen mit ihren
Schülerinnen einstudiert haben.
Hava nagila war früher der Hit.
Unter den Zuschauern überwiegen Mütter, Omas,
Väter mit Videokameras
Und verknallte Mitschüler.
…

Sollte es jetzt wider Erwarten regnen,
gibt es im Zelt keinen freien Platz mehr.
Wenn nicht, dann auch nicht.
Die Stadtkapelle spielt ›Rosamunde‹
Oder ›Tulpen aus Amsterdam‹,
und manchmal dirigiert ein Großkopferter,
vorausgesetzt,
er hat für alle Musiker eine Runde bezahlt.
Prostprostkamerad, prostprostkamerad …

Griaß Gott, Herr Doktr …
So semmr au bsoffa?
Die Dunkelheit macht den Toilettenwagen überflüssig.
So, no gammr hoim.
Oma, wo isch mei Drommel?
Wo sen meine Audoschlissl?

Was hoißt in meim Zustand nemme fahra?
Laufa ka i jo nemme, hahahaha …
Schee wars.
Mr braucht halt jeds Johr meh Geld.
Ond Glick hemmr ghet middam Weddr.
Kommat guat hoim.
Ade … geh aus mein Herz …«[19]

»I han heula miaßa«

Harald Schmidt geht zum Theater

Im Deutschen Herbst beschließt Harald Schmidt, auf die Schauspielschule nach Stuttgart zu gehen, dorthin also, wo die Auseinandersetzung zwischen der Staatsmacht und den Terroristen gerade erst eskaliert war. Am 8. September des Vorjahres, 1977, hatte der Bundestag der vier Menschen gedacht, die der Kölner Schleyer-Entführung zum Opfer gefallen waren, am 25. Oktober fand in der Stuttgarter St. Eberhards-Kirche der Staatsakt für Hanns Martin Schleyer statt. Zwei Tage später werden Andreas Baader, Gudrun Ensslin und Jan-Carl Raspe, die sich im Sicherheitstrakt von Stuttgart-Stammheim das Leben genommen hatten, in einem Gemeinschaftsgrab auf dem Stuttgarter Waldfriedhof beigesetzt. Dem Begräbnis waren heftige Bürgerproteste vorausgegangen, auf denen gefordert wurde, man solle ihre Leichen auf die städtische Müllkippe werfen. Manfred Rommel (CDU), Stuttgarts Bürgermeister, hatte gesagt, im Tod müsse die Feindschaft aufhören – nicht zuletzt wohl in Erinnerung an den erzwungenen Selbstmord seines Vaters, des Generalfeldmarschalls Erwin Rommel, durch Offiziere Hitlers, mit anschließendem Staatsbegräbnis, weil das Volk nichts vom Mord an dem beliebten »Wüstenfuchs« erfahren sollte.

Die Republik war Zeuge eines politischen Exorzismus geworden, eines letzten blutigen Reflexes auf das deutsche Trauma, das wider Erwarten mit der Stabilisierung des demokratischen Staates und seines Gewaltmonopols endete. Im Sommer 1978 rangiert die Bundesrepublik im Vertrauen ihrer Bürger auf die demokratische Ordnung an erster Stelle in Europa. Zehn Monate vorher hatten viele noch das Ende der Demokratie befürchtet.[1] Man kann spekulieren, wie sich diese Entwicklung im Kopf eines Abiturienten darstellt, der im bürgerlich-liberalen, christlich geprägten Süden aufwuchs und der keinen dringlicheren Wunsch hat, als Schauspieler zu werden: das Theatralische der RAF wird Harald Schmidt nicht entgangen sein, Baaders Grand Guignol mit Lederjacke und Proletenrhetorik, das Rotwelsch der Stammheim-Kassiber, die blutige Gnadenlosigkeit hinter der Pose mit der Knarre, die Genickschussmentalität, die so sehr an die bekämpfte Generation der Väter erinnerte.

Dass der See nach dem großen Zeter und Mordio dann plötzlich wieder ruhig liegt, als sei nichts gewesen, ist auch ohne Kabarett schon ironieverdächtig. Ein Misstrauen gegen die große politische Geste, gegen existentialistisches Gefuchtel ist bei vielen geblieben, zusammen mit einem heimlichen Grundvertrauen in den Rechtsstaat, der auch (oder gerade) unter der Führung ehemaliger Wehrmachtsoffiziere der Versuchung widerstanden hat, an den Gefangenen Rache zu nehmen. Dass dieses Grundvertrauen damals und noch lange danach auf der Linken nicht artikuliert werden durfte, wollte man nicht des Verrats bezichtigt werden, gehört zu den Grunderfahrungen aller um 1960 Geborenen.

Wie kaum irgendwo sonst in der Republik war das Theater in Stuttgart in die Vorgänge involviert. Nicht nur stammten viele der Terroristen aus dem süddeutschen Raum, aus dem protestantischen Milieu und der Bekennenden Kirche; nicht nur hatte die RAF einige ihrer blutigsten Anschläge im Süden verübt, und nicht nur wurde der deutsche Botschafter in Schweden beim blutigen Überfall auf seine Botschaft mit einer Pistole erschossen, auf der »Württembergisches Staatstheater« stand. Das Stuttgarter Staatstheater hatte auch seit 1974 einen Direktor, der für einen zünftigen Skandal gut war. Es war Claus Peymann, der Star am Theaterhimmel des jungen Harald Schmidt und, neben Peter Stein, der siebziger und achtziger Jahre überhaupt; Claus Peymann, den Schmidt Jahrzehnte später in einem Dramolett von Benjamin von Stuckrad-Barre als aufdringlich schwadronierenden Möchtegern-Hosenkäufer darstellen sollte.[2]

Peymann war zwar bekennender Linker, hatte auch am Frankfurter TAT (Theater am Turm) jede Menge Brecht aufgeführt und Podiumsdiskussionen mit Peter Weiß abgehalten. Aber er mochte dafür keine ästhetischen Interessen verraten. Im Zweifel entschied er sich für das fetzigere Stück, und so arbeitete er eng mit dem Radikalenhasser Peter Handke zusammen, dessen »Publikumsbeschimpfung« 1966 einen bejubelten Eklat auslöste. Und 1968, als man von jemandem wie Peymann (Vater mit NS-Vergangenheit, studentisches Milieu, schnauzbärtiger Machismo) eigentlich jede Menge außertheatralischen Krawall hätte erwarten dürfen, blieb er fleißig und inszenierte nacheinander sechs Stücke. Zum lautstarken Unmut der Studenten reagierte er auf die aktuellen Ereignisse – Kaufhausbrandstiftung durch Baader und Ensslin, Notstandsgesetze, Attentat auf Rudi Dutschke, Ermordung Martin Luther Kings, Osterunruhen und Sturm auf das Springer-Hochhaus – mit einer Inszenierung von Handkes »Kasper« und der eisernen Wiederholung des Satzes »Ich möchte ein solcher werden, wie einmal ein andrer gewesen ist« – ein Satz, den die Studenten nur als Hohn auf ihre umstürzlerischen Bemühungen verstehen konnten. Handke-Premieren wurden gern skandalträchtig gestört; aber Peymann wollte ja das große kollektive Mitmachtheater. Mit dem Plan, mehr Kino- und Handke-Publikum ins Haus zu holen, statt die kleinstädtischen Kulturfunktionäre mit der Rhein-Main-Landesbühne zu bedienen, war er gescheitert und hatte gekündigt. Ein Leitungskollektiv zog ein. Der Intendant Felix Müller, der Peymann auf Empfehlung des in jenen Jahren sehr einflussreichen Suhrkamp-Verlages geholt hatte, war ein »erstes Opfer der neuen Mitbestimmungseuphorie«[3] an den Theatern. Deshalb war er Peymann nach Stuttgart vorausgegangen.

Idealist ja, betroffen nein: Harald
Schmidt am Augsburger Theater

Müller hatte sich von den Peymann-Krawallen nicht irritieren lassen und weiterhin unverdrossen gemischtes Programm auf den Spielplan gesetzt: Komödien, Klassiker, Volkstheater, Stücke für Kinder – ein publikumsfreundliches, auch pädagogisch ambitioniertes Programm also, das Müller nachgerade dazu prädestinierte, eine Schauspielschule zu leiten. Als Müller, zwischenzeitlich Chefdramaturg des Stuttgarter Theaters, bereits designierter Direktor der Stuttgarter Schauspielschule war – an der Harald Schmidt von 1978 bis 1981 studierte –, überzeugte er seinen Generalintendanten Hans Peter Doll, Peymann gegen die aufziehende Bewegungsstarre einzusetzen, die sich am Stuttgarter Staatstheater breitgemacht hatte. Das berüchtigt treue und gebildete schwäbische Publikum hatte sich nicht an linksradikalen Stücken oder aufgemotzten Klassikern gestoßen, sondern, im Gegenteil, an der Harmlosigkeit des Angebotenen. Zwischenrufe wie »da kommt ja die Klamottenkiste« und lautes Hohngelächter waren an der Tagesordnung. Hier konnte ein Bursche aus Nürtingen Geschmack lernen.

Peymann verfügte, als er dann 1974 in Stuttgart anfing, über ein Dreamteam von Schauspielern. Kirsten Dene, Martin Schwab, Gert Voss, Manfred Zapatka, Branko Samarovski waren bereits da. Dazu kamen Therese Affolter, Barbara Nüsse, Peter Brombacher, Lore Brunner, Ignaz Kirchner, Martin Lüttge, gelegentlich auch Traugott Buhre oder Bernhard Minetti. Harald Schmidt durfte 1978 einmal als ausgeliehener Statist bei Peymann über die Bühne laufen, als stummer Soldat in Tschechows »Drei Schwestern«: »Und daraus wäre beinahe nichts geworden«, erzählte Schmidt, »denn in der Schauspielschule gab es einen mörderischen Fight um die Statistenrollen. Wir waren acht Mann, und nur fünf wurden gebraucht. Als wir die Direktionskanzlei am Staatstheater Stuttgart betraten, löffelte Peymann gerade einen Joghurt und fragte: ›Ist Kirsten schon im Haus?‹. Wir erstarrten zu Ölgötzen. Die berühmte Schauspielerin Dene, Kirsten Dene!«[4] Am Stuttgarter Ensemble Claus Peymanns faszinierte ihn »der Sex, den die Schauspieler ausstrahlten. Ich wollte gemeinsam mit Sattmann, Samarovski, Zapatka, Dene, Voss auf der Bühne stehen. Ich imitierte wochenlang vor dem Spiegel den Tonfall dieser Schauspieler, während uns die Lehrer in den Wahnsinn trieben: ›Jemand wie Dene kann den Text aufrauhen.‹ Ich war völlig entgeistert: ›Aufrauhen‹«.[5] Neben dem ostentativen Respekt sieht man hier auch schon den erfrischend unfeierlichen, falscher Betulichkeit durchaus abgeneigten Umgang Schmidts mit dem Bühnengeschehen; ein kühles, technisches Interesse, das den Profi auszeichnet: Wie machen die das? Dass sein Geschmacksurteil damals schon recht selbstsicher war, beweist auch seine Distanz zur Schaubühne Peter Steins. Schmidt stand keineswegs in wortloser Anbetung vor allem, was damals angesagt war: »Für mein Gefühl wurde da immer der Untergang der bürgerlichen Klasse mitinszeniert.«[6]

In der Anfangszeit war man wohl in Peymanns neuem Ensemble in erster Linie bemüht, Leben in die Bude zu bringen; Botschaften wurden dabei nur in homöopathischen Dosen beigefügt: »Spaß und Politik tarnten sich gegenseitig« schreibt Peymanns Biograf Roland Koberg, »man konnte immer das eine goutieren, ohne das andere aufdringlich zu finden« – eine Beschreibung, die übrigens auch gut auf die besten Momente der Harald Schmidt-Show passt. Dem Publikum war es recht, der Kritik auch. Noch vor der Schaubühne, der man inzwischen die Erstarrung in der Pose und den Zug zum Höheren vorwarf, wurde Stuttgart für seine unerschrockene Spiellust und die Beherztheit der schnellen dramaturgischen Eingreiftruppe gelobt.

Dann endlich kam der erste Eklat. Das Land Baden-Württemberg unter Ministerpräsident Filbinger (CDU) klagte gegen die Reform des Paragrafen 218, die Abtreibungen bis zum dritten Monat ermöglichen sollte. Das Bundesverfassungsgericht gab ihm Recht. Daraufhin änderte das Stuttgarter Schauspiel über Nacht seinen Spielplan und stellte in vier Wochen eine Inszenierung von Friedrich Wolfs »Cyankali« aus dem Jahr 1929 auf die Beine, in dem die Lage einer arbeitslosen Schwangeren geschildert wird, deren Freund im Untergrund lebt und der die Ärzte nicht helfen wollen, bis sie sich schließlich in ihrer Verzweiflung vergiftet. Während der Rest der Union gegen die Inszenierung Sturm lief, bekundete der als Ziehsohn Filbingers bekannte Oberbürgermeister Manfred Rommel große Sympathien für die Aufführung, deren »überraschende Qualität« er würdigte. Er fand, Staatstheater hätten in den politischen Raum hineinzuwirken und große Kunstwerke, die Stuttgart »bitter nötig« habe, seien eben um so eher zu erwarten, je mehr Freiheit die Künstler hätten. Es war das erste, sollte aber nicht das einzige Mal bleiben, dass Rommel sich, gegen die Instinkte der eigenen Partei, an die Seite Peymanns stellte. Seine frisch erworbene Loyalität wurde schon bald auf eine weitere Probe gestellt, als das Ensemble im

Frühjahr 1976 Albert Camus' »Die Gerechten« aufführte – ein Stück über Anarchisten im zaristischen Russland, das ähnlich wie Sartres »Die schmutzigen Hände« die Frage des politischen Mordes debattiert. Letztlich läuft es auf eine Kritik am Fanatismus heraus – Unschuldige sollen dem Bombenanschlag auf den Fürsten nicht zum Opfer fallen –, lobt aber gleichzeitig das existentialistische Denken und den Willen zur einsamen Tat. Kirsten Denes letzter Satz im Stück hieß »Die nächste Bombe werfe ich«, aber dem Schlussapplaus kam ein Super-8-Film zuvor, der zu Mozartklängen Ansichten Stuttgarts zeigt, bis zum Straßenschild »Stammheimer Straße«. Man habe sich, so Koberg, in erster Linie für die »Ästhetik« des Terrors und seiner Aktivisten interessiert, ihre Sprache, den Kontrast ihres jugendlichen Aussehens mit den geschraubten ideologiekritischen Sprüchen, nicht so sehr für die moralischen Implikationen der ganzen Angelegenheit – eine ziemlich hasenfüßige Entscheidung. Gewisse Sympathien müssen da schon gewesen sein, wenn Peymann im Nachhinein kommentiert: »Was im Sinne Russlands und gegen den Zaren recht und billig war, sollte im Kampf der Baader-Meinhof-Gruppe gegen Stammheim, gegen Vietnam oder den Springer Verlag nicht erlaubt sein? Die Aufführung hat den Bruch im Bewusstsein des Zuschauers schmerzhaft ans Tageslicht gebracht.«[7] Leider war versäumt worden, in Peymanns Bewusstsein ans Tageslicht zu bringen, dass Bomben gegen ein unterdrückerisches Militärregime wie das des Zaren doch eine etwas andere Angelegenheit sind als die Geiselnahme von Mallorca-Urlaubern oder der Kampf für Fernseher in den Ikea-Regalen der Stammheimer Zellen. Das Premierenpublikum reagierte noch geteilt, einige waren empört über die Parallelsetzung; in den folgenden Aufführungen gab es keine Empörung mehr. Elf Tage nach der Premiere, in der wohl die ambivalente Figur von Kirsten Dene den meisten Eindruck gemacht hatte, erhängte sich Ulrike Meinhof in ihrer Zelle.

Anders als Peter Stein hat Claus Peymann kein Studium absolviert. Die ostentative Abneigung gegen Bildungshuberei, der die Unsicherheit des Aufsteigers immer anzumerken ist, teilt er mit Harald Schmidt – was sich bei Peymann nicht nur in unprätentiösen Klassikerinszenierungen (Faust zum Lachen), sondern auch in hemdsärmeligen Sprüchen (»Ich steh ja unheimlich auf den Goethe« oder »Faust ist eben auch eine Sau«) niederschlug – ein Sound, der einem aus der Harald Schmidt-Show bekannt vorkommt. Vom Stuttgarter Theaterpublikum ist dieser Zugriff offenbar als befreiend empfunden worden; gerade weil es eben nicht um »Zertrümmerung« oder gar »Dekonstruktion« ging, sondern darum, seine Lieblinge kräftig an die Brust zu drücken. Dazu wurden fünfbändige Buchkassetten mit Faust-Kommentaren gereicht, Goethe in Texten und Bildern, Essays über das bürgerliche Zeitalter schlechthin, mit Beratung durch den damals klassenkämpferisch orientierten Literaturprofessor Heinz Schlaffer – Zuschauer-Rundumbetreuung, die man in Harald Schmidts »Don Juan«-Nachinszenierungen in Playmobil durchaus wiedererkennen darf. Außerdem schreckte Peymann auch nicht vor gutem Entertainment in Las Vegas-Qualität zurück; Harald Schmidt lobte beispielsweise einen Elvis Presley-Abend von Jens Uwe Jensen, gespielt von Peter Sattmann, den er insgesamt vierzehn Mal gesehen habe. Man dankte es mit Diskussionen der Aufführungen auf den Leserbriefseiten der Lokalzeitung und auf den Straßen der Landeshauptstadt. Dann kam die Sache mit dem Zahnersatz.

Gudrun Ensslins Mutter Ilse hatte nach der Verurteilung ihrer Tochter zu lebenslanger Haft wegen Mordes und diverser anderer Verbrechen in ihrem Wohnort Stuttgart-Bad Canstatt kein leichtes Leben. Im Juni 1977 wandte sie sich an 65 Prominente, darunter Claus Peymann, mit folgender Bitte: »Ein Teil der politischen Gefangenen ist jetzt schon mehr als sechs Jahre in Haft. Während dieser Haftzeit haben sich Zahnschäden eingestellt, deren Behandlung nicht hinausgezögert werden darf. (...) Da dringende Zahnbehandlungen auch für die politischen Gefangenen in den anderen Haftanstalten notwendig sind, erlaube ich mir, auf Vorschlag und Einverständnis mit der Mehrzahl der Angehörigen, Sie mit der Bitte anzuschreiben, einen einmaligen Unterstützungsbeitrag zu leisten«.[8] Peymann hängte das Schreiben im Flur aus, überwies selbst 100 Mark, insgesamt kamen 611 Mark zusammen. In der *Bild*-Zeitung wurde kurze Zeit später der Eindruck erweckt, Gudrun Ensslin habe die Behandlung durch den Anstaltsarzt abgelehnt und sich aus Spenden eine Luxusbehandlung finanzieren lassen. Rommel berichtet, er sei auf die Notiz hin auf der Strasse angesprochen worden: »I möcht au an Zwetschgekuche!« Die *Bild*-Zeitung hatte mit ihrem Artikel die antibürgerlichen Ressentiments gegen die Terroristen aus gutem Hause, das Theater und den Sympathisantensumpf in einem Handstreich wachgekitzelt. Die Form war, wie immer in jenen Jahren, Denunziation, der Inhalt zum Teil Lüge – aber eben nur zum Teil: der Verdacht, am Stuttgarter Theater hege man für die Terroristen eine gewisse Sympathie, war natürlich völlig zutreffend.

Die Angelegenheit gelangte genau in dem Moment an die Öffentlichkeit, als der Bankier Jürgen Ponto ermordet worden war. Der Intendant ließ den Aushang beseitigen. In den wenig später stattfindenden Trauergottesdienst mischten sich Demonstranten, die Bürgermeister Rommel mit der Forderung umringten: Peymann muss weg. Auch der Fraktionsvorsitzende der badenwürttembergischen CDU, Lothar Späth, hielt Peymann nun für nicht länger tragbar. Boykottaufrufe gegen das Theater machten die Runde. Die Angelegenheit wurde bis zur Landesregierung getragen. Peymann wehrte sich gegen den Stempel des »Sympathisanten, der ich nicht bin«, er habe für die Zahnbehandlung gespendet, weil er »gegen jede Kopf-ab-, gegen jede Sollen-sie-doch-verrecken-Mentalität sei. Die SPD hielt an ihm fest, das Ensemble stellte sich hinter ihn, auch das der Schaubühne; Heinrich Böll trat auf den Plan (in der *FAZ*). Aber aus Biberach und Reutlingen meldeten sich die Abgeordneten, die im Theater der Landeshauptstadt den Sympathisantensumpf trockenlegen wollten. Peymann erklärte, er werde seinen Vertrag nicht über 1979 hinaus verlängern; Filbinger schaltete sich ein und forderte seine sofortige Entlassung, aber der Verwaltungsrat unter der Federführung von Rommel ließ es bei einer Rüge bewenden. In der folgenden »Iphigenie«-Inszenierung widerstand man der Versuchung, das Drama um den begrabenen Bruder zu aktualisieren, sprach stattdessen in ruhigem, nachdenklichem Ton und leitete den geordneten Rückzug ein.

Während der verbleibenden zwei Jahre, in denen er Brecht-Abende veranstaltete, Bernhard-Stücke spielte und Botho Strauß' »Bekannte Gesichter, gemischte Gefühle« aufführte, wuchs der Vertriebenen-Nimbus Peymanns ins Elegische. »Arg schee isch's g'wää, i han heula miaßa«, so fasst Gerhard Stadelmaier die kniefällige Haltung zusammen, die Peymann damals und zum Teil auch noch heute entgegenschlug.[9] »Im Peymannschen Glücksrauschwelttheaterkrieg«, so Stadelmaier, »einer einzigen langen, leider viel zu kurzen Messe, wurde – Theatrum vobiscum! – thalianisches Manna dem dürstenden und hungernden Volk derart von der Bühne herab tonnenweise zur Stärkung verabreicht, dass das Volk zum Beispiel anfing, ›ganz schee lenks zu soi‹, barfuss zu gehen, dauernd Liebe zu machen, die RAF geil zu finden, den Mächtigen im ›Deutschen Herbst‹ von 1977 auf der Nase herumzutanzen, Filbinger beschissen zu finden«,[10] also Teil einer ewig währenden Gemeinschaftsbildung zu werden. In einer Fernsehsendung vom Februar 2002 wurden die Erinnerungen an die Stuttgarter Peymann-Jahre geradezu messeartig zelebriert; mit betrübtem Verweis auf die Folgenlosigkeit heutiger Inszenierungen.[11] Einzig Harald Schmidt bewahrte einen kühlen Kopf, berichtete von den Kämpfen, die an der Schauspielschule um die Freikarten entbrannt waren (ihm oblag deren Verteilung), und bekannte, dass ihn der stundenlange Applaus bei der Abschiedsvorführung zwar beeindruckt, die weinseligen Rufe aus dem Publikum aber dann doch leicht abgestoßen hätten. Für Stadelmaier zeigte sich in der Sendung, »dass Schmidt mit den Jahren mehr zu sagen hatte als Peymann. Von ihm konnte er lernen, dass es immer gut war, den Mund aufzumachen. Heute könnte Peymann von Schmidt lernen, dass es auch mal Charme haben kann, den Mund zu halten – wenn man dazu so grinsen kann wie Schmidt«.[12]

Wer von Claus Peymann redet, darf von Thomas Bernhard nicht schweigen. Die beiden bildeten über Jahrzehnte ein *odd couple*. Sie waren des Autodidakten Harald Schmidts Abendschule der siebziger und achtziger Jahre. Immer wieder hat er erklärt, der »Theatermacher« sei sein Lieblingsstück überhaupt, und sein Deutschlandbild, sein Weltbild sind ohne den Einfluss der beiden ebenso wenig zu verstehen wie das ätzende Timbre seiner Auftritte, das erst vor kurzem einem milden, gelegentlich kulturkonservativen Parlando Platz gemacht hat.

Claus Peymann hat elf von Thomas Bernhards siebzehn abendfüllenden Theaterstücken inszeniert; einige entstanden in seinem Auftrag. Bernhard verdankte Peymann seinen Aufstieg zum international verehrten Dramatiker; ohne ihn würde man Bernhard nur als Erzähler kennen, der sich gelegentlich auch an historischen Stoffen versucht hat. Auf den ersten Blick passen sie nicht zusammen: Peymann, der norddeutsche, hedonistische linke Gegenwartsregisseur, Bernhard, der magenbittere alpine Einsiedler, der aus Verachtung für das Theater der Gegenwart (und die politische Szene ohnehin) nur immer wieder Karl Krausssche Operettenfiguren die immergleiche menschliche Tragödie durchstottern lässt. Ihre Liaison ist nur vor dem Hintergrund des düsteren Weltbilds der westdeutschen Linken zu verstehen, die dem Faschismus jede Camouflage zutraute (ihn also letztlich verharmloste), den eigenen Erfolg in der bundesrepublikanischen

Das Idol der frühen Jahre: Schmidt mit Claus Peymann am Burgtheater (1999)

Nachkriegsgeschichte nicht wahrhaben wollte und die Entlarvung als vordringlichste Aufgabe der Kunst betrachtete.

Bernhards Stücke aufzuführen ist deshalb immer eine sichere Bank gewesen; gerade weil keines je ein populärer Erfolg wurde. Das sollte es ja auch bei Strafe des Untergangs nicht sein. Der »crowd pleaser«, das war nicht die Idee von Thomas Bernhard – und es ist wohl kein anderer Raum als der deutsch-österreichische denkbar, in dem diese Disposition schon für Beifall sorgt.

Bernhards meist aufgeführtes Theaterstück, »Vor dem Ruhestand«, war inspiriert vom Fall Filbinger und Tschechows »Drei Schwestern«. Es war Peymanns letzte Inszenierung in Stuttgart. Seine Hauptfigur Höller ist ein Richter, der früher stellvertretender KZ-Leiter war, nach dem Krieg untertauchte, um dann grandios Karriere zu machen. Er schläft mit seiner Schwester zur Feier von Himmlers Geburtstag, denn der Inzest ist seine Endlösung zur Reinhaltung des Blutes. Seine zweite Schwester ist links und an den Rollstuhl gefesselt. Der Nationalsozialismus ist ihr süßes, klebriges Geheimnis. Das Stück gehört eigentlich in die Tradition der Pop-Nazi-Ikonographie, in der die Nazis als bizarre Triebtäter präsentiert werden, die wie in einem Rosenkranz aus S/M-Verbindungen miteinander verstrickt sind. Rossellinis »Rom, offene Stadt« oder Viscontis »Die Verdammten« gehörten ebenso dazu wie Liliana Cavanis »Der Nachtportier«, Bob Fosses »Cabaret«, das Cover der Rolling Stones Platte »Beggar's Banquet«, Elfriede Jelineks gesammelte Werke, Pasolinis »120 Tage von Sodom und Ghomorrah«, Schlingensiefs »Die letzten Tage im Führerbunker« und ein ganzer Haufen italienischer Pornos. Die Nazizeit als *gothic horror story,* mit kinky sex und heißen Sprüchen. Aus irgendeinem Grund wird aber Thomas Bernhard im Allgemeinen mehrere Etagen über den meisten der Genannten platziert; bei ihm gilt als *Kritik,* was anderswo zu Recht als verschwurbelter Humbug abgetan wird. Und wer die *Kritik* kritisiert, gehört zur anderen Seite, will unbequeme Wahrheiten abwürgen, will Staatskunst. Es gehört zu den vielen Rätseln der westdeutschen Linken, dass sie gerade in dem Moment, in dem sie auf breiter Front über die Vergangenheit siegt – wir befinden uns in der Ära nach dem Auschwitz-Prozess, nach 1968, nach Brandt, nach Ostpolitik und Öffnung der Hochschulen – einem Stück applaudiert, in dem der Inzest zwischen den Nazis signalisiert, dass eh alle eins sind, dass es kein Entrinnen gibt, dass alle hoffnungslos für alle Zeiten ineinander verstrickt sind (und die Linke sitzt im Rollstuhl, kann nicht anders als mittun). An dieser Stelle wird gern die Marx'sche Anweisung von den versteinerten Verhältnissen angebracht, denen man ihre eigene Melodie vorspielen müsse, damit sie zu tanzen anfingen. Nur ist es mit Thomas Bernhards Dichtung leider umgekehrt: Es handelt sich um eine versteinerte, immergleiche Phraseologie, die auch die geschmeidigsten Verhältnisse nicht zum Tanzen zu bringen vermögen. Sie interessiert sich ja auch gar nicht für die Verhältnisse. Nach der Aufführung dieses Stückes, an dessen Stelle ursprünglich Hochhuths »Juristen« gespielt werden sollte, ging Claus Peymann im Herbst 1980 aus Stuttgart weg nach Bochum.

Die Stuttgarter Staatliche Hochschule für Musik und Darstellende Kunst hat einen recht guten Ruf. Sie rangiert nicht so hoch wie die Berliner Hochschule für Schauspielkunst Ernst Busch, aber ihre Absolventen kamen früher mit Sicherheit, heute noch immer mehrheitlich unter. Sie war nicht direkt an ein Theater angegliedert, wie die Falckenberg-Schule in München an die Kammerspiele, was den Zugang natürlich erschwerte. Ulrich Tukur wurde hier ausgebildet, Jasmin Tabatabai, aber auch Judy Winter, Klaus Maria Brandauer oder Günter Strack. Schmidt bewarb sich unter anderem mit Auszügen aus Kleists »Prinzen von Homburg« und Fernando Arrabals »Picknick im Felde«, angetan mit Skimütze und Sonnenbrille – und wurde als einer von nur acht Aspiranten aus 180 Bewerbern ausgewählt (heute sind es 600). Da die 1942 erbaute Schule eine eigene Bühne besitzt, treten die Schauspielschüler früh vor Publikum auf. Harald Schmidt bekam Bafög (Darlehen schon zurückgezahlt). Zum Unterricht gehören neben Rollenarbeit und Improvisation auch Fechten, Bewegungsübungen nach Feldenkrais, Sprechausbildung und Theatertheorie. Dabei wird den Schülern durchaus auch persönlich zuleibe gerückt: »Verkrustete Verhaltensweisen, die sich die angehenden Akteure im Alltag antrainiert haben, müssen erst einmal aufgebrochen werden«,[13] behauptete Direktor Müller, der als einziger Schauspielleiter der Bundesrepublik im Erziehungsausschuss des Internationalen Theater-Instituts vertreten war und also offenbar über großen pädagogischen Ehrgeiz verfügte. Harald Schmidt sei ein sehr guter Schüler gewesen, sagt Müller heute, und ist erzürnt über eine gegenteilige Darstellung, in der er zitiert wird mit der Behauptung, er habe vier Jahre lang mit nur mäßigem Erfolg versucht, einen guten Mimen aus ihm zu machen. »Harald«, so hieß es damals in der *Stuttgarter Zeitung,* »habe zwar einen unbändigen Ehrgeiz gehabt und stets davon geredet, so bedeutend zu werden wie Brecht oder Peymann, aber er habe immer nur eine Rolle gespielt, nie sich selbst.«[14] In der Show am Abend nach der Veröffentlichung habe Schmidt das Zitat aufgegriffen mit der Bemerkung, er habe nun aus der Zeitung erfahren müssen, dass er ein schlechter Schauspieler sei. Wie auch immer es sich zugetragen hat: nach der Ausbildung in Stuttgart fand Harald Schmidt eine Anstellung an den Städtischen Bühnen Augsburg. Er hatte auch ein Angebot aus Wilhelmshaven, aber dort wollte man nur 1800 Mark zahlen, statt 2000; außerdem wäre man natürlich sehr weit von Stuttgart entfernt gewesen, und Schmidt wollte dringend weiter verfolgen, was sich dort tat.

»Augsburg, das ist Kopfschuss« lautete sein Kommentar über die folgenden drei Jahre. Schmidts Vertrag, unterschrieben 1981, enthielt eine Verpflichtung zum Spielen auch »kleinerer Rollen«, und genau so ist es dann gewesen, und zwar fast ausschließlich. »Sie müssen sich vorstellen, ich kam von Peymanns Vorstellungen, hielt *theater heute* für die Bibel und hatte einzelne Sätze von Benjamin Henrichs im Kopf: ›Gert Voss treibt den Hermann in den Kleistschen Abgrund‹ – und ich wusste, dass das stimmt, weil ich alles gesehen hatte.«[15] Harald Schmidt, *le* Harald, spielte dann jahrelang Rollen wie den Ersten Mameluck aus »Nathan der Weise«, Kellner Benjamin in Labiches »Das Sparschwein«, einen Ritter im »King Lear«; er war zweiter Mönch, Jo, ein deutscher Soldat, der Hase in »Hase und Igel« oder Gottfried Friedeborn, Käthchens Bräutigam. Manchmal veranstaltete er musikalische Abende, mit Küchenliedern und Moritaten zum Thema »Der wackere Schwabe«. Einmal trat er auch allein auf: In Raymond Cousses »Strategie eines Schweins« – in den Worten seiner Ex-Kollegin Christel Peschke, mit der er gelegentlich Brecht-Abende veranstaltete, ein sehr gelungener Auftritt, in Harald Schmidts Worten: »Scheiße! Gnadenlose Scheiße in irgendwelchen beschissenen Stücken. Mönche, Henker, ich war dauernd am Umziehen, Perücke auf, Nase geklebt. Ich war der Schauspieler mit den meisten Vorstellungen. Vier Wochen nach der Premiere begannen wir regelmäßig zu schmieren, was das Zeug hielt: Wir sind nicht aufgetreten, wir sind nicht abgetreten, wenn wir uns den Monolog des Hauptdarstellers anhörten, haben wir auf schwerhörig gemacht. Ich war auf dem Weg zum absoluten Kantinenschauspieler.«[16] Der Oberspielleiter, davon ist Schmidt heute überzeugt, mochte ihn nicht. Dieter Goertz, Augsburger Regisseur, Schauspieler und seit damals mit Schmidt befreundet, erinnert sich noch gut an das Jahr 1981, als sie sich am Theater trafen. Er habe den »fanatischen Peymann-Anhänger« gefragt, ob er Klavier spielen könne. »Ich bin aber nicht *hier*, um Klavier zu spielen«, habe der frustrierte Schmidt zur Antwort gegeben[17].

Während Goertz gelegentliche Scherze aus der Harald-Schmidt-Show auf Kosten Augsburgs gelassen unter Enttäuschungen des Anfängers verbucht, nehmen sie andere durchaus übel. »Entertainer Harald Schmidt lässt keine Gelegenheit aus, sich über das Augsburger Theater lustig zu machen«, berichteten die *Augsburger Nachrichten* im Frühjahr 2002, und zitierten aus der Harald Schmidt Show: »In Augsburg hatten wir keine Mikros, da wurde der Ton von Angestellten weiter getragen«.[18] In derselben Sendung hatte Schmidt auch ein Video eingespielt, dass ihn in einer Goertz-Inszenierung des Kinderstücks »Kiebich und Dutz« von Friedrich Karl Waechter zeigt, als Kiebich. Das Stück ist typisch für die Kinderladen-Dramaturgie, der auch das Berliner Grips-Theater zuarbeitete. Die kindlichen Protagonisten dieser Stücke fangen meist als einsame Angeber an, die herablassend auf Schwächere einschlagen, bis sie selber in Not geraten und dann auf die alten Fußabtreter angewiesen sind. Die wiederkehrende Moral lautet stets, wie in »Kiebich und Dutz«: »Allein kriegst du leicht Schiss, aber zu zweit ist das eine herrliche Sache«[19] – wo-

Auf dem Weg zum absoluten Kantinen-
schauspieler: Schmidt in Augsburg (1982)

gegen ja beim besten Willen nichts zu sagen ist. Goertz hatte das Stück in der Spielküche inszeniert. In der Kantine gab Schmidt, zur Freude des Personals, gern alte Damen aus dem Böhmerwald. Dass aus dem mal was wird, hätten auch Ankleider und Beleuchter, bei denen er sehr beliebt war und ist, nicht geglaubt, wie sie heute freimütig zugeben. Netter Kerl, »wirklich sehr nett und lustig, aber kein Schauspieler. Ein einziges Mal«, so erzählt der frühere technische Leiter Erwin Hammer, »sollte er einen größeren Auftritt haben, als Ritter im ›König Lear‹, da ist er aber vom Pferd gefallen und hat sich den Arm gebrochen. Der hat ja nichts gesehen mit seinen schlechten Augen«. Ansonsten waren sie begeistert von ihm. Er hatte die schlechteste Garderobe, die Anfänger-Garderobe gleich neben dem Bühnenausgang, trug es aber mit Fassung und brachte auf Knopfdruck kleine Stand-ups aus seiner reichhaltigen Zivildienst-Erfahrung.

Schmidt selbst hat wohl auch nicht daran geglaubt, dass es einmal was wird mit ihm am Peymann-Theater. An einer großen Schreibtischplatte, die er noch selbst zwei Kilometer durch Augsburg geschleppt hat, habe er gesessen, auf der auch der Fernseher stand, schwarzweiß, ohne Fernbedienung. Auch das Essen stand auf der Platte, wenn er fertig war, wurde es beiseite geschoben, bis es zu riechen anfing, ebenso wie das gesunde Obst, für das er keine Zeit hatte. »So leben macht einsam«, berichtete Schmidt: »Wasch doch mal ab – lass mich in Ruh!«[20]

Um nichts unversucht zu lassen, hat er sich auch auf der Henri-Nannen-Schule für Journalismus in Hamburg beworben. »Ich sah mich gleichzeitig den *Stern* herausgeben, den *Spiegel* leiten und ›Monitor‹ moderieren.«[21] Hauptsache berühmt. Das Thema seiner Bewerbungsreportage war, bezeichnenderweise, ›Theater kurz vor der Premiere‹, mit einer hämischen Ansammlung von Pleiten, Pech und Pannen und halbleeren Zuschauerräumen: die Angst vorm Elfmeter. Schmidt gelangte immerhin in die Endausscheidung, sollte dann eine Reportage über das Arbeitsamt schreiben. »Da machte ich einen Fehler, von dem ich wahnsinnig viel gelernt habe: Ich bin mir selber nicht treu geblieben. Auf dem Arbeitsamt war es öde und langweilig, aber ich fing an, die schreckliche soziale Kälte in Deutschland zu beschreiben, dieses unfassbare Elend eines arbeitslosen 42- jährigen Elektrikers, dem man schon wieder keinen Job als Chefarzt anbietet. Anstatt zu schreiben ›What the fuck am I doing here?‹, machte ich einen auf linke Sozialreportage. Es war unfassbare Scheiße.«[22] In der mündlichen Prüfung erlebte er, wie alle vor Henri Nannen eine Synchronverbeugung machten. Schmidt behalf sich mit Arroganz, auch als ihm der »Sprachoffizier Wolf Schneider«, der die Schule damals leitete, in »geschliffenem Deutsch bescheinigte, ich sei eine Niete. Mein später Triumph war dann, dass ich im Fernsehen eine andere Liga war als er mit seiner NDR-Talkshow.«[23]

Er sah regelmäßig begeistert Ingolf Lücks »Formel 1«, besonders die Parodien auf Modern Talking, und schrieb derweilen Gags für den Bayerischen Rundfunk, die nie gesendet, aber später an den WDR verkauft wurden. Auch bei Alfred Bioleks Talentshow »Show-Bühne« (man bemerke die Hommage an das Berliner Theater) beim Bayerischen Rundfunk hat Schmidt sich 1983 beworben – vergebens. Es muss eine ziemlich niederschmetternde Zeit gewesen sein. Siebzehn Jahre lang hat Harald Schmidt nicht mehr als Schauspieler die Bühne betreten.

Mokante Geselligkeit

Düsseldorfer Lehr- und Wanderjahre

Wohin soll jemand gehen, der zur Bühne will, aber die Ochsentour durch die Stadttheater nicht aushält? Und auch nicht mehr so recht an das ganz große eigene schauspielerische Talent glaubt? Zum Kabarett, selbstverständlich. Als Kay Lorentz vom Düsseldorfer Kom(m)ödchen Harald Schmidt 1984 an sein Haus holte, hat dieser das »Desillusionstheater« an den Städtischen Bühnen Augsburg zwar hinter sich. Die Demütigung, gerade mal zum Säcke-über-die-Bühne-Schleppen für erfolgreichere Kollegen gut gewesen, so schnell an die eigenen Grenzen gestoßen zu sein, war mit dem neuen Engagement aber nicht vom Tisch. Pausenclown als Berufung? Die Idee vom Starschauspieler Harald Schmidt ist nicht tot, sie wird nur einstweilen auf Eis gelegt.

Das Engagement am Kom(m)ödchen war auch nicht unbedingt auf die schmeichelhafteste Weise zustande gekommen. Ein Kollege von der Schauspielschule, Michael Quast, war vor ihm eingestellt worden und sofort mit dem dortigen Lokalmatador Thomas Freitag in Konflikt geraten. Kay Lorentz begab sich auf die Suche nach einem »Puffer« und wurde an Schmidt verwiesen. Lorentz fuhr nach Augsburg und sah sich eine Vorstellung des Stückes »Orpheus« von Peter Greiner an, in dem Schmidt spielte und außerdem am Synthesizer Musik machte. Die Aufführung fand in sengender Hitze in einem Jugendzentrum statt, vor ungefähr zwölf Zuschauern, darunter eben Lorentz in Hut und Leopardenfell. Kurz vor Schluss stand Lorentz, der höfliche Umgangsformen in diesen Dingen kleinbürgerlich fand, auf und ging. Schmidt rannte ihm nach der Vorstellung ins Hotel hinterher. »›Wie kommen Sie hier herein‹, hat Lorentz mich angeraunzt, ›ich habe dem Kellner 20 Mark gegeben, damit er sagt, ich bin nicht da.‹ Dann hat er mich zum Essen eingeladen und mir verkündet, er hätte nie so etwas Schlechtes gesehen. Ich musste ihm recht geben – und so gingen wir auseinander. Ein Jahr später rief er an und meinte, die beiden Herren würden sich mittlerweile derart hassen, dass er nun wirklich einen Puffer brauche.«[1] Auch später habe Lorentz ihm immer wieder bestätigt: »Ich habe dich nicht geholt, weil du gut bist, sondern weil die zwei sich hassen«.

Umzug also nach Düsseldorf, mit Schreibtischplatte und Schwarzweiß-Fernseher. Hier wird es ernst. Das Kom(m)ödchen, ein patriarchalisch geführtes Unternehmen aus der Nachkriegszeit, sieht seine vornehmste Aufgabe in musikalisch untermalter Kritik. »Aufrauhen« ist gar kein Ausdruck für das, was die Familie Lorentz mit dem vorgefundenen Material aus Politik und Alltagskultur vorhat. Keine falsche Bescheidenheit! Das vertonte Credo des Hauses aus dem Jahr 1947 lautete:

»Wenn es dem Kom(m)ödchen nicht gefällt,
was sich so ereignet auf der Welt
immer, immer wieder,
zieht's den Vorhang nieder
und singt seine kleinen frechen Lieder.
Das, was dem Kommödchen wichtig schien
zwischen Honolulu und Berlin,
wird es ohne Hemmung
innerer Beklemmung
durch den Wochenschau-Kakao stets ziehen.«[2]

Auf einem frühen Foto, das während einer Probenpause im Sommer 1947 auf der Hunsrückenstraße entstand, sieht das Ensemble noch cool aus. Alle tragen Sonnenbrillen, Jacketts und Borsalinos und rauchen wichtig und ernst vor sich hin – selbstgedrehte Zigaretten natürlich. Ihre Geschichte hatte mitten im Krieg begonnen, in Berlin. Kay Lorentz, eigentlich Frontsoldat, hatte statt seines arabischen Seminars eines über amerikanische Publizistik besucht und fand neben sich eine Studentin namens Lore Schirmer, die ihr Kolleg über die Geschichte der französischen Revolution ebenfalls geschwänzt hatte, um etwas über die Presse in Amerika zu erfahren. Sie waren wild entschlossen gewesen, auszuwandern, aber ihr Zusammentreffen und das Ende des Nationalsozialismus brachten sie zu der Überzeugung, auswandern sei eigentlich »feige«. Nach Lorentz' Verwundung und anschließender Rückkehr von der Front heirateten sie in Lores Heimat Mährisch-Ostrau und zogen mit einem Flüchtlingstreck westwärts, bis nach Düsseldorf. Und so geht die Gründungslegende des Kom(m)ödchen: »Sie tauschten eine Leica gegen 36 Stangen Pall Mall und diese dann wieder gegen Ziegelsteine, Vorhangstoff und zwei Lampen, sie lernen einen Mann namens Fatty kennen, der Maler, Wirt und Karikaturist in einer Person ist, der ihnen Mut gibt ... sie treffen den Journalisten Bert Markus, der Texte schreiben kann, den angehenden Zeitungsmann Hans Walter Clasen, der im Notfall auch Sopran singt, Emil Schuchardt, der von der Kirchenmusik kommt und Chansons komponiert, einen Grafiker, der auch selbst mitspielt ... Und da sie keine Diseuse kennen lernten, die bereit gewesen wäre, mit rauchiger Stimme klare Wahrheiten den Spießern ins Gesicht zu schleudern, sagte er zu ihr: ›Es nützt alles nichts, du musst singen!‹«[3] Angeblich soll er Lore dann für drei Pfund Speck einen Text gekauft haben, den sie in ihrem ersten Programm sang. Es hieß, bezeichnenderweise, »positiv dagegen« und enthielt »selbst verfasste Poeme vermenget mit geistigen Brosamen«, »verzieret mit dem Silberstreifen aufgehender demokratischer Sonne, allerdings nicht ohne dem p. p.-Publikum unser Zerrspiegelein vor sein wohlgefälliges Antlitz haltend (sic)«.[4]

Wie aus dieser kleinen Ankündigung schon deutlich wird, war so ein Abend beim Kom(m)ödchen keineswegs eine erbauliche oder gar erheiternde Angelegenheit. Das p. p.-Publikum hatte durchaus mit Vorhaltungen zu rechnen: Völlerei, Unterhaltungssucht, Gutgläubigkeit oder Kauflust wurden hier scharf gegeißelt – eine Art Kirchgang war der Besuch beim Kom(m)ödchen, nur eben ohne Trost. Man bezog sich dabei auf eine bestimmte Tradition, und es ist aufschlussreich, sie einen Moment zurückzuverfolgen.

Das Kabarett war ursprünglich nämlich durchaus nicht als Besserungsanstalt, als Bühne der Mahner und Warner konzipiert, von der aus einem irgendwas ins Gesicht geschleudert wird, im Gegenteil. Die französische Urform wollte eigentlich nur ein leicht rezipierbares Potpourri der aktuellen Kunstproduktion aller Genres bieten, dazu ein Ambiente, in dem man sich unter die verschiedensten Leute mischen konnte. Das deutsche Pendant entstand mitten im wilhelminischen Berlin, in dem es bereits eine eigene Vergnügungstradition und -industrie gab. Es nannte sich »Buntes Theater«, war von einem gefallenen Adelsspross mit dem passenden Namen Ernst von Wolzogen gegründet worden und bot für immerhin 650 Leute literarische Satire (von Wolzogen war ein entfernter Verwandter Schillers), Lyrik und Erotik; dazu Szenen aus Schnitzlers »Anatol«, Pierrot-Pantomimen und eine Parodie auf d'Annunzio, schließlich sogar ein durch und durch affirmatives Lied auf die Ehe!

Das Kabarett bezog seinen Namen vom französischen »Cabaret«, einer runden, mit fächerförmig angeordneten Schüsselchen bedeckten Speiseplatte. Nach ihr wurden dann die Schenken benannt, in denen diese bunten Platten serviert wurden. Die Pariser Caféhaus-Boheme, die das erste Publikum bildete, suchte die Nähe zu Künstlern. In Deutschland spielte dagegen die Tradition des Volkstheaters, des »Brettls« eine besondere Rolle, von Anfang an mit einem gewissen Sendungsbewusstsein. Von Wolzogen nannte sein Kabarett bezeichnenderweise »Überbrettl«, denn: »Ich hatte in jener Zeit begonnen, mich in Nietzsche zu versenken. Und wie Nietzsches Traum vom Übermenschen auf mein Schlagwort vom ›Überbrettl‹ abgefärbt hatte, so auch Nietzsches Lieblingsideen vom dionysischen Menschen, vom Tänzer, von der fröhlichen Wissenschaft, von der Bändigung der blonden Bestie durch eine Kultur der Anmut, der vornehmen Haltung.«[5] Das Publikum in Paris bestand aus »Dandys, Studenten, abenteuerlustigen Söhnen der Bourgoisie ebenso wie jungen Angestellten, die ein wichtiges Ferment des großstädtischen Lebens wurden. ›Anständige Damen‹ waren hier nicht zu finden, dafür Dienstboten und Kindermädchen, Näherinnen, Wäscherinnen, Verkäuferinnen, die sich auf der Suche nach Glück und ein wenig Glanz im Leben von zahlungskräftigen Freunden aushalten ließen – und dann natürlich die gewerbsmäßigen Prostituierten. Hier genoss man die Herausforderung bürgerlicher Moral, zuweilen auch Gesellschaftskritik.«[6] In Deutschland kamen noch die feschen Leutnants, die stiernackigen Krautjunker und Kommerzienräte hinzu, die einen Teil der neuen Kunstform im Laufe der Weimarer Republik immer mehr zum Frivol-Nationalistischen hintrieben. Anders als im Theater waren im Kabarett also kleine Kultur-Appetizer zu erwarten und Möglichkeiten der informellen Kontaktaufnahme. Aber die Ansprüche dahinter waren keineswegs bescheiden: man wollte nichts Geringeres als »die Renaissance aller Künste und des ganzen Lebens vom Tingeltangel her«, man wollte »ein goldenes Netz über das ganze Volk werfen«, »eine neue Cultur herbeitanzen« und eben »den Übermenschen auf dem Brettl gebären«.[7]

Das Kom(m)ödchen beerbte auch die sprachkritischen Traditionen jener Jahre, die mit Christian Morgensterns Gedichten begannen und im Berliner Kabarett »Schall und Rauch« vorgetragen wurden. Um dem avancierteren, theatergewöhnten Publikum entgegenzukommen, hatte Max Reinhard für das Kabarett auch Parodien auf Klassiker wie »Don Carlos« konzipiert, die dann als vermeintliches Volksstück »Karle, eine Diebeskomödie« präsentiert wurden. Während in Berlin eher literarisch inspiriertes expressionistisches Kabarett stattfand, gab es in München schon früh eine anpolitisierte, anarchistische Boheme, die Texte und Lieder von Erich Mühsam, Frank Wedekind oder Joachim Ringelnatz im Schwabinger Simplicissimus hörte. Futuristen in Italien sangen Loblieder auf den Krieg, Dadaisten ließen im Zürcher Cabaret Voltaire die Köpfe rollen.

Mit der Revolution von 1919 und der Etablierung der ersten, zaghaften Demokratie auf deutschem Boden entstand für die neue Kunstform, speziell ihre politischen Fraktionen, ein Problem. Es war durchaus dem vergleichbar, das die Ära Brandt dem Kom(m)ödchen stellte. Die Zensur war aufgehoben, man sah sich einem »befreundeten Regime« gegenüber. Bevor man sich aber von den regierenden Sozialdemokraten den Schneid abkaufen ließ, verlegte man sich auf die liebevolle Pflege der eigenen Enttäuschung über die Novemberrevolution, die nie weit genug ging, von den Sozis verraten wurde und so weiter – ganz wie es dann später auch das Kom(m)ödchen tat (noch kurz vor ihrem Tod mit 74 Jahren sang Lore Lorentz ein Lied mit dem Refrain »Die Wut ist jung«).

Damit reihten sich auch die Kabarettisten in die Reihen derjenigen ein, die der Weimarer Republik nicht den Rücken stärken mochten; wie sie überhaupt auf die meisten Künstler und Bürger nicht zählen konnte. Das System, dessen Aufhebung der Zensur man seine Existenz und seinen künstlerischen Spielraum verdankte, wurde zum Erzfeind. Es liegt auf der Hand, dass eine solche Abschottung gegen die Verhältnisse draußen vor der Tür auf die Dauer auch zur künstlerischen Erstarrung führen musste. Wer sich fragt, warum die »Scheibenwischer«-Sendung von Dieter Hildebrandt mit den Jahren so grauenhaft mumifiziert ist, warum die zur Affirmation drängende Harald Schmidt-Show vor diesem Hintergrund so eine Entlastung war, findet hier schon die Antwort.

Die Positionierung von Autoren wie Walter Mehring oder Kurt Tucholsky gegenüber der Weimarer Republik, die Mischung aus vorwurfsvoller Enttäuschung und triumphierender Häme bildet eine der unglückseligsten und zugleich hartnäckigsten Traditionen der deutschen Humorgeschichte. Man steht draußen und sieht den andern beim Scheitern zu. Schadenfreude als politisches Statement. In Tucholskys Gedicht »Revolutionsrückblick« findet man die Haltung auf den Punkt gebracht:

»Kommt in diesem Lande niemals denn ein Retter?
Die graue Regenluft weht nass und fahl.
Zum Abschiednehmen just das rechte Wetter:
Fahr wohl, fahr wohl, November-Ideal!
Denn erstens kostest du zu hohe Spesen,
und zweitens singt ihr noch die Wacht am Rhein –
Tatü-tata – es wär zu schön gewesen,
behüt' dich Gott, es hat nicht sollen sein!«[8]

Der Theaterkritiker Alfred Kerr hat diese Form und Gestimmtheit des Kabaretts sehr treffend »mokante Geselligkeit« genannt. Ihr stand schon in Weimar die Form des Kabaretts gegenüber, die mehr zur Spaßkultur, zum Varieté hintendierte: Josephine Baker im Bananenröckchen, Anita Berber auf dem Glastisch, Fritzi Massary und ihr Loblied auf den Ehebruch, Friedrich Hollaenders »Revuetten«: »Lustig, schaumig, Couplets aus dem Handgelenk, elegant. Die beste Sommerunterhaltung für gut angezogene Menschen«.[9] Wehe, die Grenzen werden von der falschen Seite überschritten: Bert Brecht, der beim Münchener Kabarett »Die rote Zibebe« auf Karl Valentin, Ringelnatz oder Klabund getroffen war, stellte erschrocken fest, dass seine »Dreigroschenoper« im Tingeltangel-Betrieb einfach zu einer Operette unter vielen gemacht wurde, statt Bewusstsein zu bilden.

Unmittelbares Vorbild des Kom(m)ödchen war Erika Manns Kabarett die »Pfeffermühle«, gegründet 1933, in dem unter anderem Therese Giehse auftrat. Lore Lorentz hatte das Ensemble noch auf der Flucht gesehen, bei einem Auftritt in Prag. Die Texte stammten von Klaus und Erika Mann, es gab kleine Tanzeinlagen und Klavierbegleitung, und man kleidete politische Attacken gegen das deutsche und das Schweizer Regime aus taktischen wie aus ästhetischen Gründen in Fabeln und Allegorien. Die »neusachliche Romantik« des »Pfeffermühle«-Sounds versuchte sich auch das Kom(m)ödchen der Nachkriegszeit anzueignen.

Das Kabarett war die »Arme-Leute-Lösung« des Problems, dass man unmittelbar nach dem Krieg kein Material für Bühnenbilder, zu viele zerbombte Bühnen und zu wenig Personal für abendfüllendes Theater hatte. Im Gästebuch des neu eröffneten Düsseldorfer Kom(m)ödchen finden sich Einträge von Werner Finck, Elisabeth Flickenschildt, Erich Kästner, Hans Werner Richter, Gustav Gründgens und Lotte Lenya. Lore Lorentz war mit Gründgens befreundet und bezog aus dieser Freundschaft auch einen hohen schauspielerischen Ehrgeiz. »Wir machen hier keine Nummernrevue wie die Lach&Schieß«, hatte Kay Lorentz immer wieder betont. Man liebte gelehrte Anspielungen auf Shakespeare-Dramen, die Grabrede des Marc Anton, Macbeth und so weiter. Man war schnell eine Institution der frühen Bundesrepublik. Die politische Ausrichtung war nicht so ganz einfach, schon wegen der Ambivalenz gegenüber den Alliierten, die man offiziell weder angreifen konnte noch wollte. Was die Vergangenheit betraf, verlegte man sich in den meisten deutschen Kabaretts auf larmoyante Selbstdarstellung als Opfer der Verhältnisse. Die »Serenade bizonale« des Kom(m)ödchen war ein Stoßgebet an die Besatzungsmächte, sich ihrer Schützlinge anzunehmen:

»Schon nahet sich der Morgen,
des Marshal Morgenroth.
Wer will ein Licht uns borgen?
Und enden unsre Not?
Nur leise, nur immer leise,
Jeder stirbt auf seine Weise.

Hebt an die Serenade
Zur bizonalen Gnade.
Leiht, ehrenwerte Herrn, das Ohr
Dem bizonalen Volkeschor.

Wacht auf, wacht auf,
Das Maß ist bald voll
Ihr habt ein gutes Gewissen.
Wir singen in Dur,
Wir singen in Moll,
Und ihr sinkt in sanfte Kissen.
...
Wenn man's von höherer Warte sieht,
Ist es doch schließlich ganz egal,
welche von den Parteien siegt,
Ob C. D. U. – ob liberal –
Ob K. P. D. – ob S. P. D. –
Kommt nicht so oft in Rage,
Schwingt euch ein wenig in die Höh'
Und denkt an die Blamage.
...
Wem Gott ein Amt gegeben, dem gibt er –
So heißt es – den Verstand –
Doch hohe Herrn bedenkt viel mehr;
Erst kommt der Mensch und dann das Amt,
ERST KOMMT DER MENSCH UND DANN DAS AMT.«[10]

Ziemlich erstaunliche Gefühlslage, möchte man meinen, nach Bekanntwerden der Einzelheiten aus der unmittelbaren Vergangenheit mit Zeilen wie »Jeder stirbt auf seine Weise« noch ganz unschuldig auf die eigene Lage aufmerksam machen zu wollen. Den Alliierten ihr gutes Gewissen vorzuhalten, muss man wohl als misslungenen Versuch einer Projektion der eigenen Schuldgefühle lesen. Man tut auch im wachsamen Kom(m)ödchen so, als hätten die Deutschen einfach nur dabeigestanden, während wechselnde Herrscher an ihnen vorbeiparadierten. Das kam gut an. Die *Kölnische Rundschau* schrieb 1948 begeistert: »Wieder war es der Mensch von heute, der im Hin- und Herzerren der Mächte, im Strudel der Ideologien und des Verfalls immer wieder aufsteht und fragt. So kann nur das Kom(m)ödchen fragen: einmal still und fast hoffnungslos, dann wieder geistreich und überlegen anklagend und fordernd …«[11] Die Parteien haben noch gar nicht richtig angefangen, da glaubt man schon nicht mehr an sie. Chanson-Titel wie »Aus alt mach neu«, »Im Westen nichts Neues« oder »Herr Wendig« belegen, dass man wieder einmal nicht an den Anbruch einer neuen Zeit glauben mochte; man war nicht einmal besonders neugierig, wie die Dinge sich entwickeln würden. Kabarett in Deutschland hieß und heißt: Man weiß Bescheid, man kennt seine Pappenheimer. Entlarvung ist der Stil des Hauses, mokante Geselligkeit die Atmosphäre.

Dabei ging es nicht nur gegen »hohe Herren«, das Geld, die Parteien schlechthin, reiche Leute oder die Alliierten. Von Anfang an ging es auch gegen »die Spießer« und gegen den »Wohlstand«, zum Beispiel auch die neue Damenmode: »Jetzt soll'n wir wieder langsam trippeln«, sang Lore Lorentz 1948, »und mehr zum Luxus hingehör'n,/Wir soll'n uns nach Kognac schütteln,/Und Kinder kriegen ist fast unmodern!«[12] Die Abneigung gegen amerikanische Moden, gegen alles Unnatürliche, gegen »Chi-Chi«, gegen »Cul de Paris«, die Westmächte überhaupt und das gute Leben schlechthin ist bekanntlich keine neue Haltung. Man hat tatsächlich angeknüpft, in trüben, stehenden deutschen Gewässern gefischt, sich einem Neuanfang beharrlich verweigert. Verblüffenderweise hat sich die Tradition nicht nur bei den Hüschs, Hildebrandts und Buchholzens gehalten, sondern auch bei den Sponti-Kabaretts der siebziger Jahre. Konrad Adenauer und Ludwig Erhard wurden als Geschenk des Himmels betrachtet, so viel Stoff boten sie den antiwestlichen, konsumkritischen Tiraden.

Die große Ausnahme jener Jahre, die erfreulichste Figur der deutschen Humorgeschichte, war der ehemalige Metzgergeselle und Truppenbetreuer Wolfgang Neuss. Neuss' erstes Ensemble hieß bezeichnenderweise die Bonbonniere – womit sich schon andeutet, dass hier verwöhnt und nicht gemahnt und erzogen werden sollte. Nach ihm hat nie wieder jemand Intellektuelle und Proleten gleichermaßen begeistern können – bis Harald Schmidt kam. Neuss machte sich über die oben beschriebene Larmoyanz in Filmen wie »Wir Wunderkinder« (1958), »Wir Kellerkinder« (1960) oder »Genosse Münchhausen« (1962) lustig. Die politische Orientierung war vor allem antitotalitär, lebendig, anarchistisch-aufgeräumt und gänzlich ohne sauertöpfische Besserwisserei. Selbstironie ohne völlige Selbstauslöschung und Hedonismus gehörten immer dazu. Wenn Neuss etwas über Deutschland sagen wollte, demonstrierte er es an der eigenen Person, zum Beispiel an dem Fleischer, der er einmal war. Seinen Zenit erreichte Neuss Mitte der sechziger Jahre, als er am Kudamm mit Texten von Dieter Thierry und Hans Magnus Enzensberger auftrat. Er machte Wahlkampf für die SPD – verhielt sich also nicht, als ginge ihn das alles nichts an – bis man ihn Ende der sechziger Jahre wegen eines Protests gegen den Vietnamkrieg ausschloss. Die Aufnahme eines gemeinsamen Auftritts mit Wolf Biermann in Frankfurt am Main beim Ostermarsch 1965 gehört zu dem Brillantesten, was auf dem Sektor Kabarett in Deutschland je produziert worden ist: höchst persönlich geschriebene, brandaktuelle Texte über Ost und West, die sich einem Jahrzehnte lang einprägen.

Frühe deutsche Coolness und zahnlos im Ruhestand: Wolfgang Neuss 1959 und 1988

Leider kam er in den siebziger Jahren aus dem Tritt. LSD, Haschisch und Ausflüge in die damals gängigen Formen der Indianer-Esoterik nahmen den Auftritten von Neuss, der inzwischen buchstäblich zahnlos geworden war, jede Schärfe. Neuss starb 1989.

Als Harald Schmidt 1984 ans Kom(m)ödchen kam, war gerade die Ära Kohl angebrochen, die dem deutschen Kabarett für Jahre Stoff verschaffte. Bis zur Erschöpfung wurden Kohls Kopfform, seine Essgewohnheiten oder der fehlende großbürgerliche Schliff durchgekaut. Davor, unter Brandt, der sich einmal in einem Brief bei Lore Lorentz für ihre Verdienste um den kritischen Bundesbürger bedankt hatte, war man von politischen Themen fast gänzlich abgerückt und ins Allgemeine ausgewichen: Konsumkritik, Armut in der Dritten Welt, Arbeitslosigkeit, Lieblosigkeit und so fort.

Aber Kohls Formulierung »in diesem unserem Land« ist wohl in keinem Kabarettprogramm unzitiert geblieben, gar nicht zu reden von der in Israel gefallenen Bemerkung von der »Gnade der späten Geburt«, die doch eigentlich ein durchaus respektables Dokument qualvoller Selbstprüfung war. Das Antideutsche gehörte längst zum guten Ton; eine Art »negativer Patriotismus« ist das Kennzeichen des Juste milieu, in dem das Kabarett zu Hause ist. »Da können Sie Gift drauf nehmen« hieß das erste Programm, in dem der 27-jährige Harald Schmidt mitwirkte, an der Seite von Thomas Freitag und Michael Quast. Im Programmheft wird er dem Publikum schon von Kay Lorentz als »Entdeckung« anempfohlen. Die Bundesrepublik, so heißt es im Programm eher unspezifisch, sei zum »Land des Grinsens«, zum »Reich des Mittelmaßes« verkommen – als könne man dafür nicht dankbar sein. Offenbar etwas ratlos griff man – natürlich sarkastisch – zum weihevollen Ton. Wenn nichts mehr geht, ein Kirchenwitz geht immer: »Christ sein heißt fröhlich sein! Da liegt es, das innerste Geheimnis der Wende – im Lächeln … In den härtesten Stunden der Amnestiedebatte, bei der Abschmetterung der Volkszählung, bei Buschhaus gar – was zeigten uns alle, die es anging? Ein Grinsen, das uns bedeuten wollte: liebe Brüder, es ist alles halb so schlimm. Und in der Tat, ist es nicht so?«[13] Die *Rheinische Post* registrierte die geringe politische Trennschärfe des Programms »Wir müssen dran glauben«, Schmidts zweitem Kom(m)ödchen-Auftritt, durchaus wohlwollend: »Im Blödeln« seien die Nachwuchskräfte Jutta Hahn, Harald Schmidt und Hugo Egon Balder groß; was ihnen an politischem Biss fehle, machten sie durch »Witzchen« wett. Das Ensemble, zu dem später noch die gelernte Soziologin Anka Zink hinzukam, tourte mit den Programmen durch Deutschland. Zink (»Sieben Tage, sieben Köpfe«) erinnert sich gern an den Kollegen Schmidt, der auch dann noch gut aufgelegt und hilfsbereit gewesen sei, wenn man nachts mit dem Auto in irgendeinem Kaff liegen blieb. Bewundernd erinnert sie sich seines Arbeitseifers, seines unbändigen Ehrgeizes. Er habe ihr gute Tipps gegeben, sei überhaupt ein kollegialer Mensch gewesen, den man gern um sich hatte – ein Eindruck übrigens, den einem so ziemlich jeder bestätigt, der einmal mit Schmidt gearbeitet

Kabarett als Erziehungsanstalt: Schmidt am Düsseldorfer Kom(m)ödchen mit Jutta Hahn und Hugo Egon Balder (1986)

hat. Im Übrigen habe er sie »nicht mehr belästigt als andere Männer auch«, sagt Zink, deren erstes Soloprogramm den Titel »Alle Männchen werden prüder« trug.

Es fällt schwer, sich den Harald Schmidt von heute in diesem sozialdemokratisch-feministisch gesinnten, patriarchalisch geführten Betrieb vorzustellen, in dem die Schauspielerinnen »Mädchen« hießen, von der Dame des Hauses misstrauisch beäugt oder geschnitten, und Texte angehender Autoren vom Hausherren mit der Bemerkung »dünnes Hündchen« zerzaust und verworfen wurden. Harald Schmidt bei den Sozis? Der Sohn seines damaligen Chefs, Kay Lorentz, der inzwischen die Nachfolge seines Vaters angetreten hat, ist sich ganz sicher: »Der Harald, der ist auch ein Linker. Und er hat Mut und steht dazu. Einmal«, so erinnert sich Lorentz, »hatte er eine Nummer über die Deutsche Bank im Programm. Ich hatte durch den Vorhang gesehen, dass

Alfred Herrhausen [1989 von Terroristen ermordeter Vorstandschef der Deutschen Bank, bekannt für seinen Reformwillen in Sachen Entschuldung der Dritten Welt] in der ersten Reihe saß. Ich sagte zu Schmidt: ›Harald, wenn du willst, kannst du die Nummer heute ruhig weglassen.‹ Aber er ist da raus und hat es trotzdem durchgezogen. Nachher klopfte es an seine Garderobentür: da stand Herrhausen und hat sich bedankt.«[14] Die Episode ist durchaus sprechend für die Gemütslage des Kabaretts: Man lebt davon, die Republik für verkommen, das Kapital für ausbeuterisch und den ganzen Apparat für kritikresistent zu erklären, und steht hilflos vor der real existierenden Geschmeidigkeit seiner Protagonisten.

Inzwischen ging die Tendenz in der Kabarettszene immer mehr weg vom Ensemble zum Soloprogramm. Man erfindet sich einen Charakter – »Else Stratmann« zum Beispiel, oder »Otto« – und lässt ihn durch den Alltag stolpern. Das hängt womöglich damit zusammen, dass immer mehr Kabarettisten vom Schauspiel kommen, wo immer weniger eine Chance auf Anstellung haben (vielleicht liegt hierin ja auch eine Erklärung für den anhaltend schlechtgelaunten Ton im deutschen Kabarett). Außerdem schätzt das Fernsehen Kabarettisten als disponible, gut portionierbare Lieferanten kleiner Unterhaltungselemente und kann ihnen sehr viel mehr zahlen als ein kleines Haus mit festem Ensemble (außer der Berliner Distel und der Münchner Lach- und Schießgesellschaft gibt es von den alten Bühnen auch nicht mehr viele). Vor diesem Hintergrund ist es natürlich nicht verwunderlich, wenn speziell der Individualismus, der Egoismus, das Fernsehen und das große Geld im aktuellen Programm des Kom(m)ödchens gegeißelt werden.

Auch Harald Schmidt begann bereits ein Jahr nach seinem Einstieg im Kom(m)ödchen mit Soloprogrammen, die er zusätzlich zum Ensembleprogramm noch abwickelte. Man darf sich das nicht zu grandios vorstellen: Soloprogramm hieß eben, auch einmal in Hildesheim vor drei Leuten aufzutreten, und am nächsten Abend sind es vielleicht zehn, von denen die Hälfte nach der Pause wieder geht. Schmidts Programme hießen »Ich hab'schon wieder überzogen« (1985), »Überstehen ist alles« (1988) und »Schmidtgift« (1992). Hilmar Bachor, ehemals Unterhaltungsredakteur beim WDR-Hörfunkprogramm, hat sie seinerzeit alle für das Radiopublikum aufgezeichnet. Das letzte, »Schmidtgift«, erschien später als CD. In diesen Soloprogrammen entwickelte Schmidt »sein Material«, seine Themen und eine bestimmte öffentliche Figur, die er einige Jahre spazieren führte. Er trug damals noch »Big Hair«, locker und weich geföhnt, à la Michael Schanze; außerdem gestreifte Westen wie Konstantin Wecker, den er sehr zu parodieren liebte. Das Hauptobjekt seines Satireprogramms war der Mann, der er nicht geworden war: der umweltbewusste, frankophile, sendungsbewusste und empfindsame Akademiker, der Filme im Original sieht, darüber gescheit daherschwätzt, in der Freizeit mit grauenhaften Poemen dilettiert und zum Dank die besten Weiber bekommt – und bei Schmidt im Publikum sitzt oder künftig sitzen soll. Zielsicher trifft Schmidt den Betroffenheitskitsch jener Jahre – der Mutlangen- und Brokdorfjahre, der strickenden Parlamentarier, der schmerzensreichen Petra Kelly – und reichert ihn mit dem antibürgerlichen Ressentiment an, das zu allen Zeiten gut ging im Kabarett. Außerdem kennt oder ahnt er die masochistische Disposition deutscher Intellektueller: wenn man sie nur lange und eloquent genug beschimpft, fressen sie einem aus der Hand. Typisch für jene Zeit war das Stück »Claudette«:

> Es war einer jener grauen Tage, an denen mich der kalte Beton meiner Umgebung, die Arbeitsmarktsituation in Sachsen-Anhalt und das ungehörte Verhallen der Bergpredigt wieder einmal an die Schreibmaschine getrieben hatten. Eine innere Stimme sagte mir: Du kannst vielleicht nichts

bewirken, aber vielleicht … wirst du dem Wahnsinn wieder zwei Gedichte entgegenschleudern, Gedichte mit jenen gewaltsam auftrumpfenden schwarzen und grünen Rhythmen, als explodiere ein sehr junger Schutzmann. Bereits nach elf Minuten strafte ich das Ozonloch mit den Zeilen:

Ich sah viel tote Bäume,
am Rand der Autobahnen,
die hatten keine Blätter mehr
ach so, es waren ja Tannen –

Danach hatte ich den Eindruck: du brauchst dringend mal Urlaub. Spann doch mal ein paar Tage aus, fahr doch mal nach Frankreich. C'etait incroyable, messieurs dames. Bereits kurz hinter der Grenze stand ich auf der Landstraße in einem kleinen Stau mit all den anderen, die genau wie ich dem Reiseführer ANDERS REISEN – FRANKREICH AUF SCHLEICHWEGEN gefolgt waren.«[15]

Es folgen einige wundervolle Tage im Klischee: »Paris, das ist deine Stadt! Champs-Elysée, Jeu de Paume, Arc de Triomphe« und jene »winzigen, versteckt liegenden Restaurants, die schon Hemingway und Polyglott beschrieben haben.« Man lacht gemeinsam über die Aufsteiger, die sich mit »Anders reisen« einen Distinktionsgewinn verschaffen wollen – und produziert damit wieder selber einen. Der Wettlauf des Ironisierens, der damals einsetzte, wirkt im Nachhinein soziologischer motiviert, als Kritiker und Verteidiger je glauben wollten: Ironie ist eine Geste, mit der man die Brücke hinter sich hochzieht, um die Nachstürmenden abzuwehren und die Arrivierten von ihren Plätzen zu vertreiben.

Schmidt wollte ins Fernsehen, damals noch ins öffentlich-rechtliche, und er studierte den Habitus seiner Redakteure mit der Akribie des Aufsteigers, der keine Zeit zu verlieren hat. Die Quellen, die er zitiert – »Anders Reisen«, die Bergpredigt, die Screwball-Comedies, le Waldsterben, die Ray-Ban-Sonnenbrillen – sind die Accessoires des anvisierten Lebens; man eignet sie sich an und ironisiert sie im selben Atemzug, um sich im Distinktions-Wettlauf dort zu platzieren, wo die neuen Losungen ausgegeben werden. Schmidts Hoffnung mag gewesen sein, dass man ihn ins Boot bitten wird, wenn er nur genau genug trifft – und so ist es ja dann auch gekommen.

Der Tradition des Kom(m)ödchen treu bleibend, werden regelmäßig Frankophilie und Anglophilie vorgeführt. Die Affäre mit »Claudette« führt ihn, der sich in Frankreich »Jean-Luc« nennt (weil sie das besser aussprechen kann), in »eines jener berühmten Zimmer, in denen wirklich nur Liebende genug Platz haben und in denen Bettwäsche und Handtücher unzählige Geschichten aus längst vergangenen Tagen zu erzählen wissen«. Claudette haucht ihm zu »nimm mich, Chéri, du bist nicht der Erste«, aber sein Erzähler verzichtet, wegen »le Waldsterben«.[16] Mit verluderten Französinnen und sprechenden Bettlaken hätte er auch zu Hause in Nürtingen reüssiert, wo man vielleicht noch nicht ganz so lange nach Frankreich fährt; und man erreicht zugleich die damaligen Jungstudenten, die Kinder von Achtundsechzigern, denen der ewige Urlaub in der Bretagne und die George Brassens-Platten auf die Nerven gehen. Man fühlt sich auch an die Witze der Fünfziger und Sechziger Jahre über Froschschenkelfresser bei Heinz Erhardt erinnert – eine Parallele übrigens, die Schmidts Humor durch all die Jahre behalten hat.

Oder das New York-Gehabe: »Echte New Yorker gehen immer zügig und schauen nie nach oben. Steht zumindest in dem Reiseführer, aus dem ich es abgeschrieben habe. Als wir die 6th Avenue überquerten, sah ich plötzlich einen Mann in Jeans und Lederjacke – eine Seltenheit in New York und überhaupt – der irgendwelche Anweisungen an ein zweiköpfiges Kamerateam gab. Vielleicht war es auch nur ein zweiköpfiger Kameramann.

Sorry, aber es war fuckin' cold an diesem Tag auf dem Big Apple. Gefällt mir sehr gut, wie ich meinen Text mit Amerikanismen durchsetze.«[17] Er steht immer neben sich und vergleicht sich mit der Vorlage, so verbringt der Aufsteiger seine Tage – nur dass hier noch ein dritter Beobachter hinzukommt, der dem Aufsteiger selbst bei der Arbeit zusieht. Beobachtung dritten Grades. Für den Fall, dass das Arrivieren misslingt, hat man sich und denen in Nürtingen klargemacht, wie wenig »echt« die andere Hälfte lebt, wie alles nur angelesen, bei Nabokov abgeschrieben oder bei Tom Wolfe abgeguckt ist. Tom Wolfe ist, nebenbei bemerkt, mit seinem gärenden Hass auf die Hochkultur, speziell auf die Schriftsteller, die als solche ernstgenommen werden – wie seine ehemaligen Gefolgsleute Norman Mailer und John Updike – natürlich genau die richtige Lektüre für einen, der hoch hinauswill und sich gleichzeitig für das Scheitern wappnet.

In »Schmidteinander« trifft Schmidt Matthias Matussek [*Spiegel*-Redakteur] auf der Straße, und hat gerade schlecht über ihn gesprochen, »was für ein Angeber er sei und so. Einen Augenblick überlegte ich, wer von uns beiden wohl eingebildeter sein könnte, weil ihn der andere erkannt hatte, und ich glaube, legendary Matussek, der Freund der Bedeutenden, der Gesprächspartner eines Arthur Miller, konnte sich noch mehr darauf einbilden.«[18] Wer wen trifft, wer für wen keine Zeit hat, wer wen auf der Straße erkennen kann/darf/muss, das treibt jemanden um, der explizit »bedeutend« werden will. Journalisten sind auffällig oft Thema von Schmidts Auftritten. So findet sich in »Schmidtgift« auch eine ziemlich lustige Satire über die *Zeit,* in der von »Schloß Alzheim« die Rede ist, ostelbische Anekdotensammlungen mit dem Titel »Iris, mein Radieschen« herumliegen, Dr. Sommer mit dem bekanntermaßen sehr großen Latinum sagt: »Quod bisquit eternam topfit«, während »Herr Ulrich« soeben von einer schweren Depression genesen ist, die ihn ereilt hatte, weil seine beiden Windspiele MINIMA und MORALIA im Garten von Schlossnachbar Augstein von einer Maulwurfpatrone zerfetzt worden waren[19]. Hier gibt Schmidt mit leichter Hand zu erkennen, dass er sich auskennt, schon irgendwie dazugehört, sich nicht einschüchtern lässt, keine Ressentiments pflegen muss, sondern einfach groben Unfug in die Welt des Feuilletons setzt, von der er schon lange gefeiert zu werden wünscht. Und wieder ist die Rechnung aufgegangen: Gerade das *Zeit*-Magazin hat sich über die Jahre immer wieder bewundernd und ausführlich mit dem Entertainer Schmidt beschäftigt. Es lag zur Zeit der Solotouren auch gar nicht so lange zurück, dass Schmidt sich selbst bei der Henri-Nannen-Schule beworben hatte und sich bereits »den *Spiegel* herausgeben« sah. Man schwankt halt zwischen grandioser Selbstüberschätzung und zerknirschtem Selbstekel. Glücklich, wer aus einer solchen Phase noch einen Witz zu schlagen versteht. Es sind Schmidts beste Momente:

»Hemingway war ein Macho und schon mittags besoffen. Als ich das erfahren habe, saß ich auch mal ne Zeitlang mit nacktem Oberkörper am Schreibtisch und habe schon mittags Rotwein getrunken. Immer nur kleine Mengen eingeschenkt, wie Hemingway im Vierteiler, aber ich hab's nicht vertragen. Außerdem kam meine Freundin zur Tür rein und sagte: Pfui Teufel, hier stinkt's ja wie im Affenhaus.‹ Wenn ich tippe, schwitze ich unter den Achseln, und das riecht. Man selber riecht's ja nicht, aber für die anderen wird's eine Belastung.«[20]

Zwar befassten sich Schmidts Texte während der Zeit am Kom(m)ödchen selten mit Politik, aber ganz ohne ging es an diesem sendungsbewussten Haus natürlich nicht. In Schmidts letztem Jahr 1989, präsentierte er gemeinsam mit Jutta Hahn und Anka Zink das Programm »Solange der Vorrat reicht«. Kay Lorentz senior stellte dem Programm einige mahnende Zeilen voran: »Zugegeben – auch wir waren bereits auf dem überall zu beobachtenden Rückzug ins Private, haben jedoch rechtzeitig erkannt: Die großen Probleme der Menschheit (grob angesiedelt zwischen Abrüstung und Aufforstung) haben ein Recht darauf, von uns in Angriff genommen zu werden. Deshalb geben wir ab sofort Antworten, noch bevor die Fragen gestellt sind.«[21] Ganz in diesem Sinne enthält das Programm eine Parodie auf das »Deutschlandlied« – wohlgemerkt im Februar 1989 – in der die Mauer »überdauern wird, auch wenn die ganze Erde bebt«. Nun – vielleicht hätte man doch ausnahmsweise einmal die Fragen abwarten sollen. Die Zweiteilung Deutschlands wird den Franzosen (»lieben Deutschland so sehr, dass sie zwei davon haben möchten«) und Adenauer in die Schuhe geschoben. Angesichts eines Stimmenanteils von 7,1 Prozent für die Republikaner in Berlin wird räsonniert, »unsere Erziehung zu feinerer Kultur« läge noch nicht lange genug zurück, wir säßen noch immer auf einem Pulverfass der »barbarischen Leidenschaften«. Die Vorstellung von den stets gewaltbereiten Deutschen, die den Nazi in sich nur mühsam in Schach halten können – und es deshalb auch verdienen, zweigeteilt zu bleiben – hegten bekanntlich fast alle Linken. Auch dann noch, als die DDR gänzlich ohne Blutvergießen untergegangen war. Hartnäckig weigerte man sich, diese friedliche Revolution als Sieg zu verbuchen. Die Überfälle auf Asylantenheime in Rostock-Lichtenhagen wurden, so jedenfalls mein Eindruck, vom deutschen Kabarett fast dankbar zur Kenntnis genommen – endlich konnte man wieder »Antworten geben«.

Harald Schmidt, davon darf man ausgehen, ist das alles insgesamt herzlich egal gewesen. Die Ausflüge ins Politische waren eine Konzession an den Hausgeist. In jenen Jahren hatte sich bei ihm, so erinnert sich Lorentz junior, vor allem ein Wunsch formiert: Er wollte den Samstagabend im Fernsehen, er wollte Gottschalk sein. Dafür tat er alles, einschließlich des geplanten Abfüllens einer WDR-Unterhaltungsredakteurin im plüschigen Barraum des Kom(m)ödchen. »Ich habe vor dem WDR gezeltet und den Redakteuren in der Tiefgarage aufgelauert mit meinen Sketchen in der Hand«,[22] erzählte Schmidt. Die Hartnäckigkeit sollte sich schon bald auszahlen.

»Heiße Schmidt und sehe auch so aus«

Öffentlich-rechtliches Kabarett

Wie die Oper und das Theater hatte auch das Kabarett von Anfang an einen Platz im Fernsehen. Anders als die beiden hoch geschätzten Kulturgüter aber wurde das Kabarett traditionellerweise im Schmuddelressort Unterhaltung geführt. Dort hatte es zu Anfang ein großes Publikum, der Samstagabend konnte unter Umständen komplett dem Kom(m)ödchen gehören – was aus dessen Weltbild allerdings konsequent ausgeblendet wurde. Vorzugsweise kamen die Übertragungen aus Berlin, wo das Kabarett »unbekümmert dort wieder anfing, wo es zehn, zwölf Jahre zuvor aufgehört hatte. In Dutzenden von Kabaretts, die wie Pilze aus dem Boden schossen, rezitierte man die politischen Prophetien von Kästner und Tucholsky und die kauzigen Poesien von Ringelnatz, trugen übrig und sauber gebliebene Kabarettisten und Schauspieler ihr bewährtes Repertoire von gestern und vorgestern vor«.[1] Die Umstände mochten sich vollständig gewandelt haben, die politischen Prophetien blieben die Gleichen. Die angeblich so vernagelte Nierentisch-Nation führte sich regelmäßig zur besten Sendezeit die solchermaßen gut abgehangene Form der Kritik zu Gemüte – bis dann, Ende der Fünfziger Jahre, Peter Frankenfeld oder Hans Ulrich Kuhlenkampff das Terrain übernahmen. Selbst in der Auftaktsendung der Fernsehlotterie »Ein Platz an der Sonne« vom 3. September 1961 traten die »Münchener Lach- und Schießgesellschaft« und »Die Stachelschweine« aus Berlin auf – beide Namen natürlich Programm. 1964 stellten sich Franz Josef Strauß, Erich Mende und andere im Fernsehen den Fragen von Dieter Hildebrandt und Sammy Drechsel, mit dem Ergebnis, dass die Politiker den aufgestellten Kabarettisten mit herzlicher Jovialität den Wind aus den Segeln nahmen (»wenn es die Lach- und Schießgesellschaft nicht gäbe«, so versetzte Strauß höflich, »müsste man sie erfinden«). Mit dem Regierungsantritt Brandts löste sich die »Lach- und Schießgesellschaft« bezeichnenderweise auch einstweilen auf. Kabarettabende vor studentischem Publikum – etliche auch vom Fernsehen übertragen – gingen in jenen Jahren nicht ohne Diskussionen ab, bei denen dann beispielsweise die Passagen angegriffen wurden, die »zu unterhaltsam« waren, oder es wurden Statistiken beigesteuert, die an der einen oder anderen Stelle noch zur Aufbesserung eines Standpunkts verwendet werden sollten.[2] Viele der noch heute für Unterhaltung zuständigen Redakteure stammen aus dieser Zeit und haben die damals entwickelten Standards fast unverändert beibehalten. Ohne sie hätte eine Sendung wie Dieter Hildebrandts »Scheibenwischer« wohl kaum 30 Jahre alt werden können.

Die Geschichte der Liaison zwischen Kabarett und Fernsehen wird, aus den vorher beschriebenen, politischen Gründen, meist entlang ihrer Konflikte erzählt: von Wolfgang Neuss' »Sendestörung« 1955 beim SWR, wegen politischer Witze, und dem Hass, der ihm aus der gesamten Fernsehnation entgegenschlug, nachdem er die Auflösung eines Straßenfeger-Krimis vorab verraten hatte, bis zur kürzlichen Absetzung des von Mathias Richling und anderen betriebenen 5-Minuten-Kabaretts »Nachschlag« nach den »Tagesthemen«. Was für die fünfziger und die frühen sechziger Jahre galt – dass Sendungen oder Beiträge wegen Verstoßes gegen »die politische Sauberkeit und den guten Geschmack«[3] abgesetzt wurden – oder Intendanten sich bei der Bischofskonferenz entschuldigen mussten –, war dann höchstens im Deutschen Herbst noch einmal vorgekommen. Zensurmaßnahmen wurden aber auch in den fünfziger Jahren von der Öffentlichkeit nicht klaglos hingenommen, im Gegenteil: Wer dem Frontstadt-Trommler Neuss den Mund verbieten wollte, musste um seinen Intendantenstuhl fürchten. Neuss war dabei übrigens der Erste, der schon damals die hoch geschätzte Selbsthematisierung des Mediums ins Spiel brachte, für die Harald Schmidt so verehrt wird: »Wer nicht hören will, muss fernsehen« hieß sein 16-Millimeter-Film aus dem Jahr 1959, in dem die plötzliche Relevanz der Glotze zum Thema gemacht wird.

Mit Loriot, der sich selbst auf das Biedermeier-Sofa setzte, rückte dann in der Ära Brandt der Normalbürger ins Visier, der eher nachsichtig-satirisch als aggressiv behandelt wurde. Auch die Renaissance der Mundart durch Gerhard Polt, Georg Ringsgwandl und Mathias Richling oder Jürgen von Manger und Elke Heidenreich reagierte auf den Verlust an politischen Feinden im Establishment. Man führte so die Brettl-Tradition fort, die im Volkstheater der Fleißer, Brecht, später Kroetz und Fassbinder einen »linken« Ableger gebildet hatte und Dialekt mit Authentizität verband. Vicco von Bülow (Loriot) umschrieb sein Programm so: »Der Pfeil weist stets auf den, der für die Zustände verantwortlich ist, in denen wir leben. Da ist der Wähler, der Konsument, der Zuschauer, der Autobesitzer, aber auch der Fernsehmacher, der Gewerkschafter, der Werbefachmann, der Vertreter, kurz, der Mann und die Frau auf der Straße oder draußen im Lande, wie es immer heißt. Sie haben die Macht und tragen im Grunde die Verantwortung. Damit werden sie zum Ziel der Satire. Gewiss bleiben Regierung und Opposition in der Schusslinie. Aber eben nur als Abhängige jener Millionen Sympathisanten, in deren Auftrag sie zu funktionieren haben.«[4] Die Terroranschläge im Deutschen Herbst hatten bei den Verantwortlichen aber ohnehin eine gewisse Scheu vor Systemkritik aufkommen lassen. In jenen Jahren reüssierten die Sponti-Kabaretts, allen voran »Die drei Tornados«, schon ehrenhalber nicht im Fernsehen, sondern auf Stadtteilfesten, in der Berliner Ufa-Fabrik, in besetzten Häusern und Szenekneipen mit Programmen wie »Lust statt Frust«. Verschiedene ihrer Programme und Filme wurden wegen politischer Bedenken nicht gesendet; beispielsweise eines, in dem der frühere schleswig-holsteinische Ministerpräsident Uwe Barschel erschien. Im norddeutschen »Frühstyxfernsehen« traten Kabaretts auf, die »Di Iries« oder »Herrchens Frauchen« hießen.

Aus dieser ursprünglich linken Szene entstand verblüffenderweise im Berlin der Neunziger Jahre, im »Wintergarten« und der »Bar jeder Vernunft« wieder eine völlig neue, unbeschwerte und professionelle Kabarett-Kultur, die an die hedonistischeren Traditionen der Weimarer Republik anknüpfte. Marlene Dietrich, Lotte Lenya, Claire Waldorf oder Liza Minelli und Judy Garland waren die Leitsterne. Amerikanerinnen in Berlin, Tunten, Transen, gefallene Mädchen besangen und bespielten ihre Lage: Cora Frost, Georgette Dee, die Geschwister Pfister, Meret Becker. Die Vorstellung von der sexuellen Subkultur gab Stoff für verschiedenste musikalische Dramatisierungen der Geschlechterrollen. Darum herum rankte sich der neue Jonglierwahn; an jeder Kreuzberger Ecke konnte man plötzlich glitzernde Keulen, Zauberstäbe, Rasseln, Clownshüte und Flamenco-Schuhe kaufen.

Mit dem Aufzug dieses neuen Hedonismus, aber auch der Konkurrenz durch die privaten TV-Sender und ihr unterhaltungsorientiertes Spartenfernsehen begannen in den achtziger Jahren auch die öffentlich-rechtlichen Sender wieder mit dem Aufkauf kabarettistischer Unterhaltungsformate in großem Stil, die von den Dritten immer häufiger ins Erste Programm wanderten. Was seither unter »Comedy-Boom« verhandelt wird, verdankt sich in erster Linie also schlicht einem plötzlich eskaliertem Bedarf an schnellem, einfach und billig herzustellendem Material, das vor allem jüngere Zuschauer ansprechen würde – auf die es die neuen Kabelprogramme und Privatsender ja in erster Linie abgesehen hatten. Stand-up-Comedians brauchen nur eine Bühne, ein Publikum, etwas Schminke und Beleuchtung. Comedy verspricht gute Quoten, junge Zuschauer und schnellen Gewinn – das macht es für die Sender so attraktiv.

Insgesamt schaltete man auf gute Stimmung. Nach all den Jahren Fassbinder und Co. hatten sich die Zuschauer da wohl auch gewisse Rechte erworben. Auch Geschichtslektionen stellte das öffentlich-rechtliche Programm in jenen Jahren her, die nicht länger nur in dem gewohnten anklägerischen Ton gehalten waren: »Heimat«, »Das Boot«, die Verfilmung von Fontanes »Vor dem Sturm« oder »Der große Bellheim« waren erfolgreiche Versuche, sich der Konkurrenz des privaten Kinomonopols zu erwehren und sich gleichzeitig vom Ruch des muffigen Erziehungsfernsehens zu befreien.

Angesichts des plötzlich eskalierten Bedarfs entwickelte sich ein Segment avancierter Unterhaltungskultur, dessen Produkte schneller populär wurden als es seinen an Exklusivität gewöhnten Liebhabern recht war. Es kam zu irritierenden Kreuzverbindungen zwischen der »Neuen Frankfurter Schule« und dem Kabarettisten-Milieu: Robert Gernhardt, Peter Knorr und Bernd Eilert schrieben Texte für Otto Waalkes. Helge Schneider beschrieb seinen kabarettistischen Modus Operandi als »Jazz«, beziehungsweise als »bunter Abend zur Eröffnung eines ANO-Teppichladens in Seelburg« und wurde dafür in einer wöchentlichen *Titanic*-Kolumne von Max Goldt dem lesenden Publikum anempfohlen. Michael Rutschky prognostizierte in der *taz,* bald werde in den Bierzelten zu Schneiders »Katzenklo« geschunkelt[5]. Die »neue Unübersichtlichkeit«, die sich nach dem Mauerfall der politischen Landschaft bemächtigt hatte, machte auch vor der Kultur nicht halt. Niemand konnte mehr auf Exklusivität hoffen. Hungrige Programmanbieter aus Funk und Fernsehen durchstreiften auch und gerade die dritten Kreuzberger Hinterhöfe auf der Suche nach sendbarem Material. Außerdem hatte die Kultur allgemein in den achtziger und neunziger Jahren eine beispiellose Aufwertung erfahren; alles war Kultur, und Kultur sollte alles richten: die Biografien in Ost und West, Gärtnern, Trauern, Kaffeetrinken, Menschenrechte, Mozarella mit Tomaten, Julian Freud, im Stehen arbeiten, genauso wie »Aspekte« gucken. Zusammen mit der Explosion der Ratgeberkultur Anfang der neunziger Jahre war der Grund für diesen Bedeutungszuwachs wohl auch der Niedergang des Kommunismus, dessen befreite Bürger Schnellschulungen in Sachen westdeutscher Subjektivität suchten: Wie stelle ich mir einen Habitus zusammen. (Der »Big Brother«-Container war später dann dafür eine Art »Probebühne«, nicht unähnlich der Kommune I in den sechziger Jahren, ein Zusammenhang, in dem eben auch die Intimkultur der Bundesrepublik unverbindlich studiert werden konnte.)

Das ist die Landschaft, vor deren Hintergrund Harald Schmidt ins Fernsehen einzog. Gernot Binkle war 1988 gerade eben Redakteur beim Berliner Fernsehsender SFB geworden, da hatte ihn die damalige Unterhaltungschefin Beate Hopf gebeten, sich um ein neues Format zu kümmern. »MAZ ab!« sollte die Sendung heißen. Mittels MAZ, Magnetbild-Aufzeichnungen, wurden früher Beiträge in eine Sendung eingespielt. Der künftige Moderator, den der WDR-Redakteur Axel Beyer im Kom(m)ödchen entdeckt hatte, saß im »Künstlerabrufraum« des vorgesehenen Studios. Binkle lief die Treppe herunter und traf unten auf einen Mann in Tigerjäckchen und lila Pollunder mit Günther-Netzer-Frisur, der sich vorstellte mit den Worten »heiße Schmidt und sehe auch so aus«. Schnell erkannte man sich als Schwabe und Badener, praktisch gleicher Jahrgang, empfand eine große Sympathie von Anfang an und wusste, man würde eine prima Zeit zusammen haben. Und so kam es auch. Selten, so Binkle heute, habe er mit jemandem eine so angenehme Zusammenarbeit erlebt wie mit Harald Schmidt, mit dem man beim abendlichen Nudelessen oder im Taxi laut lachend die Ideen für die nächste Sendung entwickeln konnte.

In »MAZ ab!« wollte man sich auf spielerische Weise selbst ein wenig feiern, eigene Sendungen ankündigen, Appetithappen weiterreichen, Beiträge des vergangenen Monats noch einmal Revue passieren lassen. Der wesentliche Teil der Sendung entstand also am Schneidetisch, bei der Zusammenstellung der Einspielungen. Bei »MAZ ab!« empfing Schmidt im Studio zwei Paare, die für zwei im Publikum sitzende Mannschaften höchst einfache Fragen beantworten sollten. Für die richtige Beantwortung, für originelle Bemerkungen, misslungene Scherze oder besondere Fairness oder sonst irgendeine Art von Wohlverhalten bekamen sie von Schmidt freigiebig Punkte – wobei die Willkür der Punkteverteilung von Anfang an einen Running Gag der Sendung bildete, auch wenn es zuerst vereinzelte Proteste gab (»so kann man doch ein Quiz nicht machen«). Schon nach kurzer Zeit hatten die Zuschauer sich daran gewöhnt, dass auf dem Dienstagabend-Platz, an dem sonst die Kindersendung »Dingsda« oder Michael Schanzes »Kinderquatsch mit Michael« zu sehen war, plötzlich ein etwas anderer Ton herrschte. Die Zuschauer vor den Fernsehern wurden durch eine schriftlich zu beantwortende Frage am Ende der Sendung eingebunden; auch Zeichnungen von Kindern wurden in die Kamera gehalten, Urlaubspostkarten oder Hinweise aller Art. Das überwiegend jugendliche Studiopublikum konnte durch Einwürfe, unruhiges Füßescharren, Applaus oder Pfiffe in das Geschehen eingreifen. Schmidt betrat beispielsweise das Studio und fragte, ob als Begrüßung eher ein zackig geschnarrtes »Nabend!« oder ein freundlich-geschmeidiges »Guten Abend meine Damen und Herren« gewünscht wäre (die Meinungen waren geteilt). Die Gäste waren so berühmt wie möglich: Ilse Werner oder Mike Krüger, Trude Unruh oder Tamara Danz kamen zu »MAZ ab!«, aber auch unbekanntere Herrschaften wie der Kabarettist Kurt Weinzierl, der dann auf Stichwort von Schmidt aus dem Faust zitieren musste (Schmidt: »lieber Klassik, nicht immer diese oberflächliche Unterhaltungskacke«), oder eine »junge Kollegin aus dem Osten«, die höflich zu den neuen Arbeitsmöglichkeiten nach der Wende befragt wurde. Die Studiomannschaften, für die die beiden Paare ins Rennen geschickt wurden, waren beispielsweise Berliner Schornsteinfeger, eine Designklasse der Berliner Hochschule der Künste, die erschütternde selbst gefertigte Trophäen als Geschenk mitbrachte, der Skiclub Pallas, der im Studio Proberunden fuhr, oder ein Heim für Jugendliche aus der Königsallee – was für Lokalkolorit und Wir-Gefühl sorgte, das sich auch bundesweit mitteilte, als »MAZ ab!« wegen des großen Erfolgs dann nach 14 Sendungen ab 1989 von der ARD ausgestrahlt wurde.

Die Idee, hier solle der Sender sich selbst feiern, wurde von Schmidt schon bald charmant unterlaufen, mit wohlwollender Rückendeckung durch die Redaktion und den damaligen SFB-Fernsehdirektor Schettle – die Schwabenmafia hielt zusammen. Eine Frage an die Zuschauer lautete beispielsweise, wie der Haarschnitt der Moskau-Korrespondentin Gabriele Krone-Schmalz beurteilt werde (zu 97 Prozent positiv!). Abgestimmt wurde auch über eine Sequenz aus einem Schimanski-»Tatort«, in dem Götz George, seinem Image als Naturbursche entsprechend, nackt in einen See hüpft – die Gäste sollten entscheiden, ob das ein ansprechender Anblick gewesen sei. Wieder waren die Reaktionen eher wohlwollend – Trude Unruh hätte gern mehr gesehen. Die Angst der Öffentlich-Rechtlichen vor zu direkter Abhängigkeit vom Unterhaltungsbedürfnis der Zuschauer kam hier zur Sprache und wurde zugleich widerlegt: Ein Publikum, das intelligent und freundlich eingebunden wird, bleibt treu, ohne einen notwendigerweise unter das selbst gesteckte Niveau zu treiben. Mit Hinweisen in eigener Sache, wie »Ich bin hier in ein enges Konzept eingebunden« oder »Gernot Binkle, der schönste Redakteur der ARD« zeigte Schmidt von Anfang an die Instrumente, legte den Rahmen bloß, wie er es bis heute in seiner Late Show tut, bei der der Redakteur gleich mit auf der Bühne sitzt. Der Effekt war und ist aber nicht die von Brecht erhoffte Ernüchterung des Zuschauers, sondern ganz im Gegenteil: Der Zauber, das Besondere, das Künstlerische scheint erst richtig auf, wenn es von allen Seiten

Den Leuten die Instrumente zeigen: Schmidt am Regler bei »MAZ ab!« (1988)

ausgeleuchtet und doch nicht transparent wird. Gerade *weil* man alles sieht, ist man beglückt.

Im Unterschied zur »Harald Schmidt Show« hatte »MAZ ab!« durchaus den Charakter eines Familienvergnügens; schon indem man die große ARD-Familie auftreten ließ: Karl Dall, Gabriele Krone-Schmalz, Götz George, Sabine Christiansen, Karl Moik oder Harald Juhnke. Erinnerungen an Christian Anders (»heute Sektenführer in Kalifornien«) oder Anita von Anita und Roy Black sprachen auch diejenigen unter den Zuschauern an, deren Unterhaltungspräferenzen sich eher in der öffentlich-rechtlichen Ära von Ilja Richter oder Hans Rosenthal gebildet hatten. Ausflüge in die Politik gab es auch, aber immer milde und freundlich: Genscher, Kohl, Blüm als »Spitting Images« treffen sich auf dem Urinal und kichern über vollgepisste Schuhe, oder der Entführer von Möllemann muss sich auf klägliche zwei Freikarten statt der erhofften Million herunterhandeln lassen (»Stehplatz oder Tribüne?«). Bei der aktuellen Redaktion hatte man einmal eine Aufnahme von Helmut Kohl abgeklappert, auf der er versonnen zum Himmel schaut, dazu spielte man das Geräusch eines rauschenden Wasserfalls ein – und fertig war die Majestätsbeleidigung. Richtigen Ärger gab es eigentlich nur einmal: nachdem man einen Werbespot der österreichischen Partei ÖVP verulkt hatte.

Schmidt, der während der »MAZ ab!«-Jahre gelegentlich das vom SFB produzierte Berliner Satirefest moderierte, lud auch Comedy Acts ein, so beispielsweise Thomas Freitag, den er noch vom Kom(m)ödchen her kannte, mit der unvermeidlichen Marcel-Reich-Ranicki-Parodie (R. R. paraphrasiert »Wir versaufen unser Oma ihr klein Häuschen«). »Seine Moderationen«, so erinnert sich Binkle, »waren schon fast beliebter als die Acts dazwischen« – was Schmidt auch nicht überall Freunde verschafft haben wird. So entstand vor und hinter den Kulissen schnell ein familiärer Zusammenhang – mit all den unguten Gefühlen, die auch dazu gehören: dem giftigen Neid der »Brüder« zum Beispiel, die weiter als Kabarettisten tingeln mussten, wie Mathias Richling oder Thomas Freitag, und diesen Zustand gegenüber der Fernsehkarriere ihres ehemaligen Kollegen als das authentischere, unkorrumpierte Leben stilisierten. In diesen Kreisen wurde Schmidt bald als eine Art Verräter betrachtet (nicht so von seinem alten Arbeitgeber Kay Lorentz, der dankbar registriert, dass Schmidt nur positiv vom Kom(m)ödchen spricht: »Wenn er Zeit hätte, würde er sicher noch einmal bei mir auftreten, vor 250 Leuten.«)

Die Atmosphäre bei »MAZ ab!« war, nach einer längeren Warmlaufphase, angenehm locker und freundlich, wenn auch selten wirklich lustig. Schmidt profitierte von den Jahren als Zivildienstleistender, in denen er auch einem gemischten Publikum »buntes Programm« geboten hatte. Wer so etwas über längere Zeit durchhalten will, muss sich – freiwillig oder unfreiwillig – in die humoristischen und musikalischen Vorlieben anderer Leute einfühlen können. Mit Spott allein kommt man da nicht weiter; eine Art von Dienstleistungsethik muss man schon mitbringen. Auch ein Saal voller alter Damen weiß es zu schätzen, wenn jemand einen echten Schneewalzer spielen kann und nicht einfach nur die Richard Kleyderman-Parodie auf dem Kasten hat. Nach der Übernahme von »MAZ ab!« durch die ARD hatte die Sendung schließlich Einschaltquoten von bis zu 46 Prozent.

Die ersten Moderationen Schmidts, so erinnert sich die WDR-Unterhaltungsredakteurin Karin Zahn, seien noch sehr steif gewesen. »Wenn er da eine Familie hatte, die mitspielen sollte, und die Oma saß 45 Minuten lang herum und sagte gar nichts, dann war er eben aufgeschmissen.« Aber die Warm-ups, so Zahn, die Animationsrunden ohne Kamera, in denen das Publikum vom Moderator persönlich auf die Sendung eingestimmt werden sollte, »bei denen haben wir uns kringelig gelacht, bis wir es irgendwann einmal aufgezeichnet haben, weil uns klar wurde: *das* ist die eigentliche Sendung. Das, was er da gemacht hat, macht er im Grunde heute noch«. Die fehlende Routine war nicht der einzige Grund für diesen Unterschied: dass Schmidt im Einzelgespräch nicht so gut ist wie vor der großen Masse, ist auch ein konstitutionelles Problem. Er teilt es mit vielen Stand-up Comedians, die Talk-Show-Hosts geworden sind: Jay Leno oder David Letterman haben lange gebraucht, bis die Gespräche locker und angenehm rüberkamen; bei Leno hakt es oft noch heute. Sie sind einfach Alleinunterhalter, vor dem Kuschelmuschel des Zwiegesprächs haben sie alle ein bisschen Angst. Schmidt, so erzählt Zahn, sei während dieser Zeit ein Vielgucker gewesen, mit speziellem Faible für Trashfernsehen, für Daily Soaps, für Thomas Gottschalk und was der in seiner Sendung über sich selbst sagte, auch den »Musikantenstadl«, damit wollte er gern arbeiten, das war sein Material. Unbedingt wollte er Karl Moik einladen: na gut, dann kam eben Karl Moik. Verblüffend daran ist, wie komplett die Peymann-Jahre zu dieser Zeit verschwunden zu sein scheinen, mit einer selbstvergessenen Verve stürzte sich der Bach-Liebhaber und Bernhard-Verehrer ins Tutti-Frutti des Ulkbetriebs.

Der SFB, der Schmidt in seinen ersten Fernsehjahren so nachdrücklich ins Herz geschlossen hatte, beteiligte sich – um ihn nicht gänzlich zu verlieren – noch an einer Produktion des Senders Radio Bremen. Die Sendung hieß »Gala« und war eine Persiflage auf die großen inszenierten Feierstunden des Fernsehens. »Gala« war jeweils einem bestimmten Thema gewidmet: »Heiraten mit Harald Schmidt« beispielsweise oder die berühmte Weihnachtssendung von 1991, bei der er seine Eltern und seine Oma daheim in Nürtingen am Nachmittag überfiel, die Kamera in den Kühlschrank schauen ließ, seinen Teddy herzeigte, seinen Koffer mit der zusammengeknüllten Wäsche öffnete und seine Oma am Kaffeetisch in den Arm nahm (»Was wollte ich noch mal werden Oma, als Kind« – flüster, flüster – »Priester«, sagt Oma gehorsam.) Für diese Sendung, die Schmidt mit den Worten: »Jetzt muss ich es Ihnen einfach sagen: ja, auch ich habe Eltern« eröffnet hatte, bekam er 1992 seinen ersten Grimme-Preis. Bei einer anderen »Gala« ging er auf einem großen Fernsehempfang herum, und drückte den Promis Geldscheine in die Hand: Schimanski bekam einen Tausender, Ernst Dieter Lueg ein paar Hunderter, auch Frau Christiansen ging nicht leer aus und bekam außerdem tröstend auf die Schulter geklopft. Die letzte Gala-Sendung, vom 29. August 1992, war Berlin gewidmet und ereignete sich unter einem riesengroßen Studioherz. Paul Kuhn stand am Bahnhof Zoo in Erwartung der Bonner Politprominenz, die nicht kam, und wurde stattdessen von einem Schwarm hysterisierter Berlin Fans verfolgt, unter ihnen der als dusslige Frau mit weißer Perücke und üppigem Dekolleté verkleidete Harald Schmidt. In der Sendung traten dann unter anderem Brigitte Mira und Harald Juhnke auf, ohne die eine Berlin-Homage praktisch unvorstellbar war, und spielten mit Schmidt »Alle Ministerien kommen nach Berlin« nach den Regeln des Fingerspiels »Alle Vögel fliegen hoch«: wer beim falschen Ministerium weiterklopfte, wurde vom Moderator gerügt. Man ließ Schmidt ungern gehen beim SFB. Deshalb sticht es, wenn Schmidt in seiner SAT1-Show fragt, ob man beim SFB schon Stromanschluss habe. Dass er Zeitnot vorschob, als der Sender ihn um ein kurzes Statement zu dem »Gernsehabend« im August 2002 bat, der ausschließlich seiner Person gewidmet war, finden Binkle und seine Kollegen »etwas kleinlich«. Auch zu einer Gratulation bei Dieter Hildebrandts siebzigsten Geburtstag, zu der sich Gerhard Schröder oder Helmut Kohl nicht zu schade waren, fand Schmidt sich nicht bereit. »Wir haben uns immer hinter ihn gestellt, wenn er wegen ›MAZ ab!‹ Ärger bekam, auch der Fernsehdirektor. Hier hat er sich seine ersten Sporen verdient. Dass er davon jetzt so gar nichts mehr wissen will, ärgert mich schon etwas«, räumt Binkle ein.

Ab 1990 moderierte Schmidt nebenher noch die Ulk-Ratesendung »Pssst«, zuerst im WDR, später auch in der ARD. »Pssst« war wohl der typische Fall einer Fehlbesetzung aus Angst: weil irgendwie unberechenbar war, wohin dieser Schmidt steuern würde, hoffte man, ihn durch die festgezurrte Form des Rate-Rituals einhegen zu können. Da saß er nun mit Herbert Feuerstein, Elke Heidenreich, Ingolf Lück und Mariele Millowitsch, seinem Rateteam, und trieb sie an, das Geheimnis eines Studiogastes innerhalb von dreißig Sekunden zu lüften. Nach dieser Zeit ertönte ein »Entenrufer« und der nächste Gast tauchte auf. Der dramaturgische Bogen der Sendung entstand durch das Tempo und Kabbeleien zwischen Schmidt und dem Team, ausgelöst beispielsweise durch Beschwerden Feuersteins, die Regie nehme ihm zu viel Zeit weg, oder Heidenreich schneide ihm das Wort ab (oder Schlimmeres). Schmidts Aufgabe bestand darin, das Team nervös zu machen und gegen sich aufzubringen, was ihm natürlich spielend gelang. Tortenschlachten unterstrichen das slapstickhafte Element der aufgeregten Show. Die geheimnisvollen Gäste beein-

Überstehen ist alles: Harald Schmidt und die Jacob-Sisters in der »Gala«-Livesendung (1991)

druckten meist dadurch, dass sie ihr Durchwursteln mit »witzischen« Erwerbsquellen verklärten: ein Unterwasserjodler trat auf, ein Ehepaar, das Brillen-Verhüterli erfunden zu haben behauptet, eine »Schwedin«, die Elchmist in Gläsern verkauft. Es gab insgesamt 78 Folgen im Laufe von fünf Jahren; die ARD setzte die Sendung dann unter dem Vorwand ab, die Quoten seien zu schlecht – was aber bei durchschnittlich 2,8 Millionen Zuschauern im Vorabendprogramm nicht so recht einleuchtet. Der Grund war wohl eher Schmidts Weggang zu SAT1. »Wir haben wenig Anlass, Harald Schmidt weiter zu pflegen«, sagte damals der leicht verschnupfte Unterhaltungskoordinator Rüdiger Hoffmann.[6]

Bei »Pssst« also traf Harald Schmidt auf Herbert Feuerstein, seinen Sancho Pansa, seinen Leporello; wenn das Wort »side kick« je einen buchstäblichen Sinn hatte, dann in diesem Fall. »Es war Abneigung auf den ersten Blick«, erzählte Schmidt einmal. »Ein halbes Jahr später haben wir bei einem PR-Essen festgestellt, dass wir den gleichen Humor haben. Nach einer Weile saßen um uns herum nur noch beleidigte, getretene und verrissene Menschen am Tisch, und wir beide gerieten in immer bessere Stimmung.«[7] Feuerstein hatte sich für die subalterne Rolle längst selbst zugerichtet; seine Rolle war schon immer die eines Losers, eines zu kurz Geratenen, ein depressiver Junge eigentlich – hinter dessen demonstrativer Selbsterniedrigung aber reichlich Aggression und wohl auch ein wenig Koketterie steckte. »Geboren 1937 im Bahnhofsgebäude von Zell am See (Österreich), in der Dienstwohnung seines Vaters, Fahrdienstleiter der eingleisigen Schmalspurbahn zu den Krimmler Wasserfällen. Genauso verlief auch sein weiteres Leben: eingleisig, schmalspurig und mit Getöse nach unten. In Salzburg versuchte Herbert Feuerstein aufzuwachsen, wurde aber nur 1,65« – so beginnt die Autobiografie, die Feuerstein auf seiner Homepage anbietet.[8]

In Wahrheit verlief Feuersteins Leben natürlich alles andere als eingleisig oder öde. Feuersteins Vater war begeisterter Nazi, im Krieg zeitweise verschwunden, nach dem Krieg untergetaucht. Die Schule habe Feuerstein oft geschwänzt, um Theaterstücke zu schreiben oder eine Messe zu komponieren, unter anderem eine Totenmesse für seinen gerade geborenen Bruder, den er aufbahrte und mit Kerzen umstellte.[9] Seine Mutter hielt ihn zum Besuch des Mozarteums in Salzburg an, das er gleichzeitig mit Thomas Bernhard besuchte – ein Umstand, der Harald Schmidt sicher für ihn eingenommen hat. Bernhard und Feuerstein konnten sich nicht ausstehen, wie man sich leicht denken kann; denn Feuerstein hielt Bernhard für einen wehleidigen Hypochonder, während dieser ihn als einen intellektuellen Dünnbrettbohrer bezeichnete. Kurz vor seinem Abschied nach New York, wo Feuerstein einer Frau wegen 1960 hinzog, las er zu eigener Musikbegleitung auf einer Party aus Bernhards erstem Gedichtband »In hora mortis«, zu allgemeinem Gelächter, während Bernhard mit versteinerter Miene hinter dem Flügel saß. In New York hatte Feuerstein einfach nur panische Angst – vor Fahrstühlen, Menschenmengen, Brücken, U-Bahnen – und war deshalb praktisch arbeitsunfähig. Dennoch fand er einen Freund, der zwar kein Wort Deutsch sprach, aber kleine Rezensionen für ihn schrieb, die Feuerstein übersetzte und als die eigenen an die *Deutsche Staatszeitung* verkaufte, die im Staat New York für Immigranten herausgegeben wurde.

Man hat es also bei Feuerstein ganz offensichtlich mit einem Meister des Durchwurstelns zu tun. Während der New Yorker Zeit nämlich wurde er auch Amerika-Korrespondent der politisch-satirischen Zeitschrift *Pardon,* der Keimzelle der Neuen Frankfurter Schule, in deren ersten Ausgaben Hans Magnus Enzensberger, Erich Kästner oder Loriot schrieben; auch Alice Schwarzer war dabei. Feuersteins erstes Buch, »New York für Anfänger«, mit Illustrationen von Tomi Ungerer, erschien in jener Zeit. Das New York Experiment brach er ab, mit der Frau war es nichts geworden. Nach einem kurzen Intermezzo als Verlagsleiter in Frankfurt beim Satireverlag Bärmeier & Nikel übernahm er die deutsche Ausgabe des amerikanischen Magazins *MAD* des Karikaturisten Harvey Kurtzman. Kurtzman, der nach nur kurzer *MAD*-Herausgeberschaft beim *Playboy* die berühmte Serie »Little Annie Fanny« produzierte, war der Erfinder des dussligen Titelhelden Alfred E. Neuman, der unter dem Motto »What me, worry?« ab 1956 jedes Jahr eingeschriebener Kandidat der amerikanischen Präsidentschaftswahlen war. Einmal hing er sogar vom schiefen Turm in Pisa herab. Die Ähnlichkeiten zwischen Alfred E. und Herbert Feuerstein sind womöglich nicht ganz zufällig, vielleicht sogar gewollt, nur das Lächeln fehlt.

Die Studentenbewegung kann an jemandem, der sich in den späten sechziger Jahren im Frankfurter Verlagsmilieu bewegte, kaum vorbeigegangen sein. Aber *MAD* war bestenfalls an einer streitsüchtigen Art von Konsumkritik oder der Verballhornung des Lebens in sauberen weißen Vorstädten, vor allem aber an Selbstparodie interessiert; Politik spielte sonst keine Rolle. Wir alle sind Alfred. Im Wesentlichen pflegte man den anarchistischen Humor, der später zu »Monty Python's Flying Circus« und der amerikanischen Comedy-Kultsendung »Saturday Night Life« führte. Angriffsziel waren damals vor allem andere Comics oder Filmkomödien, Superman zum Beispiel. Dass Feuerstein nicht bei *Pardon* als Redakteur untergekommen ist, erklärt er so: »Ich habe mich nie sehr für Politik interessiert. Wenn man damals Witze machen wollte, in *Pardon* zum Beispiel, dann musste das immer gegen ›die da oben‹ gehen oder sonst wie politisiert werden. Bei MAD ging es mehr darum, dass wir selber die Lachnummern sind«. Wie Kurtzman publizierte auch Feuerstein aus finanziellen Gründen damals neben *MAD* einige Sexhefte. *Pardon* selbst wurde im Lauf der Zeit immer »kesser«. Die Verbindung zwischen Sex und Humor, wie es sie in den sechziger Jahren nicht nur in Deutschland gab, war wohl auch eine Art Beschwichtigungszauber angesichts der vielen Sexwellen, die regelmäßig über einen hereinbrachen, eine Art »Pfeifen im Walde«: »seid nett aufeinander« witzelte die *Neue Post* kurz bevor die Kommune I in Berlin Quartier bezog. Sex und regierungsfeindliche politische Satire waren schließlich genau die beiden Dinge gewesen, die unter den Nazis keine Öffentlichkeit gehabt hatten; und so konnten Blätter wie *Pardon* oder *Konkret* mit den so genannten »Mädchen« auf dem Titelbild politisch korrekt und auflagesteigernd sexy in einem sein, womit allen gedient war (bis Alice Schwarzer in den siebziger Jahren aus Frankreich zurückkam, wo sie zum Feminismus gefunden hatte. Da war es mit dem fröhlichen Nebeneinander aus *Pardon*- Zeiten natürlich vorbei).

Feuersteins Beitrag in jenen Jahren bestand unter anderem in einer Übertragung von Kurtzmans Buch »From Aargh! To Zap« in einen deutschen Zusammenhang: für die Wörter »lechz«, »würg«, »stöhn« und »hechel« reklamiert er die Urheberschaft. Fünfzig

Millionen Hefte, so heißt es auf Feuersteins Homepage, sind unter seiner Ägide von *MAD* verkauft worden.

Zum Fernsehen kam Feuerstein zuerst als Autor der Michael-Braun-Show 1984, einer Nachmittagsshow für Jugendliche, die so etwas wie die verfilmte »Anti-*Bravo*« sein wollte. Aus dieser Zusammenarbeit entwickelte sich die Sendung, die genau nach Feuersteins Geschmack war: »Wild am Sonntag« (ARD), eine Art »Spiel ohne Grenzen« für einen einzelnen Spieler Feuerstein, der als »Dr. Winter« in aufwändigen, digital erzeugten Kulissen zu Themen wie »Küssen«, »Tanzen«, »Schnarchen« oder »Der Körper« mit Bärenfell, Torte oder Safari-Material hantierte. Die Sendung wurde am Sonntagvormittag ausgestrahlt und schon nach wenigen Folgen abgesetzt, nicht zuletzt wegen der zu hohen Produktionskosten. Das konnte wohl auch nicht funktionieren: für Jugendliche hat das Thema »Küssen« oder »Tanzen« nichts wirklich Lustiges, deshalb wird Doktor Sommer in der *Bravo* ja ernsthaft konsultiert. Für ein erwachsenes Publikum Ratgeber für Jugendliche zu verulken, dazu waren die Parodien nicht genau genug gearbeitet.

In »Schmidteinander« kamen sie zusammen, der Shooting Star des WDR-Humors und der sympathische Giftzwerg vom wilden Sonntag. Harald Schmidt wurde ein Sendeplatz im WDR angeboten, der gefüllt werden musste. Feuerstein, der in Amerika Johnny Carson und David Letterman gesehen hatte, konzipierte eine Show, in der alle möglichen Elemente der Late Shows übernommen werden sollten: Eröffnungsmonolog, Sidekick, Live-Musik, Studiopublikum, der Gast, das unbotmäßige Gespräch (»Möchten Sie was trinken? Wir haben aber nichts!«), die Presseschau und die Nummern mit Körpereinsatz. »Es gibt nix zu gewinnen, niemand ruft an, und gerubbelt wird vorher in der Garderobe«,[10] erklärte Schmidt aufgeräumt vorab. Die erste Sendung am 16. Dezember 1990 führte sich ein mit Musik von Bob Geldof, Ballhaus und Ulf Krüger; zu Gast waren Uschi (eine Puffbesitzerin), ein Profi-Zuschauer und ein Vogelspinnenforscher. Die Gespräche hatten oft ein übergreifendes Thema von allgemeinem Interesse, zum Beispiel »Frauen aufreißen« oder »Singles«. Dazu sprachen dann Jürgen Tietze (Frauenaufreißer: »Ich bin ein Gourmet«), Petra Schmidt (zu obszönen Anrufen: »Ich hör mir das erst mal an.«) Constanze Elsner, Buchautorin, über ihre Erfahrungen mit dem Aufgeben und Studieren von Heiratsannoncen (»alles Betrug!«) und ein Sexualforscher. Im Vorspann sah man den Moderator Schmidt aus einem Puff im Sendegebäude durch die Gänge ins Studio hetzen. Ein Bursche in Strapsen und Paillettenfummel wurde zum grölenden Gelächter des Publikums vom Sicherheitsdienst des Studios abgeführt, während Schmidt augenzwinkernd versicherte, bei »Schmidteinander« werde niemand wegen seiner sexuellen Präferenzen entlassen. Dann präsentierte er die Garderobe für den ausgehbereiten Single: graue Sneakers (»ey Mädel ich bin im Außendienst«), Cowboystiefel (»Mantaletten«), Wechselrahmen (»für die Fotos von Claudia, Uschi oder Sabine«), einen Männerslip, mit der Kneifzange in die Kamera gehalten, Hosen für »Darmleidende«, und ein Schild »ich bremse auch für Frauen« – mit einem Wort: die Sendung erinnerte auf grauenhafte Weise an die verklemmte Witzischkeit der Fünfziger und frühen Sechziger Jahre. Das Problem war nicht, dass man über Sex redete, sondern dass man sich dabei für so kess hielt. Im Stil folgte man – natürlich in fernsehverträglicher Form – dem Humor des Herrenmagazins *Hustler,* das auch gern Witze über Durchfall mit gezeichneten Zoten verband. Es war der Humor der zu kurz Gekommenen, die den Großbürgern vom *Playboy* die sexuelle Libertinage neideten und bei Sex immer auch an Exkremente und Demütigung denken mussten. Das Gespräch mit der Expertin für Frauenfantasien, die sich hilflos zu eigenen Erfahrungen vorzustottern versuchte, hatte den Appeal eines Bandscheibenvorfalls. Man krümmt sich beim Zuschauen. Das Publikum im »Schmidteinander«-Studio applaudierte speziell bei Witzen über sexuelles

Versagen – vorzugsweise personifiziert von Feuerstein. Unter den Zuschauern saß ein Mann mit einem Plüschbär als Handpuppe, den er bei besonders schlüpfrigen Stellen Beifall klatschen ließ. Wie »Schmidteinander« so erfolgreich werden konnte, ist einem im Nachhinein völlig schleierhaft.

Die obligatorische Sendung zum Thema Helmut Kohl (mit Musik durch die Erste Allgemeine Verunsicherung) fand schon 1992 statt, mit dem Sprichworttest zu »Auch ein blindes Huhn findet mal ein Korn«. Fest gebucht bis zu ihrem Tod war Marga Maria Werny als Oma Sharif, der auf einem Königsthron gehuldigt wurde. Regelmäßig fand auch das Buchstabenquiz statt, stets um den gleichen Buchstaben, das »N« (welcher Buchstabe ist in dem Wort »Nurlaub« zu viel?) Weitere feste Elemente waren die beiden Schreibtische, von denen Feuerstein »Statistiken« hereinreichte (»bei 0,7 Prozent der Singles gibt es ein Vorspiel, bei 40 Prozent ein Nachspiel und bei 80 Prozent ein Trauerspiel«), während Schmidt nach dem Leno-Vorbild Schlagzeilen der Boulevardpresse vorlas (»Kommissar Schimanski ließ Frauen in Strapsen kochen«). Der Witz sollte, neben dem Zotigen, auch durch die lästerliche Selbstreferenz an gängige Fernsehformate wie »So isses« oder Ratgebersendungen (»Richtige Ernährung«, mit Harald Schmidt als Suppenkaspar, oder »Die Feuerwehr hilft – Vorbeugen musst DU!«, mit Herbert Feuerstein als Brandopfer) entstehen, aber auch durch das Gefälle zwischen gehobenem Kulturprogramm (Consul Weyer und Gattin) und der Bedienung primärer Zuschauerbedürfnisse (Frauen aufreißen). Schmidt selbst gab sich als verkleideter Yuppie. Die Anstrengung, den lärmenden Frohsinn der Sendung auf Dauer aufrechtzuerhalten, war ihm deutlich anzumerken. Nachdem er mit seinem Mikrofon einmal mit dem Befehl: »Mund auf« auf einen Zuschauer zugegangen war und der ihm vor Schreck gehorchte, kommentierte Schmidt: »In solchen Momenten erwacht der Amon Goeth in mir. Und es wird mir klar, wie Faschismus funktioniert. Der ist keine Frage der

Frauen an der Nadel: Schmidt und Feuerstein in »Schmidteinander« (1995)

Theorie, sondern funktioniert nach ganz einfachen Spielregeln: Einer hat das Mikro und fragt die Massen: Welcher Buchstabe ist in dem Namen ›Kohln‹ zuviel? Oder er fragt:›Wollt ihr den totalen Krieg?‹«[11] Ein Faschismus, wo man gerne hingeht! Nach fünfzig Sendungen war das Muster ausgereizt. Zum letzten »Schmidteinander« kamen unter anderem Dolly Buster, Thomas Gottschalk und Sabine Christiansen, die dann am Schluss auch die Schlagzeilen vom Schreibtisch räumten. Der Letzte machte das Licht aus.

»Uns war klar, der Harald Schmidt muss sein eigenes Format haben. Wir hatten ein großes Reservoir an Formaten«, erzählt WDR-Redakteurin Karin Zahn, auch die Talkshow nach amerikanischem Muster war natürlich darunter; aber man hatte den Mut nicht und irgendwann auch nicht mehr das Geld, Schmidt so etwas wirklich zu ermöglichen. Es war schon allerhand, dass Schmidt die Verlegung von »Pssst!« und »Schmidteinander« ins Erste Programm durchsetzen konnte und ein eigenes Redaktionsteam mit Maskenbildnerin zur Verfügung gestellt bekam. Fred Ilgner, damals Produktionsleiter beim WDR, erinnert sich an eine angenehme, stets professionelle Arbeitsatmosphäre zwischen Schmidt/Feuerstein und dem Redaktionsteam. Für eine Sendung am Sonntag lag am Montag davor ein Papier auf dem Tisch, meist von Feuerstein geschrieben. Man produzierte zwei bis drei Sketche am Tag, es gab einen Probedurchlauf. Auch Schmidt schrieb gelegentlich Texte für die Sendung, und Karin Zahn findet, man konnte den Unterschied immer auf Anhieb erkennen: »Das war einfach immer etwas intelligenter, höherwertiger, von Feuerstein kam eher der Trash-Humor.« Vor Überraschungen von Schmidts Seite war man allerdings nie sicher. »Das hat uns gelegentlich schon ein bisschen geärgert«, gab Ilgner zu, »er hielt sich einfach nicht an Absprachen und fing dann mitten in der Sendung an, ein Gedicht aufzusagen, die ›Schwabenstreiche‹ zum Beispiel.« Ilgner erinnert sich an Schmidt als einen freundlichen, aber sehr verschlossenen Menschen. »Der ging nicht abends mit den anderen sein Kölsch trinken. Das ging alles zack-zack und dann ab nach Hause«. Zu Beginn von »Schmidteinander«, so erinnert sich Zahn, habe Schmidt Kritik noch gut vertragen, dann irgendwann nicht mehr. Da habe sich auch das Verhältnis zur Redaktion verändert, das bis dahin immer kollegial gewesen sei. »Ich verstehe unter meinem Beruf als Redakteurin etwas anderes, als Harald daraus machen wollte«, erzählt Zahn, die nicht einfach zur Zulieferin werden wollte. »Bei mir hat er praktisch laufen gelernt, fernsehtechnisch gesprochen, ich habe ihn vor Angriffen aus dem Haus in Schutz genommen und versucht, sein Umfeld so zu gestalten, dass er sich da wohl fühlt, aber trotzdem hatten wir irgendwann Konflikte.«

Es dauerte eine Zeit, so Zahn, bis der Zorn verraucht war: »Als er in Köln dann bei mir um die Ecke wohnte, sind wir wieder sehr gut miteinander ausgekommen.« Die Zusammenarbeit zwischen

Schmidt und Feuerstein sei immer freundschaftlich verlaufen, meint Ilgner, »da ist nie ein böses Wort gefallen«. Das hat Karin Zahn etwas anders in Erinnerung. Das Verhältnis zwischen den beiden sei irgendwann wirklich so geworden, wie es in der Sendung ausgesehen habe: einer war der dumme August, der von dem anderen einen Tritt in den Hintern bekam. »Es war wohl nicht alles nur Spiel«, so hieß es in einem Artikel zu Feuersteins 65. Geburtstag, »wenn der kleine Feuerstein nach manchen Attacken des schönen Schmidt sekundenlang nach Antwort suchte, sich mit zusammengepressten Lippen am engen Pult verkroch. Von allen habe er Schmidt am meisten zu verdanken, gab Feuerstein vor Jahren zu. Er wollte unbedingt mit ihm diese Sendung machen. Und doch hat er sich vorgestellt, wie er Schmidt peitscht, wie Schmidt tot aussieht, und wenn es ihm schlecht ging, zog er seine Polaroids hervor, die Schmidt nach einem Migräneanfall zeigten, hundeelend, frisch nach dem Kotzen.«[12] Auch Karin Zahn ist sicher: Feuerstein habe, im Gegensatz zu Schmidt, fest an die Freundschaft geglaubt und sei dann recht rüde abserviert worden.

Feuerstein selbst räumt ein, dass es gegen Ende von »Schmidteinander« einige Spannungen gegeben habe, »so wie in jeder Ehe«. Eine Freundschaft sei aber nie aufzukündigen gewesen, »weil es nie eine gab. Ich bin kein geselliger Typ, noch weniger als Harald. Ich habe die beste Frau der Welt, und das reicht mir«. Die Rolle des getretenen Hündchen sei eine Rolle, weiter nichts, von der Feuerstein findet, sie sei leichter zu spielen als die des Siegers. »Wenn ich einmal niedlich gucke, zieht der schon den Hass auf sich wegen seiner Arroganz und dem, was er jetzt dem armen Feuerstein schon wieder antut. Das hatte ich mit Elke Heidenreich auch; sie galt dann immer als die gemeine Ziege, das tat mir schon richtig leid, weil sie in Wirklichkeit sehr viel für mich getan hat.« Auch über Schmidt sagt Feuerstein, er habe viel von ihm gelernt, wegen dessen schauspielerischer und kabarettistischer Erfahrung. »Für mich war in meinem Konzept ursprünglich ja gar keine Rolle vorgesehen, das hat sich so entwickelt. Damals war es noch so: Wer auf das Publikum zu agierte, musste gewisse Rücksichten nehmen, die für jemand, der nur zur Seite hin auf der Bühne agierte, wegfielen. Das ist heute ganz anders, die offene Publikumsbeschimpfung ist längst etabliert.« Die Verwechslung des »echten Feuerstein« mit dem zur Schau gestellten Underdog nimmt er gelassen hin: »Hätte ich tatsächlich meine Karriere auf ›Schmidteinander‹ und den kleinen Filmauftritten aufgebaut, wäre das niederschmetternd. Aber ich betrachte die Zeit bei *MAD,* die zwanzig Jahre Herausgeberschaft, als meine eigentliche Lebensleistung. Was danach kam, war die Kür.« Er versuchte damals, nach dem Ende der Sendung 1995, sich mit dem WDR auf einen neuen Gegenpart in »Schmidteinander« zu einigen; aber vergebens. Eine Zeit lang erzielte er große Erfolge mit der Reisesendung »Feuersteins Reisen«, die von der Unterhaltungs- und der Auslandsredaktion gemeinsam finanziert werden sollten, als plötzlich die Unterhaltung aus dem Projekt ausstieg. »Ich fühle mich schrecklich gedemütigt«, gab Feuerstein bekannt[13] und ging zu SAT1, wo ursprünglich eine Fortsetzung von »Schmidteinander« ohne Schmidt geplant war – daraus wurde natürlich nichts. Seither ist Feuerstein in diversen kleinen Rollen zu sehen gewesen, moderierte Abende mit klassischer Musik, trat im Frühstücksfernsehen als Reporter auf und in der Gesundheitsberatung (so gab er ein Interview zum Thema »Krampfadern«, das im Ton angenehm entspannt und für Betroffene sicher ermutigend und hilfreich war), ging mit seinen Reisebüchern auf Lesereisen und machte Werbung für »Dumont«-Reiseführer. Vor allem sitzt er seit 2000 als Mitrater neben Norbert Blüm und Vera Int-Veen bei der Kabel1-Neuauflage des heiteren Beruferatens von Robert Lembkes »Was bin ich«. Aufhören will der 65-Jährige noch lange nicht. Es geht ihm gut. Dass er erstmals seit seiner Zeit auf dem Mozarteum in Salzburg wieder öffentlich

Klavier spielt, also mit den Dingen auftreten kann, die ihm wirklich etwas bedeuten – auch das rechnet er nicht zuletzt Harald Schmidt an. »Ich bin ihm dankbar«, sagt Herbert Feuerstein.

Saturday Night Fever: Der große Fernsehtraum, den Schmidt geträumt hat, seit er 16 Jahre alt war, das war der Auftritt als Conférencier eines Samstagabends vor der ganzen Nation. Das wollte er, und es wäre absolut nicht zu bekommen gewesen, wenn er sich auf die Spiel- und Trashecke des Humorbetriebs hätte festlegen lassen. Was man dafür brauchte, war nämlich ein gewisses Glamour-Potenzial, einen Hauch von großer Welt, Charme, Eleganz, auch wenn man all das in der nächsten Sekunde rasch wieder ironisierte. Peter Frankenfeld hatte so etwas gehabt, Caterina Valente, Vico Torriani oder Peter Alexander; aber die Zeiten von »Peru Folklorico« oder »Spiel mit Onkel Lou« waren nun mal vorbei. Ohne Selbstironie ging in den Achtziger/Neunziger Jahren einfach gar nichts mehr, alles musste in Anführungszeichen gesetzt werden, auch die Unterhaltung. Nie war die Unsicherheit der öffentlich-rechtlichen Sender – die mit Unterhaltung bislang immer ein gewisses volkspädagogisches Konzept verbunden hatten – so groß gewesen. »Wie weit« dürfte man da gehen? Als Erstes reaktivierte man Mitte/Ende der Achtziger Jahre stillgelegte Entertainment-Reserven: Kurt und Paola Felix machten weiter, Dieter Thomas Heck fand sich zum Begriffe-Raten ein, Wim Thoelke präsentierte »Der große Preis«, Frank Elstner moderierte »Wetten, dass ...?« und Hans Rosenthal ließ, in bekannter tadelloser Manier, bei »Dalli Dalli« antreten. Das war alles gut und schön, rockte aber nicht so recht. Mit dem Anbruch der Neunziger ließ man viele der Dinosaurier dann endgültig sterben. Heinz Schenk ging (mit Abschiedsbesuch bei »Schmidteinander«), auch Kuhlenkampff und Rosenthal. Ein Bedürfnis nach dem erhebenden Samstagabend gab es zwar, aber so ungebrochen ließ sich das eben nicht mehr fortsetzen. Das ZDF aber hatte jemanden gefunden, der die Lücke perfekt schloss: es war Thomas Gottschalk.

Dass der 1950 geborene Thomas Gottschalk jahrelang Harald Schmidts Vorbild war, ist nicht verwunderlich. Und nicht nur weil er mit »Wetten, dass …?« den Samstagabend hatte. Gottschalk hatte eine sympathische Leichtigkeit und Unbeschwertheit, die bis ins Windbeutelhafte gehen konnte und sich mit Haribo-Konfekt ebenso spielend vertrug wie mit »Ein Lied für Jerusalem«. Der musste sich in seine Auftritte nicht so reinschaffen, der kam einfach raus und strahlte und küsste und plapperte. Misslungene Zoten, von denen Gottschalks Beiträge nur so strotzten, konnten ihn ebenso wenig aus der Ruhe bringen wie das habituelle Gottschalk-Bashing, im Feuilleton fast so obligatorisch wie das Kohl-Bashing – dass er überhaupt Nerven hat, wurde erst vor kurzem klar, als sich in der Presse die Stimmen häuften, die ihm Plagiat vorwarfen und zur Grunderneuerung seines Gagschreiberteams rieten.

Schmidt und Gottschalk haben auch einiges gemeinsam. Der aus dem oberfränkischen Kulmbach stammende Gottschalk wurde katholisch und gutbürgerlich erzogen, war Sohn eines Rechtsanwalts und Neffe eines Priesters. Er wurde Ministrant und schlechter Schüler eines humanistischen Gymnasiums, an dem er 1970 mit Müh und Not das Abitur ablegte. Wie Schmidt sammelte auch Gottschalk erste Erfahrungen mit dem Entertainment als Veranstalter von bunten Abenden in der Kirchengemeinde. Er wollte Lehrer werden. Man kann die beiden so disparat scheinenden Ambitionen durchaus verwechseln: den Leuten etwas beibringen und die Leute unterhalten – glücklich die Schüler, für deren Lehrer das Synonyme sind. Noch während des Studiums der Germanistik und Geschichte an der Pädagogischen Hochschule München (das er mit dem Zweiten Staatsexamen abschloss) belegte Gottschalk beim Bayerischen Rundfunk einen Sprecherlehrgang und gewann wenig später den Discjockey-Wettbewerb, der ihm eine freie Mitarbeit beim Bayerischen Rundfunk verschaffte. Wie David Letterman, der eine Zeit lang vom Wetterbericht lebte, stieg Gottschalk als Nachrichtensprecher und Ansager ein, bekam aber schon wenig später die Moderation einer eigenen Popmusiksendung. Ein netter Typ, der Platten auflegt. Schon mit 26 Jahren heiratete Gottschalk die Frau, mit der er lange Jahre skandalfrei zusammenlebte – was in der Branche nicht unbedingt alltäglich ist.

Man vergisst gelegentlich, dass er schon seit 1980 beim Fernsehen ist, gleich mit großem Erfolg, zunächst aber noch mit großer Angst vor dem Samstagabend: »Da muss ich der ganzen Nation dienen und die DDR grüßen«.[14] Mit seinen karierten Hosen, der demonstrativen Sorglosigkeit oder dem Bruder Anlageberater ist Gottschalk aber der Grußonkel der Achtziger Jahre schlechthin gewesen; wenn man ihn sieht, sieht man »Wall Street« mit Michael Douglas, Madonna in der Inkarnation als Material Girl, »Die Supernasen« und Spaghetti Aglio et Olio. Wer also gegen Fernsehen, Kohl, Neoliberalismus und Spaßkultur war, hatte in Gottschalk das perfekte Hassobjekt gefunden. Nach dem Erfolg mit seiner ersten eigenen Show »Na, so was!« trat er erstmalig am Samstagabend auf, bezeichnenderweise mit einer Show »Die Sechziger Jahre«. Vom damaligen ZDF-Unterhaltungschef wurde Gottschalk als Allzweckwaffe betrachtet: »Er ist ein Superstar des Bildschirms. Mit ihm darf man nicht kleckern, sondern muss klotzen. Sein Turnschuh-Image hat er abgelegt, die älteren Zuschauer fliegen auf ihn. Ich bin sicher: Thomas wird der Kuhlenkampff fürs ZDF.«[15] Gottschalk etablierte sich als Extrem-Moderator, indem er die Show während eines Tandem-Sprungs mit dem Fallschirm über Bremerhaven eröffnete. Ab September 1987 übernahm er dann von Frank Elstner »Wetten, dass ...?«, stand also fürderhin am glitzernden Hochaltar des öffentlich-rechtlichen Fernsehens. Er gründete – wieder sehr im Stil der Achtziger – eine »Power-Company«, die fortan seine diversen Händel mit McDonald's, Pepsi Cola oder Adidas führte. Glockenhell und wegweisend muss für Harald Schmidt geklungen haben, wie der Rauschgoldengel seine Selbstpositionierung beschrieb: »Eine Zeit lang habe ich so getan, als würde ich mich nur verstellen und zu Hause den Hölderlin lesen. … Unter solchen Erklärungsdefiziten habe ich gelitten. Aber deshalb in der Freitagnacht noch mal den Taxifahrer zu mimen, bloß um sympathischer – oder wieder einer von euch – zu werden, nein, diese Rechnung ging nicht mehr auf. Da war ich schon der Gottschalk für alle, nicht mehr die Kultfigur für einige. Und ich habe gedacht: Als Freund der Jungs von der *Süddeutschen* und von den Taxichauffeuren und von den Entenfahrern, da krieg ich mein Haus am See nie.«[16] Was klingt wie eine Paraphrase von Michael Douglas' berühmter Hymne auf die Gier, in »Wall Street«, kann in Wahrheit das schlechte Gewissen aber doch noch nicht so ganz abschütteln. Trotzdem war so etwas ganz neu und wirkte befreiend: hier wollte jemand hoch hinaus, Glanz, Ruhm und ein gutes Leben, und sagte es auch so, obwohl er seinen Hölderlin zumindest gut genug kannte, um damit zu bluffen.

Es war nicht zuletzt Thomas Gottschalk, der dann einige leitende Redakteure vom Süddeutschen Rundfunk auf die Idee brachte, Harald Schmidt den Samstagabend und die Übernahme der Show »Verstehen Sie Spaß« von Paola und Kurt Felix anzubieten. »Wir suchten jemanden«, so erzählt die Redaktionsleiterin Ulrike Schmid, »der jüngere Leute anspricht. Gleichzeitig haben wir uns aber auch gefragt: Was war es eigentlich, das frühere Star-Moderatoren mitbrachten? Jemand wie Kuhlenkampff, der war ja gelernter Schauspieler, der wusste, wie man über eine Bühne geht, der konnte sprechen, der beherrschte einfach ein Handwerk. Wir suchten einen Profi. Schmidt hatte nicht nur das, sondern dazu auch noch die Erfahrung als Kabarettist, jemand, der – wie wir aus ›Schmidteinander‹ wussten – aus dem Stehgreif zielsichere Pointen produzieren konnte.« Außerdem hatte er den Schwiegersohn-Appeal, den er für das Stammpublikum der Show auch brauchen würde. »Soll ich das machen?«, hat Schmidt damals Gernot Binkle gefragt, und dieser riet ihm zu. »Wenn jemand dieser Show ein neues Format geben kann, dann bist du es.«

Der Rahmen von »Verstehen Sie Spaß« war im Prinzip seit 1980 unverändert geblieben. Man hatte die Rechte daran von der britischen Serie »Candid Camera« erworben: Der Moderator präsentiert, neben seinen Studiogästen, verschiedene Beiträge, die mit versteckter Kamera gefilmt wurden. Irgendein ahnungsloser Passant wird dabei von einem »Lockvogel« in eine Falle gelockt und erst aufgeklärt, nachdem er der Situation eine Weile ausgesetzt war. Es gibt dafür etwa dreißig Grundideen, die immer leicht variiert werden: der Parkscheinautomat versagt, der Eisautomat spinnt, die Reiseroutine gerät ins Stottern. Das in Deutschland berühmteste Beispiel ist wohl die Geschichte von der Isetta, die einem ahnungslosen Tankwart mit der Aufforderung »bitte volltanken« präsentiert wird und dann praktisch unbegrenzt Benzin schluckt. Der dramatische Ablauf im Gesicht des Tankwarts – gedankenverlorene Routine, leichte Irritation, lächelnde Selbstberuhigung, schließlich grummelnder Ärger über den rätselhaften Kunden – ist über lange Strecken Unterhaltung genug. Der Witz entsteht dabei nicht aus Schadenfreude, für die es im Englischen gar kein Wort gibt. Lustig ist eher der Rollenwechsel zwischen Mensch und Automat: dass die Maschine Grillen zeigt, denen man mit stoischem Automatismus zu begegnen sucht. »Das Komische an einem Menschen«, so heißt es in einer der wenigen brauchbaren Theorien des Lachens, in Henri Bergsons Essay über das Komische, »ist das, was an ein Ding erinnert. Es ist das, was an einen starren Mechanismus oder Automatismus, einen seelenlosen Rhythmus denken lässt. … Das Lachen ist eine bestimmte soziale Geste, die eine bestimmte Art des Abweichens vom Lauf des Lebens und der Ereignisse sichtbar macht und gleichzeitig verurteilt.«[17]

»Verurteilt« ist vielleicht etwas zu scharf formuliert: Was »Candid Camera« und »Versteckte Kamera« zeigen, ist eher die Verblüffung darüber, wie unbeirrbar man sich durch den Alltag schlägt, auch wenn er einem als gigantisches Hindernis entgegentritt. Es hat durchaus etwas Unheimliches, dass die »Opfer« der versteckten Kamera sich auch dann nicht irritieren lassen, wenn Irritation die einzig angemessene Reaktion wäre. Den Ablauf von »Candid Camera« mit dem Milgram-Experiment zu vergleichen, bei dem Passanten von »Wissenschaftlern« erfolgreich überredet werden konnten, Testpersonen Elektroschocks zu verabreichen, ist ein völliges Missverständnis des Sendekonzepts. Harald Schmidt hat es gelegentlich angedeutet. Nach der Philosophie von »Verstehen Sie Spaß?« gefragt, antwortete er: »Das ist Adorno mit unterhaltenden Mitteln. Wenn ein Volk die ganze Woche malocht und samstags gefragt wird: ›Verstehen Sie Spaß‹, dann kann die Antwort eigentlich nur Nein heißen. Das Volk lacht trotzdem. Das finde ich komisch.«[18] Schmidts Missverständnis lag darin, dass »Versteckte Kamera« die Leute nicht verschaukeln oder gleichschalten will, sondern ihre Kompetenzen feiern, die Hartnäckigkeit, mit der sie an ihren Zielen festhalten und sich nicht irritieren lassen – und zwar Prominente wie Nobodys gleichermaßen. Es spricht einiges dafür, dass es genau dieses Missverständnis war, was dazu führte, dass Schmidt binnen kurzem vier Millionen Zuschauer verlor.

Jedenfalls: Ab 1992, so beschreibt es der damalige Redaktionsassistent Michael Kost, war »Schmidt der Automat, der verrückt spielt«. Während die Sendung unter Kurt und Paola Felix bis ins Detail vorgeplant war und nichts dem Zufall überlassen wurde, setzte Schmidt eher auf Improvisation. An allen Dreharbeiten war er selbst beteiligt, solange man ihn noch nicht erkannte, auch als »Lockvogel«. So war für eine Ausgabe der Sendung, die von der Interboot-Ausstellung in Düsseldorf übertragen werden sollte, geplant, die Mitarbeiter eines Teilzeitbüros zu verladen, die dort das Fernsehbüro betreiben sollten. Eine Frau, die sich als Tochter des Chefs ausgab, wies die Mitarbeiter telefonisch an, dem Chef, ihrem Vater, kein Wort zu glauben, woraufhin kurze Zeit später natürlich dieser selbst anrief (Harald Schmidt) und eine

Eroberung des Samstagabend: Harald Schmidt übernimmt »Verstehen Sie Spaß?« (1992)

völlig konträre Anweisung gab. Schmidt, so erzählt Kost, war das nach dem fünften Mal zu öde, und so rief er im neu aufgestellten Büro an, stellte sich als Lieferant vor und sagte: »Ich bringe dann jetzt das Wasser. Sie können es am Tor 11 abholen.« Die telegene Irritation unter den Teilzeitbeschäftigten kann man sich leicht vorstellen. Begeistert spielte Schmidt als Lockvogel den schlafenden Verkäufer, einen aufdringlichen Zeitungsleser in der Straßenbahn oder den wunderlichen Angestellten einer Schweizer Bergbahn.

Eine weitere Idee von Schmidt war es gewesen, während einer Sendung den üblichen Startschuss zu geben, diesmal allerdings fiel im Anschluss eine Puppe aus dem Studiohimmel, so als sei leider, leider ein Beleuchter erschossen worden. Auch flog er einmal während der Sendung – allerdings geplant – direkt aus dem Ludwigsburger Studio mit einem Hubschrauber zu einer Frittenbude um die Ecke, holte sich eine Wurst, stieß im Hubschrauber mit einer fremden, blonden Frau an und ging wieder zurück ins Studio. In diesen Auftritten, die lustig und charmant eingebettet waren, spielte Schmidt auch ein wenig schon die Grandezza, die ihm eigentlich erst noch zuteil werden sollte – eigener Hubschrauber, Blondinen, jederzeit Personal zur Inszenierung der eigenen Kaprizen von der Straße holen können. »Die ›Opfer‹ erkannten ihn in der ersten Zeit oft gar nicht«, erzählt Ulrike Schmid, sodass der Witz zum Teil auch noch auf seine eigenen Kosten ging. Wer war dieser Nobody, der plötzlich »Versteckte Kamera« rief?

Die neue Besetzung kam in der Presse gut an. Man hatte da vom SDR aber auch keine Kosten und Mühen gescheut: Die allererste Sendung mit dem 35-jährigen Neuling spielte auf Mallorca, wo zwei Gabelstaplerfahrer aus Gütersloh, Mario und Mike, zwei Wochen Urlaub verbringen wollten. Ein Trupp von Journalisten war eingeladen, das Geschehen aus einem Bus zu beobachten. Vom »Lockvogel« der Sendung, Wolfgang Herbort, werden sie nach langem Warten am Flughafen in ein Taxi gesetzt und irgendwo in der Wildnis abgeladen, wo zwei schäbige blaue Minizelte und der dicke Lockvogel, »Wolfgang«, auf sie warten. Während dieser schon bald mit Schlägen rechnen muss, werden die Journalisten zurück in ihr Hotel gefahren, wo eine ansprechende Blondine ihnen ihre Aufwartung macht (man hielt sich aber vorsichtig zurück). Schmidt gab damals der Presse zu verstehen, er wolle den Moderationsstil erheblich ändern; er betrachte die Show nicht als »Prominentenverlade« – und in der Tat waren unter Kurt Felix sehr häufig Stars verulkt worden, deren Manager sich aber Vorbereitung ausbedungen hatten, was man den Filmen dann auch anmerkte. Er finde die Reaktionen der »ganz normalen Opfer« viel spannender – eine Entscheidung, die beim angestammten Publikum nicht auf ungeteilte Begeisterung stieß, wo man gar nicht immer unbedingt seinesgleichen beim Scheitern zusehen wollte. Was nicht heißt, dass unter Schmidt keine Promis in die Sendung kamen: Mariah Carey, Herbert Grönemeyer, Phil Collins oder Udo Jürgens waren zu Gast – aber eben nicht als »Opfer«. Schmidt warf seinen Schwiegersohn-Appeal in die Waagschale und lud die Opfer ins Studio nach Ludwigsburg ein, wo sie sich feiern und mit kleinen Preisen beschenken lassen durften. Auch wenn er auf das Geständnis eines Gastes, er nenne seine recht dickliche Frau zu Hause Schmetterling, in die Kamera rief: »An alle, die Raupen zu Hause haben: es gibt noch Hoffnung!«, war man ihm nicht gram. Auf Ibiza gab er einen »Biodoktor« und legte den Leuten Gurken auf die Augen und Petersilie zwischen die Zehen. Wie immer schwärmt auch beim SDR der Schiffsbauch von ihm. Oft und gern ließ Schmidt Leberkäs für alle kommen, und bei der Verabschiedung des Oberrequisiteurs schickte Schmidt einen persönlichen Glückwunsch. Kost erinnert sich auch noch daran, wie Hans Joachim Kuhlenkampff im SDR seine letzte Sendung hatte, als er schon sehr krank war. »Schmidt hat sich nachher gemeldet, um Kuhlenkampff persönlich zu gratulieren. Das macht auch nicht jeder.«

Die erste Sendung hatte 10,4 Millionen Zuschauer, der Sender war zufrieden, und der Moderator hatte, wie Schmidt allerorts mitteilte, auch seinen Spaß gehabt. Dass hier nichts von dem Verwendung finden würde, was er in seinen kabarettistischen Soloprogrammen an Material verarbeitet hatte, war ihm offiziell kein Problem: »Ich spiele keine Rolle und setze mir auch keine Maske auf – höchstens eine Gurkenmaske mittags vor der Sendung. Das ist ein Teil von mir, den ich nur anzuknipsen brauche. Es war schon immer mein Traum, die Eurovisionsfanfare zu hören, bevor ich auf Sendung gehe – Wetterkarte, Fanfare, Guten Abend!«[19] Dann allerdings häuften sich die kritischen Stimmen. »Ja, verstehen wir Spaß?«, fragte die *Stuttgarter Zeitung* schon nach der zweiten Sendung, »Muss man sich ausschütten vor Lachen oder wenigstens schmunzeln, wenn Besucher von Schloss Schönbrunn zum Eintritt ein Liedchen singen sollen, Mutter Beimer aus dem präparierten Mixer die Johannisbeeren um die Ohren spritzen oder Al Bano und Romina Power durchs Sonnendach der Luxuslimousine klettern müssen, weil die Zentralverriegelung blockiert wurde? Die rundlichen Jacob-Sisters auf Tandems, der Blumenbote, der Anzüglichkeiten in einem Liebesbrief erklären soll – das mag noch angehen. Aber eine Taxifahrt zur gegenüberliegenden Straßenseite, oder Lydia, die auf dem ADAC-Ball das Kleid verliert: was ist daran einfallsreich oder spaßig? Die Witzlosigkeit der Foppereien mit der versteckten Kamera fallen deshalb besonders auf, weil Schmidt sich selbst einmal wieder in Hochform präsentierte. Er beherrschte die Klaviatur der Moderation in all ihren Nuancen vom bissigen Kommentar bis zur verbindlichen Plauderei, war oft so schlagfertig, dass das Publikum kaum folgen konnte.«[20]

Schmidt brilliert vor trashiger Kulisse: Das ist wohl das Grundmuster seiner Karriere. Es funktioniert nicht im Peymann-Theater, es funktioniert nicht neben Helge Schneider, aber es funktioniert neben den rundlichen Jacob-Sisters oder Mario und Mike aus Gütersloh. Ein wenig ranschmeisserisch kommentierte Schmidt zu Beginn seiner SDR-Moderatorenzeit: »Im Publikum sitzen Leute, die Tag für Tag hart arbeiten müssen und vielleicht nicht die Zeit oder Lust haben, viel zu lesen und sich über alles Mögliche zu informieren. Da können Sie einfach nur Anspielungen und Witze machen, die leicht nachvollziehbar sind. Ich möchte auch gar nicht, dass die Leute ein Stück Nachdenklichkeit mit nach Hause nehmen. Früher dachte ich, massentaugliches Fernsehen sieht teilweise schon recht finster aus. Aber wenn man diese Einstellung nicht ändert, schlägt das erbarmungslos zurück. Die Leute sind eben so – und ich werte das inzwischen nicht mehr. Ich bin in der Dortmunder Westfalenhalle einmal vor 15 000 SPD-Wählern aufgetreten, da habe ich auch Sehnsucht nach dem Musikantenstadl bekommen.«[21] Gib den Affen Zucker, das war die Devise. Die Affen sprangen aber schon bald ab, mit einem kleinen Stück Nachdenklichkeit im Maul. Die Idee, das Publikum würde geradezu danach lechzen, für blöd verkauft zu werden, passt eben mehr in eine TV-Satire von Helmut Dietl als in die Fernsehwirklichkeit.

Ganze neunzig Minuten, meist sogar länger, dauerte »Verstehen Sie Spaß?« Damals hatte Schmidt schon eine eigene Fangemeinde, die regelmäßig zur Generalprobe der Sendung am Freitagabend anrückte, in den erfolgreichen Zeiten auch mit Thermoskanne und Decken zum Vorverkauf. Deren zuverlässige Begeisterung, so vermutet Michael Kost, könnte gelegentlich die Redaktion auch zu Fehleinschätzungen darüber verleitet haben, was wohl das Stammpublikum von »Verstehen Sie Spaß?« denken mochte. »Mein Vater«, so erzählt beispielsweise Gernot Binkle, »der ist ein treuer Zuschauer gewesen. In Süddeutschland betrachtet man die Sendung ja auch so ein bisschen als Lokalereignis. Der hat sich beschwert: ›Und so einen lassen die unser ›Verstehen Sie Spaß‹ machen? Das ist nicht mehr meine Sendung!‹« Nach einer Weile waren in der Bundesrepublik an die dreißig Kamerateams mit ähnlichen Sendeaufträgen unterwegs, es wurde immer schwieriger, ahnungslose Opfer zu finden. Auch Schmidt selbst hatte irgendwann genug vom stundenlangen Warten im Bus bei Hitze und Kälte, bis mal jemand die Freundlichkeit hatte, sich reinlegen zu lassen. Müde bilanzierte er 1995: »Für mich ist irgendwie der Reiz weg, eine große Samstagabendshow zu machen. Wenn man es im Fernsehen sieht, wirkt es alles großartiger, festlicher. Eurovisionsfanfare, große Halle. Da hat man doch als Zuschauer das Gefühl: Das ist eine große Sache. In Wirklichkeit steht man vor einer Riesenhalle, die mit unglaublich viel Technik, Klimbim und Brimborium niedergekämpft werden muss. Wochenlang vorher kriege ich die ganzen technischen Details mitgeteilt. Ich muss wegen dieser ganzen Maschinerie ein unglaublich langsames Tempo vorgeben. Zudem bin ich gezwungen, dauernd zweigeteilt zu denken, an die Zuschauer in der Halle und an die, die draußen sind, das sind verschiedene Voraussetzungen. Es ist nicht mein

Ding.«[22] Die Quoten sackten ab (4, 8 Prozent), so hieß es jedenfalls in der Presse, die »Verstehen Sie Spaß?« nach Auffassung von Ulrike Schmid »runtergeschrieben hat. Niemand hat einbezogen, dass wir ja auch viel mehr Konkurrenz hatten als zu Felix' Zeiten«. Wie auch immer: es war vorbei. Der Kindheitstraum: nicht sein Ding. Immerhin, man hatte es mal gemacht. Man konnte daran scheitern – und trotzdem nach oben fallen.

Am Horizont bezog schon die Correctness-Fraktion Stellung, die Harald Schmidt künftig dicht auf den Fersen bleiben sollte. Als er einmal im Pelz auf die Ludwigsburger Bühne kam, meldete sich die Aktionsgemeinschaft Artenschutz. Sie rief die Polizei, die auch prompt zur Life-Sendung anrückte und in der Garderobe dann feststellte, dass es sich nicht um einen Pelz des vom Aussterben bedrohten Wolfs, sondern um einen stark abgenutzten Rotfuchspelz handelte. Ein Fuchs im Wolfspelz: kein schlechtes Bild für die Rolle, die Harald Schmidt in den folgenden Jahren spielen sollte. 1994 ließ er sich die Haare schneiden, aus der Günther-Netzer-Big-Hair-Föhnfrisur wurde ein asketischer Kurzhaarschnitt, der einen verblüffenden Tumult in der Boulevardpresse auslöste. (*Frau im Spiegel:* »Harald, verklag deinen Friseur!«, Howard Carpendale: »Mach dir keine Sorgen, den Prozess gewinnen wir!«) Er trennte sich von seiner Freundin, der WDR-Auslandsredakteurin Elke Maar (Dissertationsthema: »Infotainment im Zeitalter der Aufklärung«), und seinem am 9. Juni 1994 geborenen Sohn Robert und unterschrieb einen Vertrag bei SAT1: 400 Sendungen in zwei Jahren, Quote von 1,8 Millionen Zuschauern, Produktionskosten mindestens 30 Millionen Euro. Aus dem Fernsehen erfuhr SDR-Unterhaltungschef Dieter Schickling vom Abgang seines Moderators, und gab sich offiziell »sehr enttäuscht. Wir hatten immer ein gutes Verhältnis zu Schmidt. Ich hätte daraus geschlossen, dass er uns im Fall eines Wechsels informiert«. Ende des öffentlich-rechtlichen Intermezzos.

»Ich drück dich!«

SAT.1 als Künstlerkolonie

Fred Kogel war noch Unterhaltungschef beim ZDF, als er Harald Schmidt kennen lernte. Im Presse-Club des Springer-Verlags in Berlin hatte man sich im Frühjahr 1994 anlässlich der Verleihung der Goldenen Kamera getroffen, Jürgen von der Lippe hatte die beiden miteinander bekannt gemacht, und Kogel, der zu diesem Zeitpunkt schon wusste, dass er als Programmchef zu SAT.1 gehen würde, sondierte vorsichtig das Terrain. Er hatte Schmidt bei »MAZ ab!« und »Schmidteinander« gesehen und war überzeugt, dass »Verstehen Sie Spaß?« nicht das Richtige für ihn sei. Im Herbst traf man sich »inoffiziell« in einem schönen schweizer Hotel und machte erstmals konkrete Pläne: eine Late Show, nach amerikanischem Vorbild, eine Late Show wie die von Johnny Carson, David Letterman, Jay Leno oder Conan O'Brian, das wäre das richtige Format für jemanden wie Schmidt, der eloquent, schlagfertig und inzwischen auch bekannt genug war, um so etwas auf die Bühne zu stellen. Wie sehr die beiden in den ersten Jahren ihr Schicksal aneinander gekettet hatten, hört man schon aus Schmidts Fazit ihres Gesprächs: »Wenn du gehst«, so habe er zu Kogel gesagt, »dann komme ich mit.«[1]

Kurze Zeit später hat Kogel mit einem VW-Bus Günther Jauch, Thomas Gottschalk, Fritz Egner (dessen »Glückspirale« beim ZDF Ende 1995 auslaufen sollte) und eben Harald Schmidt aus einer tristen Dortmunder Halle abgeholt und die Niedergeschlagenen zu Leo Kirch nach München gefahren: »Leo, hier bringe ich dir die Zukunft!« Kirch soll schon bald zur Schilderung seiner Kriegserlebnisse übergegangen sein – wie es heißt, ein Zeichen dafür, dass er sich wohl fühlte. Im Mai 1995 präsentierte man sich der Presse im Waldhaus Schildhorn, mitten im Berliner Grunewald (Musikprogramm: »Ich brauch ’ne Frau«), als Sendboten des neuen Fernsehglücks. »Freddy hat mir gesagt, wir erfinden das Fernsehen noch einmal«, sagte Harald Schmidt damals. »Da mach ich mit.« Um es nicht ganz so steil stehen zu lassen, fügte er hinzu: »Wenn Sie mich fragen, was mich reizt: es ist das Geld.« Bei angeblichen 40 000 Euro pro Sendung eine verständliche Haltung. Der Sender besaß damals noch erhebliche Finanzspielräume, nachdem er 1991 erstmals seit seiner Gründung im Jahr 1984 schwarze Zahlen geschrieben hatte (die Anlaufverluste in Millionenhöhe blieben als Belastung natürlich bestehen). Auf 325 Millionen Euro hatte man den Unterhaltungsetat aufgestockt, wie der damalige Geschäftsführer Jürgen Doetz händereibend im Grunewald erklärte. Man wolle ein »Vollprogramm für die ganze Familie«, außerdem »das Format liften, wir wollen ein neues Logo, ein neues Design, einen neuen Look, neue Schwerpunkte«. Die Euphorie wollte nicht so recht übergreifen, zu nebulös blieben die Wortgeschwader; und als dann noch Fritz Egner seinem Freund Fred Kogel dankte, er habe ihn schon mal aus dem Keller geholt – damals bei der ARD –, da drohte die mühsam aufgepumpte Aufbruchsstimmung endgültig zu verfliegen. Kai Pflaume kündigte die Fortsetzung seiner RTL-Sendung »Nur die Liebe zählt« ab Juni auf SAT.1 an, die »Erotikschiene« mit Softpornos aus den siebziger Jahren sollte auf ihrem festen Programmplatz bleiben; der »Daily Soap« eine »Weekly Soap« hinzugefügt werden. Ein Jahr später kam, im Zuge der Programmreform des »Senders zum Knuddeln«, das SAT.1-»Feriendorf Mallorca« hinzu, wo sich der Zuschauer erholen kann, finanziert eventuell durch das SAT.1-»Kindersparbuch«. Wer sich nicht so gut fühlte, wurde in »Gesundheitstipps von Frau zu Frau« oder »Für alle Fälle Stefanie« (»Ekzeme und was man dagegen tun kann«) auf den richtigen Weg gebracht.

Dass die Herausforderung für Harald Schmidt lediglich im schönen Geld bestanden haben soll, fällt vor diesem Hintergrund schwer zu glauben. Der Ehrgeiz von jemandem wie Fred Kogel, der die Arbeit im schützenden Rahmen des öffentlich-rechtlichen Kulturauftrags ja von der Pike auf kannte – er hatte unter anderem nach Thomas Gottschalk Jugendsendungen beim Bayerischen Rundfunk moderiert, bevor er zum ZDF gegangen war – war es doch, zu beweisen, dass man den Geschmack eines breiten Publikums treffen konnte und trotzdem kein Schmuddelsender sein (oder bleiben) musste. Dabei hatte man nach wie vor mit den etablierten Standards der Wahrnehmung und Nutzung von Fernsehen zu kämpfen, wie sie die Öffentlich-Rechtlichen gesetzt hatten. Für sie und alle, die sich mit ihnen verbündet fühlten – und das war lange Jahre der Großteil der bundesrepublikanischen Intelligenz –, war schon die Tatsache, dass es sich bei den Betreibern um private Interessengruppen handelte, der Beginn eines Dammbruchs. Nur das Schlechteste im Menschen: Häme, Gewaltlust, Korrumpierbarkeit, Dummheit, Stammtischgelächter, wüste Geilheit und Ressentiment – kurz, das Proletariat schlechthin würde hier zur schamlosen Selbstfeier eingeladen. Und so ist es ja auch gekommen – allerdings ohne den anschließenden Untergang des Abendlandes und mit tatkräftiger Hilfe der öffentlich-rechtlichen Sender selbst. Harald Schmidts »Bildungsfernsehen«, das Nachstellen von »Rigoletto« in Playmobil oder »Der Große Brockhaus« im Rücken von Manuel Andrack sind ebenso Teil des Schundkampfs gegen sich selbst wie das Abspielen von Dvoraks Symphonie »Aus der neuen Welt« als Eröffnungsmelodie von SAT.1 am 1. April (!) 1984 als dem ersten deutschen Privatsender.

Dabei war SAT.1 von Anfang an der Zerreißprobe ausgesetzt, mit der sich auch Kogel und seine beiden Freunde Gottschalk und Schmidt konfrontiert sahen. Die Spannung zwischen den Interessen der Verleger auf der einen Seite – repräsentiert hauptsäch-

Leo, hier bringe ich Dir die Zukunft: Fred Kogel mit Harald Schmidt bei der Grimme-Preisverleihung (1997)

lich durch den Springer-Verlag – und Leo Kirch auf der anderen blieben bestehen und führten 2002 dann schließlich zum völligen Zerwürfnis. Die Verleger hatten schon seit den sechziger Jahren versucht, in das Monopol der öffentlich-rechtlichen Programme einzudringen. Ihr Vorwurf, das Fernsehen übe einen Verdrängungswettbewerb aus und das Werbefernsehen gefährde die Existenz der Verlage, wurde gerichtlich abgewiesen. Erst die neue Medientechnologie (und natürlich auch die dramatischen Veränderungen der politischen Landschaft) machten den Aufbruch möglich. Das Programm von SAT.1 war in den Anfangsjahren aber im Wesentlichen nicht mehr als eine Aneinanderreihung fremdproduzierter Sendungen, Spielfilme und Serien aus dem Kirch-Archiv (davon kein einziger nach 1980 produziert), das im neuen Sender einen preisgünstigen Verwertungsplatz fand. Da Kirch dieselben Spielfilme meist zuvor bereits einmal an ARD und ZDF verkauft hatte, bekamen die Zuschauer lauter Wiederholungen zu sehen. »Raumschiff Enterprise«, »Shiloh Ranch« oder »Mit Schirm, Charme und Melone« waren nicht unbedingt das, was man sich vorstellte, wenn davon die Rede war, es würde nun alles »lebendiger, fröhlicher und spontaner« zugehen. Die Erfindung wirklich neuer Formate ließ lange auf sich warten. »Die Dominanz von Unterhaltungssendungen, fiktionalen Serien und Spielfilmen in den neuen Programmen verdeckte, dass sich die kommerziellen Programme anfangs durchaus noch an den tradierten Programmstrukturmustern der öffentlich-rechtlichen Sender orientierten und die von ihnen eingesetzten Sendeformen das tradierte Spektrum nicht grundsätzlich erweitern ... Neu war, dass die von den öffentlich-rechtlichen Anstalten schon in den fünfziger Jahren angestrebte, aber nie realisierte strikte Rasterung des Angebots jetzt erstmals durchgesetzt wurde.«[2] »Homogenität auf allen Programmplätzen«, das war Fred Kogels Devise, der die Orientierung auf Zielgruppen konsequent ausbaute. Schließlich hängt für die privaten Sender das Überleben davon ab, ob es ihnen gelingt, ein Publikum an sich zu binden, das für die Werbekunden berechenbar und attraktiv ist.

Unterhaltung war leichter zu wiederholen als Information und war schon deshalb für die Privaten von Anfang an interessanter. Ihre Budgets für eigene Produktionen waren begrenzt, und natürlich fehlte ihnen auch die Erfahrung. Für die Verleger war das noch ein größeres Problem als für Kirch, der schon lange im Filmgeschäft gearbeitet hatte. »Wer nur einmal das SAT.1 Magazin ›FAZetten‹, verantwortet von der *Frankfurter Allgemeinen Zeitung*, gesehen hat, weiß, wie man mühelos zu einem fernsehfreien Tag kommen könnte«, schrieb Cordt Schnibben in einer Rezension. »So zuschauermordend ist das Öffentlich-Rechtliche nie gewesen.«[3] Deshalb war auch der Sender RTL so eine gefährliche Konkurrenz für SAT.1: Mangels eigner Rechte an Spielfilmen hatte man hier mehr auf eigene, im Ton recht bald aggressive Formen gesetzt: »Confrontainment« hieß das Zauberwort, nach dem Sendungen wie »Explosiv« oder »Der heiße Stuhl« gestrickt waren. Mit der »Erotik« verfuhr man ebenso. Man wollte keine David-Hamilton-Schönheiten mit Sommerhüten im Weizenfeld, sondern »Tutti Frutti«, die Stripshow mit Hugo Egon Balder, Harald Schmidts Ex-Kollegen vom Kom(m)ödchen, »Die Nichte der O«, oder »Blutjung zur Lust verführt«. Dass man unter diesen Voraussetzungen von der Wiedervereinigung kalt erwischt wurde, dass die Privaten kaum Kompetenzen im Umgang mit brisanten politischen Weltlagen erworben hatten, ist nicht verwunderlich. Es trug zu den erheblichen Anfangsschwierigkeiten der Kommerzialisierung bei und ist bis heute, auch im Selbstbild der Privaten, nicht ganz ausgeräumt (niemand wird ernsthaft behaupten wollen, dass *Spiegel TV* daran etwas geändert hat). Da waren ARD und ZDF konkurrenzlos geblieben. Umgekehrt färbte aber die Unterhaltungsorientierung der Privaten auf die Nachrichtensendungen ab: immer mehr Mischformen entstanden. Die einstmals sauber gezogenen Grenzen zwischen den Schmuddelkindern und den Philistern verwischten sich im Lauf der Zeit. Dass Alexander Kluges »10 vor 11« ausgerechnet bei RTL landete, gehört zu den vielen Kapriolen dieser Entwicklung.

Es war das »Glücksrad«, das 1989 den Wandel der Geschicke des Senders SAT.1 einleitete. Mit ihm hatte man ein billig zu produzierendes, für jeden zugängliches Spiel mit hohen Gewinnchancen, das durch den Ehrgeiz der direkt Beteiligten und die emphatischen Ausbrüche der Zuschauer seinen dramatischen Zug erhielt. Es entstand eine SAT.1-Gemeinde, Zuschauer, denen RTL zu grob und das ZDF zu wenig volksnah und spontan war. Mit »Talk im Turm«, moderiert von Erich Böhme, borgte man sich ein wenig von der Autorität des *Spiegel* und hatte die Möglichkeit, auf aktuelle Ereignisse schnell und mit geringem technischen Aufwand, dabei aber nobel, im Foyer des Maritim, zu reagieren. Derweilen hatte sich der Trend zur Personality-Show auf allen Fernsehkanälen immer mehr durchgesetzt: Ilona Christen,

Hans Meiser, Thomas Gottschalk und Thomas Koschwitz hatten Sendungen, die nach ihnen benannt waren und vollständig von ihren individuellen Qualitäten abhingen.

Mit der Akquisition von Ulrich Meyers »Einspruch« öffnete man sich dem Confrontainment und stilisierte sich als »Sprachrohr der Unterprivilegierten«[4], die dort lautstark ihre Meinung sagen konnten. Und schließlich der Airbus unter den Talkshows: mit Margarethe Schreinemakers, einer studierten Sozialwissenschaftlerin und Journalistin, bot SAT.1 bis zu 180 Minuten Talk über alles, vom Asylgesetz bis zur Sexberatung, powered by emotion. Wer weint, hat Recht. (Dass Schreinemakers ging, als Harald Schmidt kam, gehört zu den entscheidenden atmosphärischen Veränderungen beim Sender in den Jahren nach 1995.) Das neu erworbene Reality-TV bot allen »das Glück, bei einem Unglück dabei zu sein« (Helmut Thoma). Dann kamen noch Übertragungsrechte für große Sportveranstaltungen hinzu sowie Volksmusik; auch »Der Bergdoktor«, »Wolffs Revier« und ein bisschen Comedy in Person von Karl Dall und Mike Krüger – und fertig war ein Sender, der das mediale Äquivalent der CDU bildete: eine Volkspartei der bunten Bälle, nicht zu bunt, nicht zu laut, nicht zu zotig; vom Seniorenheim ebenso zu goutieren wie in der Fußballkneipe oder beim Finanzamt. Ein bisschen zu viel Frieden. Was fehlte, war ein Hauch von Freiheit und Abenteuer, etwas New York musste ins Spiel, ein Schuss Jugend und Unübersichtlichkeit, Schärfe und Würze. Fred Kogel war angeheuert worden, all das zu bringen.

Es ist nicht verwunderlich, dass man bei SAT.1 auf ihn verfallen war. Der 1960 in Wiesbaden geborene Kogel hatte in München Jura und Politologie studiert und parallel beim Bayerischen Rundfunk gejobbt. Mit 25 Jahren wurde er Assistent beim Münchner Filmproduzenten Bernd Eichinger und bewegte sich damit in jenem Schwabinger »Rossini«-Milieu, dem Orbit der Dietls, Ferres', Gottschalks und Jauchs, in dem man sich Hollywood ganz nah fühlt. Harald Schmidt sollte sich spätestens bei der Arbeit an Helmut Dietls Film »Late Show« ebenfalls dort einfinden. »Einer wie Fred Kogel« so hieß es in der *taz,* »ist Grundausstattung jeder Soap. Trotz Haaren fast bis zum Arsch machte er in wilden Jugendjahren einen auf Travolta. Heute ist der Tänzer Scientologe, sein Imitator dagegen SAT.1-Chef. Beides schlimm, aber immerhin feiert Kogel beim Filmekaufen in Hollywood noch wie früher die Nacht durch, lässt sich gar am Morgen drauf ›was Asiatisches‹ auf den Arm tätowieren.«[5] Man weiß in diesem Milieu Durchsetzungskraft zu schätzen, auch mal auf die grobe Tour, Entscheidungsfreude, Witz, Tempo, Hartnäckigkeit und die schlafwandlerische Vertrautheit mit den Genres aus Radio, Film und Fernsehen. So ein bisschen old school-Hollywood, die handwerkliche Schiene des Show-Geschäfts, aber Kogel hat eben auch einen eigenen dezidierten Geschmack. Ohne ihn hätte er die ersten beiden Jahre bei SAT.1 wohl kaum überlebt, in denen man auf Schmidt oder Gottschalk schoss und oft genug ihn meinte. Als er mit Harald Schmidt zusammentraf, hatte er sich in der amerikanischen Comedy-Szene umgetan und Schmidt bei der Entwicklung eines Formats geholfen, das ein Amalgam aus verschiedenen Figuren und Versatzstücken dieser Szene darstellte: »Die Harald Schmidt Show«. Um zu verstehen, wie und warum Harald Schmidt amerikanische Late Night-Vorbilder kopiert hat, lohnt sich ein Seitenblick auf dieses seltsame und lebendige Biotop, in dem es von Froschkönigen nur so wimmelt.

Die Nachtschicht

Letterman, Leno und das Funny Bizness

In Amerika gilt: Comedy war der Rock'n'Roll der achtziger Jahre. Und der Trend hält an. Früher nahm man eine Gitarre und trainierte auf Elvis oder Bob Dylan, heute sucht man ein offenes Mikrophon und kopiert Jay Leno, David Letterman, Robin Williams oder Eddie Murphy. Für jeden Comedy Club, der neu eröffnet, schließt ein Musikladen. Es gibt ungefähr fünfhundert solcher Clubs, und sie sind alle voll, auch mittwochs, und auch in Muncie, Indiana. Drinnen sitzen frisch gewaschene junge Menschen in weißen, aufgerollten Hemden, trinken Bier oder die bunten Drinks der Yuppie-Ära und lachen sich schlapp. Es gibt die Clubs, aber auch die Shows im Kabelfernsehen, die großen Filmkomödien, die Videos für zu Hause. Es gibt regelrechte Comedy-Ketten, fast so wie »Pizza Hut«, nur heißen sie »Punch Line«, »Funny Bones«, »Laughs Unlimited« oder »Coconuts«. Bei so viel Bedarf, das ist klar, etablieren sich Standards, gibt es Wiederholungen und sehr, sehr viel Mittelmaß. Wer eine Woche lang Clubs in New York oder Los Angeles besucht, wird nach einer Weile die meisten der Witze wiedererkennen: Witze über Cher und ihr Silikon, über Fast Food, die Sexualberaterin Dr. Ruth Westheimer, Unterschiede zwischen New York und Los Angeles, Kondome, Fernsehprediger oder Flugzeugreisen. Es heißt, die Kollegen träfen sich hinter der Bühne und riefen sich gegenseitig zu: »Also bei *mir* hat dein Witz gut funktioniert.« Heute ist jeder ein Komiker, schrieb der *Rolling Stone*. Der New Yorker Club *Caroline's* reserviert jede Woche einen Abend für Jugendliche im Alter von zwölf Jahren und darunter. Das moderne Publikum, auch das mit dem avancierteren Geschmack, nimmt lieber einen grauenhaften Eddie Murphy-Film in Kauf als ein schlechtes Drama von Cassavettes. Aber es muss ja nicht sein: Die Coen Brothers ersetzen beide vorzüglich.

»Seit einiger Zeit« so notierte der Drehbuchautor David Seltzer, »ist unser Nationalheld der Witzbold, der Schlaumeier, der auf dem Zaun hockt, angibt wie eine Lore Affen und für jede Gelegenheit einen flotten Spruch parat hat. Auf diese Weise ist Ronald Reagan acht Jahre lang allen peinlichen Fragen von Journalisten ausgewichen; er hatte immer einen öden Kalauer zur Hand, der eifriger zitiert wurde als die politischen Themen des Tages. Was man über Comedy sagt – sie sei der Rock'n'Roll der Achtziger – das hat man über die Börsenspekulation auch gesagt. Die Parallele ist womöglich sprechend: auch Comedy wurde zum Big Business. Und doch brauchen wir Comedy. Fast ganz Amerika bezieht seine Weltanschauung von zwei Late Night-Moderatoren – zwei Typen aus dem Mittleren Westen, denen mehr Zeit eingeräumt wird, die Ereignisse des Tages zu kommentieren, als den Politikredaktionen.«[1]

Früher, schreibt Seltzer melancholisch, »waren Komiker immer gegen das Establishment. »Heute machen sie Werbung für McDonalds.« Leute wie Lenny Bruce oder Mort Sahl mit ihren wütenden Schmähreden und ihren inkriminierten Sexgeschichten bereiteten das Terrain für die Studentenbewegung; in den Siebzigern folgten die frei schweifenden Truppen, den Hippie-Kommunen gleich, von der Harvard-Satirezeitschrift »The National Lampoon« (Conan O'Brien, einer von Harald Schmidts Idolen, war eine Zeit lang Chefredakteur dieses äußerst prestigeträchtigen Blattes), oder der grundstürzenden Fernsehshow »Saturday Night Live«, der amerikanischen Version von Monty Python. Es war die Zeit, in der Robin Williams, Lily Tomlin und Steve Martin anfingen. Es entstand ein Film über die Szene, David Seltzers »Punchline«, in dem ein Medizinstudent (Tom Hanks) und eine unzufriedene Hausfrau (Sally Field) sich durch die Clubs schlagen. Comedy erscheint hier als die demokratische Kunstform par exellence, in der das Volk sich Luft macht. »Wer dramatisches Material suchte«, so Seltzer, »der konnte vor dem Boom, in den siebziger Jahren, eigentlich nichts besseres finden als die Szene der Stand-up Comedians. Das waren unheimlich intelligente, eloquente, neurotische und widersprüchliche Leute, eine ganz eigene Subkultur mit ihren eigenen Moralvorstellungen, ihren eigenen Klamotten, eigener Sprache und sogar ihrer eigenen Währung – den Getränkebons.«[2] Die weggealberte Depression – so meint Fred Nyman, ein Psychoanalytiker in Hollywood, der gern von Komikern konsultiert wird – das ist ihre Grundkonstitution. Das Klischee vom traurigen Clown, dessen Tränen niemand sehen will? Das kann nicht stimmen: viel zu viele Komiker hier und in den USA arbeiten mit einer depressiven Grundstimmung, sie verschafft ihnen Glaubwürdigkeit, färbt als Grundton ihr gesamtes Material. Richard Lewis, ein Veteran der Szene, rauft sich während seines Auftritts so verzweifelt die Haare, dass man um seine Kopfhaut fürchtet, und richtet Wehklagen zum Himmel – »Ich hatte *so* auf einen Präsidenten gehofft, der mit einem Alka Seltzer umgehen kann!«

Jay Leno jedenfalls, den Harald Schmidt 1997 auf Einladung des *Stern* einmal in Hollywood traf, war einer von den Leuten, die in den siebziger Jahren auf Stand-up-Touren gingen. Er tut es noch heute, obwohl er spielend die Carnegie Hall füllt und jede Nacht vor Millionen Zuschauern in der »Tonight Show« auf seinem Heimatsender NBC auftritt. Wie viele andere bezieht auch Leno einen Teil seines komischen Potenzials aus dem ethnischen Gemisch, dem er entstammt. Seine Mutter ist Schottin, sein Vater Italiener. Seine Mutter habe den »italienischen Teil« seines Charakters nie so recht verstanden – und da fand Leno in Schmidt möglicherweise eine verwandte Seele. »Als ich klein war«, so schrieb er in seiner wundervollen Autobiografie *Leading with my*

I've missed you, Possums! Dame Edna bei Jay Leno (1998)

chin, »da schimpfte meine Mutter immer mit mir und sagte: ›Es gibt eine Zeit, lustig zu sein, und eine Zeit, da muss man ernst sein.‹ In Wirklichkeit gab es aber *niemals* eine Zeit zum Lustigsein. Wenn wir in Disneyland waren, sagte sie: ›Nicht jetzt!‹ und ich: ›Nicht *jetzt*? Mom, wann? Wir sind in Disneyland!‹«[3] Sein Vater war Versicherungsangestellter, sie lebten in einer Kleinstadt in Massachusetts, und man kann den Dialekt der einfachen Leute aus Neuengland noch immer aus Lenos Monolog heraushören. Während der Schulzeit jobbte er bei McDonalds oder in einer KFZ-Werkstatt, aber er trat auch schon auf, mit einem Freund in den kleineren Clubs von Boston und Umgebung, damals noch eher Cafés, die von Studenten und angehenden Künstlern frequentiert wurden. Jedes auf der Bühne aufgesagte Gedicht endete mit der wütend hervorgestoßenen Zeile: »Und stoppt eure Kriegsmaschine!« Sie nannten sich »Gene and Jays Unique & Original Comedy«. Ihr erster Auftritt kreiste um einen Indianer, der von der Bank einen Kredit haben will, als eine Frau aufstand und kreischte, sie verhielten sich grausam gegenüber den amerikanischen Ureinwohnern. »Daraufhin haben wir das Stück natürlich umgeschrieben, und immer Sätze eingebaut wie ›Nixon, dieser Arsch!‹, oder ›Stoppt eure Kriegsmaschine!‹, was die Nummer nicht witziger machte. Aber wir bekamen plötzlich tosenden Applaus.«[4] In Lenos Lehr- und Wanderjahren gab es kaum Comedy-Clubs. Stand-up-Comedians traten eher in Sex Bars auf, zwischen den Striptease-Tänzerinnen, wie es beim Vaudeville immer üblich gewesen war. In Lenos erstem Schuppen dieser Art arbeiteten zwei Frauen, die sich »Miss Cow« und Anita Mann (I need a man) nannten. Sie verdienten sich durch Strippen etwas zu ihren Wäscherei-Jobs dazu. Als Leno auftrat und seinen Text mit recht vielen »Nixon, der Arsch!« und »Stoppt eure Kriegsmaschine!« gewürzt hatte, standen im Publikum sitzende Soldaten auf und schrien ihn nieder. Einer drohte ihm Dresche an. Er hatte sich einfach im Publikum geirrt. Als es brenzlig zu werden drohte, stiegen Anita Mann und Miss Cow aus ihrem Blubberbad auf die Bühne, und verpaßten einem der Störer eine blutige Nase. Leno war einstweilen gerettet, ist aber im Laufe seiner Karriere immer wieder in solche Situationen geraten: bei Auftritten im Gefängnis, bei Mafia-Hochzeiten, in Gewerkschaftshäusern oder bei Ringkämpfen. Leno kennt brennende Zigaretten, die aus dem Publikum geworfen wurden und Löcher in sein Jackett brannten, Whiskeygläser am Kopf oder Bier im Gesicht. Er hat Nächte im Freien neben dem Improv in New York verbracht, dem berühmtesten Comedy-Club der USA, um seinen Gig nicht zu verpassen, und lag dann, neben verschiedenen Kollegen, mit seinem Schlafsack dort, wo auch die Prostituierten mit ihren Freiern hingingen. »Die Sache ist die«, so bilanziert Leno diese wilden Jahre, »jeder Idiot kann ein Leben führen. Wenn du atmest, hast du ein Leben. Aber an eine Karriere ist schwerer ranzukommen. Ich bin nie in irgendwas besser gewesen als jeder andere auch, also musste ich mich immer ein bisschen mehr anstrengen, um mitzuziehen oder sogar zuzulegen. Wie die Schildkröte, die den Hasen reinlegt, musste ich mich vorwärts schaufeln, langsam und stetig. Auch wenn das bedeutete, dass man den ganzen Tag auf Bordsteinen sitzen oder auf den Hintertreppen eines Clubs schlafen musste.«[5]

Die Unterschiede zwischen dieser Szene und der deutschen Kabarettszene, in der Harald Schmidt groß wurde, sind Legion. Der Erste und Entscheidende ist die Tradition des Vaudeville, aus der die Stand-up-Comedians letztlich kommen. Es war immer ein Volksvergnügen, bei dem damit gerechnet wurde, dass die Zuschauer ihren Gefühlen direkten Ausdruck verleihen, zur Not durch Wurfgeschosse, Stühle, Bierkrüge, Schuhe. Man hat Eintritt bezahlt, man will auf seine Kosten kommen – ein Relikt der amerikanischen Revolution, deren Motto »no taxation without representation« (keine Besteuerung ohne politische Vertretung) gewesen war. Lieder, die gefielen, wurden laut mitgesungen; man forderte Wiederholungen. Auch Shakespeare wurde im Vaudeville aufgeführt, wenn auch meist in »Best of«-Versionen. Wer dort auftrat, trat immer in einem Rahmenprogramm von »stärkstem Mann der Welt«, Schlangenmädchen, siamesischen Zwillingen oder sonstigen Körpermonstren, Tanznummern, Akkordeonisten oder Typen wie Mae West auf, hatte also starke Konkurrenz. Schnell bildeten sich Standards, Traditionen, Witz-Genres heraus, an denen auch der Publikumsgeschmack geschult wurde und die Ansprüche stiegen. Nicht dass der amerikanische Humor grundsätzlich höherwertiger oder lustiger wäre als der deutsche. Aber ein Abend wie beim Kom(m)ödchen, der zur Not auch ohne einen einzigen Lacher auskommt, wenn man nur die Wahrheit gesagt und den Leuten schön heimgeleuchtet hat, das wäre wohl in Amerika nicht drin. Ein weiterer Punkt: Schon im Vaudeville waren die ethnischen und regionalen Differenzen zwischen den Auftretenden Teil des komischen Materials, wie sollte es auch anders sein im Einwanderungsland Amerika. Es gibt aber (noch) keine deutsche Bar, in der ein Türke von jungen biertrinkenden Deutschen und Türken gemeinsam belacht würde, wenn er seinen Vater beim Gang in die Moschee imitiert oder eine Familiendiskussion über die Jungfräulichkeit der Schwester nachspielt. Kaya Yanar mit seinem »Was guckst du?!« auf SAT.1 ist da ein erster Hoffnungsschimmer.

Es gibt auch keine Bar, in der jemand mit brennenden Zigaretten beworfen würde, weil er einen Witz über den Bundeskanzler macht. Nicht einmal, wenn er keinen macht, was schon eher erwartet würde. Es fliegen hier keine Biergläser, wenn der Auftritt zu lahm ist und die Sache einfach langweilt. In der »Bar jeder Vernunft« sitzt man angenehm störfrei an Einzeltischen und lauscht zivilisiert. Das liegt auch daran, dass es diese Art von Bars einfach noch nicht so lange gibt, in denen Studenten und junge Angestellte, gebildete Hausfrauen und Verwandte der Auftretenden zusammen hocken und Bier trinken. Wir sind halt kein Volk im emphatischen Sinn des Wortes. Es gibt auch noch nicht so lange Bars, in denen Schwule über andere Minderheiten Witze machen. (In Zeiten der political correctness reichte es für Jason MacMahon schon aus, wenn er nur mehrmals »Juden und Schwarze, Juden und Schwarze, Juden und Schwarze!« ausstieß). Der Schwulenhumor von Dirk Bach oder in dem Film »Der bewegte Mann« folgt eher noch dem Stil von »Charlys Tante« und den fünfziger Jahren überhaupt. Und schließlich gibt es bei uns nicht das Netzwerk von Comedy-Ketten, das in den USA ungefähr 12 000 Leuten möglich macht, mit Stand-up (ohne Fernsehen) ein bekömmliches Leben zu führen.

Natürlich wollen alle nach ganz oben, in die »Tonight Show«, die dreißig Jahre lang von dem legendären Johnny Carson moderiert wurde. Für die Anfangsschwierigkeiten der Harald Schmidt-Show war nicht zuletzt die simple Tatsache verantwortlich, dass man weder ein deutsches Vorbild noch die Art von Probebühne hatte, wie es die »Tonight Show« darstellte. Heute ist es ein Problem, dass Schmidt so allein und konkurrenzlos auf weiter Flur steht; eine Website wie die, auf der die täglichen Kommentare von Letterman, Leno und Conan O'Brien zu den aktuellen Ereignissen sportlich von jedermann verglichen werden können, erzeugt Konkurrenzdruck. Es verhindert den Einbruch von Bräsigkeit, wie er gelegentlich im Zwiegespräch zwischen Schmidt und Andrack aufkommt.

Johnny Carsons Macht in der Entertainment-Industrie hat viele in Angst und Schrecken versetzt. Der Komiker, den er für fünf Minuten auftreten ließ, war ein gemachter Mann; die Moderatorin, die an ihm vorbei berühmt zu werden versuchte, hat Carson mit ein paar Telefonanrufen in die Bedeutungslosigkeit katapultiert. Für Harald Schmidt spielte natürlich auch eine Rolle, dass sein Sender SAT.1 insgesamt wenig erfahrenes Personal und Null Erfahrung mit der Produktion des Genres hatte, in dem er arbeiten wollte. Der Sender NBC hingegen, bei dem die »Tonight Show« mit Johnny Carson drei Jahrzehnte gezeigt wurde, hat das Format »Talkshow« praktisch erfunden. Es war eine Übernahme aus dem Radio, wo auch die meisten der frühen Moderatoren herkamen, und es sollte für die Zeiten mit den wenigsten Zuschauern, morgens und am späten Abend, eine billig herzustellende Unterhaltung bieten. Der erste Star des Genres war Steve Allen, ein Komiker und Musiker, der die allererste Sendung mit den Worten eröffnete: »Wir haben dieses Theater gewählt, weil hier an die achthundert Leute schlafen können. Es soll eine milde kleine Show werden, nichts Aufregendes. Es geht eher um Monotonie.« Allen verwendete schon die Grundelemente, die noch heute zur Late Night gehören: das Arrangement von Couch und Tisch, das diese Mischung aus Arbeitsatmosphäre und Wohnzimmer herstellt; das Understatement, das zu diesem Mobiliar passt; der Anfangsmonolog, das schlaue Geplauder mit Schauspielern, die nach ihren Auftritten am Broadway um die Ecke vorbeikamen, mit

Künstlern und Intellektuellen, kurze Auftritte von Komikern (damals kamen oft Lenny Bruce oder Shelly Berman, Repräsentanten des jüdischen New Yorker Humors, von denen Woody Allen gelernt hat) und Musik. Eine von Steve Allens Lieblingseinlagen hieß »Stomp the band« und war eine Aufforderung an das Publikum, die Band durch einen ihr unbekannten Titel in Verlegenheit zu bringen, den sie nicht würde spielen können. Allen war nicht nur gewitzt und schlagfertig, er liebte auch die »Stunts«, die Auftritte mit Körpereinsatz, durch die David Letterman so berühmt wurde. Er ließ sich mit Teebeuteln behängen und hockte sich in eine gigantische Tasse heißen Wassers (»my cup of tea«). Wenn sein Freund Ernie Kovacs ihn vertrat, wurden die neuen Möglichkeiten des Fernsehens selbst vorgeführt: So ließ Kovacs eine Show auf einer zwanzig Grad gekippten Bühne aufnehmen. Auch die Kamera war um zwanzig Grad gedreht, sodass niemand etwas merkte, bis Kovacs sich eine Tasse Tee eingoss. Ein anderes Mal ließ er das Bild auf dem Kopf stehen – beides wurde von David Letterman wiederholt – schrittweise auf die 360 Grad zu. Als die Werbung eingespielt wurde (Pausen, die in Amerika von Anfang an zum Late Night-Geschäft gehörten), erstarrten Kovacs und seine Gesprächspartner mitten im Satz und bewegten sich erst wieder, als es weiterging – kleine Parodie auf die Abhängigkeiten, in die man sich begeben hatte.

Nach einem kurzen Intermezzo übernahm Johnny Carson 1962 die »Tonight Show«. Carson, ein weißer, nicht jüdischer Amerikaner aus dem Mittleren Westen, der zuvor eine erfolgreiche Quiz-Show geleitet hatte, schien dem Sender die beste Garantie für eine relativ störfreie und dennoch nicht sterile Show – und die Einschätzung erwies sich als richtig. Carson waren die anarchistischen Eskapaden seiner Vorgänger eher fremd, aber er war charmant, witzig, selbstironisch, konnte gut mit Promis umgehen, setzte sich gelegentlich eine Maus oder einen Tudor-Hut auf den Kopf und kommentierte die Tagesereignisse in einer Weise, die zugleich befreiend und beruhigend war. An Kontroversen war er nicht sonderlich interessiert. Bald gehörte er zum nächtlichen Ritual Amerikas, wie das Zähneputzen. Unter ihm wurde das Genre professionalisiert: er war der Erste, der eigene Autoren und Gagschreiber anheuerte. Außerdem erhöhte Carson den Glamourfaktor; das Rohe, Bizarre und Improvisierte verschwand, niemand bekam mehr die Fernsehkabel zu sehen wie unter Kovacs, stattdessen gingen die Celebrities bei Carson ein und aus. Er gab dem Publikum die Möglichkeit, ihrem Alltagsgesicht ein wenig näher zu kommen, durch ihn probeweise zu erleben, wie es wäre, neben Marlon Brando zu sitzen. Unter Carson wurde der »Sidekick« etabliert, Ed McMahon, der »stumme Diener«, der dem Gastgeber Stichworte gab, an den richtigen Stellen in ein Pferdelachen ausbrach und gelegentliche Witzeleien über sich ergehen lassen musste.

Nach einigen Jahren überließ Carson, der nur noch vier Mal pro Woche auftrat, den Montagabend einem Gastmoderator. Einer seiner persönlichen Favoriten war der ebenfalls aus dem Mittleren Westen stammende David Letterman, der Mann, dem Harald Schmidt vor allem in seinen ersten beiden Jahren am nächsten zu kommen suchte. Im Mai 1992, als Schmidt gerade »Verstehen Sie Spaß« übernahm, trat Johnny Carson, nach dreißig Jahren und einigen unschönen Erfahrungen mit dem Sender NBC, von der Bühne ab: »Good Night!« Harald Schmidt erzählte Jay Leno, er, Schmidt, habe »Carsons Abschiedssendung nach dreißig Jahren mindestens zwanzig Mal angeschaut, auf den Knien, bei Kerzenlicht. Jedes Mal habe ich etwas Neues dazugelernt.«[6] Carson, der König der Nacht, hat sein Zepter an Jay Leno weitergegeben, obwohl David Letterman allenthalben für den natürlichen Erben gehalten wurde – schließlich hatte er schon eine ganze Weile die Sendung nach Carson gehabt, die »David Letterman Show«, auf NBC um 24 Uhr. Die beiden haben nie ein schlechtes Wort übereinander gesagt. Leno ist aber der geschmeidigere von beiden, berechenbarer als Letterman, tat sich leichter mit dem Führungspersonal von NBC, ohne ein Speichellecker zu sein.

Es hatte aber Jahre gedauert, bis die Talentjäger der Johnny Carson-Show Jay Leno fanden, und dann noch etwas länger, bis er seine eigene Show bekam. Aber im Sommer 1986 trat er in der Carnegie Hall auf, dem traditionsreichsten Konzertsaal Amerikas. Drei Tage vorher hatte Isaac Stern dort gespielt, vor halb leerem Haus. Bei Leno war die Halle ausverkauft. Er ließ sich mit den Worten ankündigen: »Und hier, meine Damen und Herren, direkt aus der Mailänder Scala: Jay Leno!« Auf einer Harley Davidson fuhr Leno aus dem Seiteneingang auf die Bühne, und die Zuschauer schrien vor Begeisterung. Sein Gang kopiert den eines Fernsehpredigers, und er streckt den Leuten seine bizarre Physiognomie hin, den riesigen Schädel mit dem ausufernden Kinn, der ihm einmal die Ablehnung eines Casting Agenten eintrug: »Du bist sehr, sehr lustig, Jay, aber die Kinder bekommen Angst vor dir!« (Später brachte er es doch zu einigen kleinen Filmrollen. Der Casting-Katalog listete ihn als »Greaser type«, Schmacko.) Wirklich gefährlich ist Leno aber nicht. Auch dem giftigsten seiner Blicke ist die Gutmütigkeit nicht auszutreiben, und so ist auch seine Komik. Seine Tiraden richten sich gegen das Unfaire in der Welt, gegen pompöses Auftreten, aber er ist dabei nicht der lamentierende Hiob, so wie Lenny Bruce, er will den Leuten keine Standpauke halten. Er spricht mit der überschnappenden Stimme eines Nachbarn, der die Zeitungen gelesen hat und einfach nicht glauben kann, dass es so weit mit uns gekommen ist. »Präsident Bush hat heute eine Rede vor dem Mount Rushmore gehalten«, hieß es kürzlich in einem seiner Monologe. »Es ging alles gut, bis er die Leute hinter ihm fragte: Und welcher war Präsident Rushmore?« Oder über Reagan: »Ein Brand hat Ronald Reagans ganze Bibliothek verwüstet. Beide Bücher fielen den Flammen zum Opfer, dabei hatte er das eine noch nicht einmal richtig ausgemalt.« Gern exponiert er auch die Ahnungslosigkeit seiner amerikanischen Mitbürger in Straßeninterviews auf dem Venice Boulevard in Los Angeles, in einer kleinen Filmeinlage die »Jay walking« heißt (eigentlich: bei Rot über die Straße gehen). »Nennen Sie ein anderes Wort für ›July 4th‹?« »Fourth of July!« antworten die beiden Gymnasiastinnen begeistert, und als er nicht zufrieden ist, sondern nach »Unabhängigkeitstag« fragt und von wem die Vereinigten Staaten da unabhängig wurden, heißt es erst: »Ehm, von Washington?« und dann »Ich glaube, von den Franzosen. Oder den Briten oder so?« Leno glotzt in gespielter Verzweiflung in die Kamera, allerdings nicht, ohne durch ein kurzes Gummigrinsen in Erinnerung zu rufen, dass er selbst nur durch das College gekommen ist, weil dort ausschließlich mündliche Prüfungen abzulegen waren, eine davon in »TV history«. Jedenfalls ist Leno heute unantastbar. Vor seinen Witzen am Abend hatte Clinton während der Lewinsky-Affäre am meisten Angst, und es heißt, Hilary Clinton hätte ihn mehrmals höchstpersönlich angefleht, sie zu verschonen (vergebens natürlich). Er begrüßte Harald Schmidt, als der sich 1997 durch die Kulissen der »Tonight«-Show führen ließ, mit den Worten: »Hallo Harald, wo ist das Geld?«, nachdem er gesehen hatte, wie viele Elemente Schmidt allabendlich kopierte. Schmidts forsche Antwort: »Meine Witze sind besser.«

Von David Letterman würde er das wohl nicht zu behaupten wagen. Es war Letterman, in dessen Show Leno seine Meriten für die »Tonight«-Show erwarb, auf die Letterman gewisse Vorrechte zu haben geglaubt hatte – schließlich hatte er seit zehn Jahren für den Sender Millionen eingespielt. Der freundschaftliche Stellungskrieg zwischen »Dave« und »Jay« ist als »The Battle for Late Night«[7] in die Mediengeschichte eingegangen. Er führte letztlich dazu, dass der düpierte Letterman 1993 zum Sender CBS wechselte.

Von Anfang an hat David Letterman – wie Carson ein Mann aus dem Mittleren Westen, aus Indianapolis, Indiana – die Attitüde des Durchschnittsamerikaners gepflegt, der seinen Job macht und gelegentlich mit großen Augen den Irrsinn New Yorks verfolgt.

Er hat sich inzwischen in einer Vorstadt New Yorks niedergelassen und fährt jeden Morgen früh zur Arbeit, isst sein Mittagessen auf dem Schreibtisch aus einer Aluschachtel und geht spät abends nach Hause, wie ein Angestellter. »Ich halte mich immer für jemanden, der beim Rundfunk arbeitet, nicht im Showbusiness. Das macht es für mich irgendwie leichter«, hat Letterman in der »Larry King Show« gesagt. »Wir wollten nie hip sein. Wir sind einfach Leute, die zur Arbeit kommen und Comedy machen, so wie andere Leute in die Bibliothek zur Arbeit gehen.«[8] Natürlich weiß er, dass er nicht einfach Joe von nebenan ist, aber er versucht glaubhaft, sich so zu fühlen: »Ich bin kein Talk-Show-Moderator, aber ich spiele einen, im Fernsehen.«[9] Von Anfang an ist Letterman gern mit der Kamera in die New Yorker Straßenwildnis ausgeschwärmt: Taxifahrten mit pakistanischen Cabbies, die sich nicht auskennen; ein Besuch in dem chinesischen Restaurant um die Ecke, in dem sie ein signiertes Plakat des Schauspielers Alan Alda aufgehängt haben oder eine »Tour der Schande«, bei der falsch buchstabierte Straßenschilder vorgeführt werden; oder Pizzerien, Waschautomaten-Center, Läden und Cafes, in denen er nach einem Typ namens Jimmy fragte. Wie Kovacs liebt Letterman den Körpereinsatz; gelegentlich darf es auch ins Masochistische lappen. Mit einem Anzug aus Alka-Seltzer-Tabletten bekleidet warf er sich in ein grosses Wasserglas, gehüllt in Schwämme ließ er sich wiegen, auch den heißen Tee hat Letterman aufgesetzt. Sein Regisseur Hal Gurnee beschrieb die Show einmal als »der Traum jedes Vierzehnjährigen, wenn er einmal 100 000 Dollar hätte und eine riesige Pressmaschine, um Dinge darin zu zerquetschen«[10]. Er wirft gern Wassermelonen aus dem Fenster oder hält sein Gesicht, zur grässlichen Fratze verzogen, in die Kamera und spielt die Aufnahme in Zeitlupe vor und zurück. Letterman hat keine Berührungsängste mit dem Publikum: schon oft hat er den Leuten im Studio die Sendung überlassen, hat den »Türsteher des Jahres« gewählt oder den »bestangezogensten Polizisten

Rhode Islands« einbestellt. »Was wir wollen«, so hat Letterman seiner Biografin Frances Lefkowitz einmal erklärt, »ist eben pures, rohes Fernsehen. Wie Allen und Kovacs wollen wir was Lebendiges, Ungekämmtes, das ›Wo-man-die-Kabel-sieht‹-Fernsehen. Andere Leute produzieren Sendungen, die dann im Fernsehen gezeigt werden – Dramas, Comedies, Musicals, was auch immer. Das ist die glatte, reibungslose Seite des Geschäfts, wir sind auf der anderen, der ungehobelteren Seite, in der Krabbelkiste, wo es die Sonderangebote gibt.«[11] »Late Night with David Letterman«, da ist er sich mit seinem Team einig, ist albern und unwichtig und besonders gut darin.

Das wäre als Haltung sicher bald öde geworden – wie man bei Stefan Raab sieht – wenn zum kindlichen und weniger kindlichen Spaß an den Möglichkeiten des Fernsehens nicht auch starke Sympathien für Zuschauer und Gäste dazu kämen. Ein konstantes Element der Letterman-Show sind die »Stupid Pet Tricks«, die kleinen Tiernummern, die Leute mit ihren Pudeln, Schlangen oder Affen einstudiert haben (denen gelegentlich auch einmal eine Kamera auf den Rücken geschnallt wird, mit der sie dann an den Scheinwerfer-Gerüsten hochrasen). »Wir wollen, dass die Leute zu Hause sich ansehen und fragen: ›Was zum Teufel war das?‹«[12] All das wird ihm natürlich bisweilen übel genommen, als »Humor, der nie das Studentenwohnheim verlassen hat«[13]. Kritisiert wird auch, dass sein Team nur aus zwanzig- und dreißigjährigen weißen Männern besteht. Sogar einer seiner früheren Gagschreiber monierte: »Es war wie in einer Burschenschaft. Sehr sexistisch. In mancher Beziehung ist Dave ein echter Spießer«. Ein verdammt witziger Spießer allerdings, was man von den meisten Vertretern der politischen Korrektheit, die hier spricht, ja leider nicht behaupten kann.

Ein weiteres festes Element seiner »Late Night« waren, neben seinem Sidekick, dem Bandleader Paul Shaffer, Auftritte seltsamer Charaktere, wie Larry »Bud« Melman, einem stinkigen alten Mann, von dem viele Leute nicht wussten, dass er nur ein Schauspieler war. Das Markenzeichen aber ist die »Top Ten Liste«, die 1985 begonnen wurde mit den »Zehn Dingen, die sich *fast* auf Bohnen reimen«, ein Gemisch aus Highbrow und Unfug. Dazu gehörte unter anderem die »Top Ten Liste von Gründen für die Abschaffung einer Top Ten Liste«. Schon bald wurde die Liste in Zeitungen und im Internet nachgedruckt, für alle, die sie in der Nacht verpasst hatten.

Wie Harald Schmidt hat auch Letterman über lange Zeit Probleme gehabt, mit Stars zu reden. Im Gegensatz zu Johnny Carson ist er nicht der Typ des charmant-öligen Schmeichlers; wer sich bei ihm aufbläst, muss mit Querschüssen rechnen. Auf den Vorwurf eines Reporters, er sei bösartig, arrogant und herablassend, antwortete Letterman: »Das stimmt sicher alles. Aber wir laden nie jemand ein, um ihn runterzumachen. Wenn jemand bei uns auftritt und sich blasiert aufführt und sich nur so durch das Interview nölt, dann ärgert mich das und dann werde ich ihm vielleicht ein wenig zusetzen. Aber wenn du zu uns kommst und bist höflich und gut angezogen und benimmst dich, dann hast du nichts zu befürchten. Ich bin wirklich erstaunt, wie viele Leute es im Show-Business gibt, die bei uns auftreten und nicht wissen, dass wir von ihnen eine Performance erwarten: erzähl uns drei gute Geschichten aus deinem Leben. Jeder, der zwanzig Jahre auf diesem Planeten verbracht hat und keine drei guten Geschichten zusammenkriegt, der macht irgendwas falsch. Es hat mir mal etwas ausgemacht, dass die Leute dachten, wir wären nur im Show-Business, um uns über jemanden lustig zu machen. Blöderweise gibt es keinen Witz, der nicht auf irgendjemandes Kosten geht. Ich versuche oft, mich selbst zur Zielscheibe zu machen oder jemanden aus unserer kleinen Truppe. Also, wenn wir uns jemanden vorknöpfen, dann sind eigentlich alle gemeint. Aber manche Leute verstehen das nicht. Ich weiß, dass es viele gibt, die mich nicht ausstehen können, und das tut mir Leid. Al-

Was zum Teufel war das? Al Gores Nagelprobe bei David Letterman (1993)

les, was wir wollen, ist, die witzigste Show zu machen, die wir auf die Beine stellen können.«[14]

Bestes Beispiel für Lettermans Vorgehen in dieser Frage war sein berühmtes Interview mit Madonna. Madonna war 1994 bei Letterman, als sie in New York war, um sich ein Baseballteam zu kaufen. Letterman kündigte sie an mit den Worten: »Und hier kommt einer der größten Stars der Welt, sie hat über 800 Millionen Platten verkauft und mit einigen der größten Namen des Showbusiness geschlafen«, als ihm sein Sidekick ins Wort fiel: »Himmel noch mal, sie ist dein *Gast*!«, darauf Letterman: »es steht so auf ihrer Homepage, reg dich nicht auf, bleib ganz ruhig« zog aber selbst seine eigene Krawatte ängstlich etwas lockerer. Als Madonna dann kam, forderte er sie auf, einen Typ im Publikum zu küssen. Zickig wie erwartet krähte sie: »Warum bist du so besessen von meinem Sexleben?«, worauf er trocken versetzte: »Weil ich, wie jedermann weiß, kein eigenes habe.« Je mehr sie versuchte, durch permanente Einstreuung von Obszönitäten ihn in Verlegenheit und sich selbst in die Rolle des schlimmen Dauermädchens zu bringen, desto gelassener wurde er. Sie gab ihm eins von ihren Unterhöschen. Höflich warf er es in eine Schublade seines Schreibtischs. »Wirst du nicht dran riechen?« fragte Madonna kess, »da kannst du sie doch nicht hintun!« »Doch«, entgegnete Letterman, »hier kommt die Unterwäsche rein, meine Socken, meine Höschen, dein Höschen.« Es war ein Sieg nach Punkten; Madonna wirkte verkrampft in ihrer Bürgerschreck-Pose, ohne dass Letterman sie offensiv angegriffen hätte. Er ließ sie einfach auflaufen, allerdings wie ein Gentleman, obwohl auch er vermutlich Angst gehabt hat. Gut gegeben!

Eine Tradition der David Letterman-Show, die Harald Schmidt begeistert aufgegriffen hat, ist die Konfrontation mit den Vorgesetzten. 1986 wurde Lettermans erster Sender, NBC, von der Firma General Electrics aufgekauft, und Letterman machte sich mit einem Kamerateam auf, um seine neuen Arbeitgeber mit einem Riesenkorb voller Früchte zu beschenken. Es gab ein rüdes Zusammentreffen mit dem Sicherheitsdienst, bei dem GE als Riesen-Arschloch-Konglomerat und Letterman als wackerer David mit der Steinschleuder erschien, zumal es sich in Wahrheit um Birnen und dergleichen gehandelt hatte.

Wer wissen will, worin der fundamentale Unterschied zwischen Harald Schmidt und seinem Vorbild David Letterman besteht, hatte vor kurzem eine hervorragende Möglichkeit zum Vergleich. Der Anlass war der denkbar traurigste: die erste Show nach dem Angriff auf die Twin Towers am 11. September 2001. Es war die Nagelprobe: Wenige Ereignisse der Nachkriegsgeschichte waren eine vergleichbare Herausforderung für die Satire. Wer es hier schaffte, der schafft es überall. Hier sind die entscheidenden Passagen aus den beiden Monologen danach:

Willkommen zu »Late Night«. Dies ist unsere erste Show nach dem Tag, an dem New York und Washington angegriffen wurden. ... Ich muss Sie um Geduld bitten, denn ich habe leider nichts Neues zu sagen, und was ich sagen werde, haben andere Leute in den letzten Tagen eloquenter und besser gesagt. Aber wenn wir überhaupt weiter machen wollen, Fernsehshows zu machen, dann muss ich mich jetzt einfach eine Weile reden hören. Wir haben fünftausend Leute verloren hier in New York City. Und man kann das fühlen und sehen. Es ist grauenhaft traurig. Wir sind seit zwanzig Jahren in dieser Stadt, haben uns über alle lustig gemacht, über die Stadt, über meine Haare, über Paul (Shaffer, sein Sidekick – Lacher im Publikum). Als ich das alles sah, war ich nicht sicher, ob ich eine Show machen sollte. Ich traue meinem eigenen Urteil in diesen Dingen nicht über den Weg. Aber Bürgermeister Giuliani hat uns alle aufgefordert, weiterzumachen mit unserem Leben, damit fortzufahren, New York zu dem Ort zu machen, der es sein sollte. Überhaupt musste man, wenn man verzweifelt und ratlos und wütend war, nur ihm zusehen, wie er geredet hat, wie er sich benommen hat, was er getan hat. Rudolph Giuliani war die Verkörperung des Muts (frenetischer Applaus). Seinetwegen bin ich heute hier. Es ist ganz einfach: Es gibt nur eine Sache, die von uns allen verlangt wird, und das ist Mut. Vom Mut hängt der gesamte Rest unseres Verhaltens ab. Mit Mut ist es glücklicherweise so – und da kenne ich mich aus – dass das So-tun-als-ob genauso gut ist wie die eigentliche Sache. Dass Giuliani die Nerven behalten und Würde gezeigt hat, auch angesichts dieses obszönen Chaos – wie viele Leute können das? Wir haben in unserer Show oft die Feuerwehrleute und Polizisten New Yorks eingeladen. Aber wer hat, vor dem 11. September, die Redewendung »New York's best, New York's finest« wirklich ernst genommen? Glücklicherweise müssen

die meisten von uns normalerweise nicht über Polizisten und Feuerwehrleute nachdenken. Sie haben sich in höchste Gefahr begeben, um Leute wie uns zu schützen. Jetzt, wo so viele von ihnen verschollen sind, jetzt wissen wir: Man darf sie nie, niemals für selbstverständlich halten.
Noch einmal: Entschuldigen Sie, wenn das alles hier mehr für mich selbst ist als für Sie, aber ich muss da durch. Es heißt, der Grund dafür, dass diese Leute sterben mussten, die einfach nur ihren Jobs nachgingen, war religiöser Fundamentalismus. Und wenn Sie tausend Jahre alt werden – können Sie darin irgend einen Sinn sehen? Können Sie darin irgendeinen verdammten Sinn sehen?
Da gibt es eine Stadt namens Shofar, Montana, nahe der kanadischen Grenze, 1600 Einwohner. Sie leben von Landwirtschaft und Viehzucht. Montana hat seit drei Jahren eine schreckliche Dürre; man kann nichts anpflanzen und die Kühe haben nichts zu essen. Letzte Nacht haben diese Leute in der Aula ihrer Highschool eine Spendenaktion für New York gemacht. Wenn einem das nichts über den Geist von Amerika sagt, dann weiß ich nicht … (Applaus).
Gleich kommt Rufus, und dann haben wir endlich wieder jemanden, über den wir uns lustig machen können. Aber vorher möchte ich noch eins sagen. Man hatte vielleicht gelegentlich seine Zweifel, aber jetzt kann man es wieder sehen: New York ist die großartigste Stadt der Welt.[15]

Soweit also David Letterman. Der böse Bube hatte Tränen in den Augen. Er war hier ein großes Risiko eingegangen. Das Publikum bekam nicht die übliche Abfolge von Monolog, Comedy, Gast serviert, sondern eine Bemerkung in eigener Sache. Keine präsidiale Rede: »Ich tue das für mich selbst«. Wird er damit nicht zum Gespött der Kollegen, zum Hampelmann der *Village Voice*? Man sieht ihm mit einer gewissen Beklemmung zu und weiß doch: der Letterman kann so was. Er kann ungeschützt sprechen, vor sich hinstottern, sich von Satz zu Satz hangeln, aber man kann sicher sein, er wird auf der anderen Seite ankommen, und es wird obendrein für alle ein wenig Trost und Befreiung dabei herauskommen. Hier sieht man, was gemeint ist, wenn die Leute immer von Lettermans »neighbourly«-Qualitäten sprechen: Wenn dem Nachbarn etwas Entsetzliches passiert ist, geht man hin und redet darüber. Diese Art von Rede hat in Amerika – dem Land der kleinen puritanischen Frontier-Gemeinden und der Laienpriesterschaft – eine lange Tradition, auf die man in solchen Momenten zurückgreifen kann. Wir kennen sie aus vielen Filmen – jemand aus der Menge der Bürger steht auf und lässt die anderen an einem bestimmten Kummer teilhaben, der dadurch zum Politikum wird. Letterman ist nicht Oprah Winfrey – hier findet kein »healing« statt, hier wird nicht Händchen gehalten oder Rotz und Wasser geheult, und gleich wird man auch wieder Witze über Paul machen. Aber diese paar Minuten wird unvorbereitet von dem Entsetzen erzählt, das einen befallen hat. Und wie man da wieder herausgekommen ist. Die Frage: soll man schon wieder auftreten, soll man in einer Situation, in der New York am Boden liegt, die Asche noch durch die Luft fliegt, mit einer Show antreten, deren Kern das ritualisierte Gelächter ist – die wird hier souverän zum Thema gemacht. Und beantwortet: Weitermachen kann Letterman nur, wenn er für einen Augenblick die Distanz, die der Humor normalerweise schafft, fallen lässt. Ungeschützt reden, sich zurück in die Reihen derer stellen, über die man sonst Witze macht – das war Lettermans Vorraussetzung dafür, weitermachen zu können. Hier sprach ein Amerikaner, der genau wusste, was er an seinem Land liebt – von den Truthahn-Sandwichs bis zur Unabhängigkeitserklärung, von den Feuerwehrleuten New Yorks bis zum Bauer in Montana – und sich absolut sicher sein konnte, in seinem Publikum, das zum Teil aus jungen Akademikern besteht, auf Zustimmung zu treffen, auch wenn es zu ihrem wie zu seinem Habitus gehört, sich gelegentlich über Polizisten zu mokieren.

Letterman steht gewiss nicht im Verdacht, autoritätshörig zu sein. Um so schwerer wiegt sein Lob für Bürgermeister Giuliani. Etwas Vergleichbares könnte sich in Deutschland niemand herausnehmen, der vom Feuilleton ernst genommen werden will. Das sollte aber niemand mit Emanzipation verwechseln. Lettermans Hommage an Giuliani ist ein Ausdruck von Souveränität: seinen Souverän aus freien Stücken so loben zu können ist ein Glück, dass schließlich die wenigsten Nationen bieten. Dass die Ansprache nirgends in dröhnende Präsidialität gleitet, hängt an dem zentralen Satz: *Es spielt keine Rolle, ob man wirklich mutig ist oder nur so tut.* Wer Letterman zugesehen hat, weiß: Jemand, der eine solche Haltung nicht hinkriegt, der nicht so völlig niedergeschlagen und entsetzt und mitleidig sein kann, der wird auch nie wirklich witzig sein. Man lacht lieber mit jemandem, auf den auch in solchen Momenten Verlass ist. Niemand hält sich, wie Johnny Carson, dreißig Jahre auf dem Bildschirm, wenn ihm die Gemeinschaft mit seinem Publikum insgeheim zuwider ist.

Harald Schmidt hat bekanntlich nach dem 11. September zwei Wochen pausiert. Er hat dadurch den Eindruck erweckt, der Schock habe auch ihn erreicht. Er hat sich so bewusst abgesetzt von seinem Epigonen Stefan Raab, der sich als unabkömmlich präsentierte und weitermachte wie gehabt. Dafür, und für die Sendung, die Schmidt dann präsentierte, gab ihm das Grimme-Institut 2002 einen Preis. In der Anmoderation vom 25. September 2001 wurde er mit den Worten angekündigt: »Und hier kommt: der Moderator Gnadenlos von SAT.1, Harald Schmidt!«. Bestens gelaunt, händereibend trat er aus der Studiodeko und nahm die begeisterte Begrüßung in Empfang:

> Guten Abend meine Damen und Herren, hier ist SAT.1, die optimistische … Heimat der Spaßgesellschaft. Sie haben es

gemerkt, wir waren zwei Wochen auf Heimaturlaub und heute sind wir wieder zum Dienst angetreten, und natürlich ist das Thema heute Abend, wie überhaupt in den letzten schwierigen Tagen, die – um es mit den Worten unseres Bundeskanzlers zu sagen – die uneingeschränkte Solidarität mit unseren amerikanischen Freunden (vorsichtiger Applaus). Wir haben an dieser Stelle nie einen Zweifel an dieser Freundschaft gelassen: Wir haben aus Liebe zu unseren amerikanischen Freunden vor sechs Jahren gleich die komplette Show gestohlen (Lachen). Wir mussten anfangs bösen Antiamerikanismus über uns ergehen lassen, warum macht ihr nicht was Eigenes, warum müsst ihr das klauen. Wir haben das mit Würde getragen und haben gewusst: im Lauf der Zeit, es kommen immer wieder andere Zeiten, als man glaubt.

Ich hatte gedacht, wir haben heute nur dieses eine Thema. Seit heute Mittag weiß ich, wir haben auf der anderen Seite unseres schönen Vaterlandes einen Freund, von dem zumindest ich nicht wusste, wie groß die Freundschaft dieser Menschen zu uns ist: unsere großartigen russischen Freunde. Nach all den finsteren Kapiteln, durch die unser im Grunde sympathisches Volk, Sie wissen, was ich meine, ich will das jetzt hier heute Abend nicht vertiefen, aber heute: Freunde hier, Freunde da. Ich möchte, aus dem Bauch raus, sagen, das war eine historische Rede, die Präsident Putin da heute in fließendem Deutsch – Vorbild für viele Deutsche – im Bundestag gehalten hat ... Der Chef des russischen Volkes in unserem Reichstag, wo heute Bundestag heißt. Ich hätte nicht gedacht, dass ich mich jemals in meinem Leben noch einmal für Politik interessiere. Man ist direkt dankbar für kleinere Ereignisse, zum Beispiel Wahlen in Hamburg ...

Ich habe in diesen Wochen jeden Tag acht bis zehn Stunden

ferngesehen, um einigermaßen klarzukriegen: worum geht es. Mazedonien hatte ich mir mühsam draufgeschafft. Brauch ich im Grunde nicht mehr ... Jetzt das neue Thema: Afghanistan. Ich hätte bis vor 14 Tagen nicht einmal ungefähr zeigen können, wo das ist, irgendwo zwischen Türkei und Philippinen (Lacher). Jetzt wird man wieder aufgefordert, sich mit unseren Weltreligionen auseinander zu setzen: der Islam. Nicht zu verwechseln mit Islamismus. Für mich als Angehöriger einer großen Weltreligion, der katholischen, mit circa 80 Prozent gewaltbereiten Katholiken (Lacher). Nicht in großem Stil gewaltbereit, aber wenn der Parkplatz weggenommen wird (Lacher, Applaus).
Ich habe mir alle diese wichtigen Sätze aufgeschrieben: Einer meiner Lieblings-»wichtigen«-Sätze war: Das mag jetzt zynisch klingen, aber: Wie hat denn der DAX reagiert? Liebe Kollegen von ntv: dieser Satz ist jeden Tag richtig. Wie soll denn der DAX schon reagieren, er geht runter und dann wieder rauf. Und der zweite Satz war: Wir dürfen uns nicht der Gewalt beugen, Rückkehr zur Normalität. Was soll das heißen: die Frau weiter schlagen, weiter saufen? Ich warte darauf, dass der erste Besoffene aus dem Auto steigt und sagt: Ich wollte mich nicht der Jewalt beujen (spricht Kölsch, viele Lacher) ...[16]

Und so weiter. Die Pose ist eindeutig. Es ist die Wiedergeburt des »Ohne-Michel« aus den Fünfziger Jahren, der bitte mit allem in Ruh gelassen werden möchte, dem es genügt, den Harz zu kennen, und der nun ständig genötigt wird, sich irgendwas draufzuschaffen. Heinz Rühmann lässt grüßen. Man war im »Heimaturlaub«, meldet sich zum »Dienst« zurück und gibt Verlautbarungen im Sinne der Bundesregierung ab, so als habe es nach dem 11. September eine Reichs-Salutier-Aktion gegeben, von Seiten der Regierung oder sonst irgendeiner Seite. Im Ton, Stil und Ablauf der Show war nicht ein einziger Unterschied zur Zeit davor zu erkennen. Wozu also zwei Wochen Pause? Aus stilistischer Unsicherheit, so muss man annehmen: Schmidt ist darauf angewiesen, dass andere ihm durch ihre Äußerungen, Dummheiten und Plattitüden Material liefern. Aus dieser Deckung kann er operieren, ohne sie ist er aufgeschmissen. Ganz im Stil des Kom(m)ödchen wird das Bild eines »Establishments« aus Medien und Politik gezeichnet, das Betroffenheit heuchelt, um die Quoten und Stimmen in die Höhe zu treiben, und da macht man dann halt nicht mit, ätsch. Der Affekt ist der des intelligenten und frechen Schülers, der dem Lehrer zur Freude der Klasse in die Parade fährt, wenn der von einem Bahnunglück mit vielen Toten erzählen will, und man macht dann einen Witz über die Ringelsöckchen, die einer der Toten trug, dessen Bein aus dem Zugfenster ragte. Man hält sich die Ereignisse fein säuberlich vom Hals, will nicht in Verlegenheit geraten.

Schmidt hat die Form der »Late Show with David Letterman« von »unseren amerikanischen Freunden« geklaut, aber die innere Haltung drüben gelassen. Sie lebt davon, dass der Moderator sich dem Fernsehen und seinem Publikum engstens verbunden fühlt, als Teil von ihnen, nicht einfach als Dienstleister, der sich ansonsten – wie Harald Schmidt im Gespräch mit Jay Leno sagte – einen Revolver hält, beziehungsweise die Leute vom Leib. (Leno entgegnete treffenderweise darauf: »Sie wollen sich doch hoffentlich nicht beschweren? Leute, die über ihre Popularität klagen, haben im Showgeschäft nichts zu suchen.«[17]) Schmidts Haltung zu SAT.1 und seinem Publikum erinnert an Groucho Marx, der in keinem Club Mitglied werden wollte, der jemanden wie ihn aufnehmen würde.

Aber abgesehen vielleicht von den Friedenstauben des Giovane Elber – wo war denn nach dem 11. September der Betroffenheitskitsch? In Joschka Fischers Sorgenfalten? Gerechterweise bekommen ja alle ihr Fett weg: der Bundestag, in dem sie nicht einmal richtig Deutsch sprechen, der Bundeskanzler, der von Solidarität schwafelt, die Vergangenheitsbewältiger und die Verdränger, die Amerikanisten und die Anti-Amerikanisten, die Ahnungslosen und die, die Informationen unter die Leute bringen wollen – zum Schluss steht niemand mehr, außer denen, die nach Hause gehen und die Klappe halten. Und Osama Bin Laden. Der hat als Einziger nichts abbekommen in Harald Schmidts Sendung zum 11. September, und das ist doch immerhin bemerkenswert. Zu Osama Bin Laden fällt ihm, mit Karl Kraus gesprochen, nichts ein. Der 11. September reiht sich flugs ein in andere Medienhypes, nach BSE und MKS nun halt der Terror, eins wie das andere wird vergehen, der deutsche Michel lässt es geduldig an sich vorüberziehen.

Man wird auch genötigt, sich mit den Weltreligionen zu befassen und weiß, dass es auch unter Katholiken eine Gewaltbereitschaft gibt – wenn es um Parkplätze geht. World Trade Center, Parkplätze. Aggression ist überall, im Islam wie im Katholizismus. Hier konnte man erleben, wie Harald Schmidt sich dem Druck der politischen Korrektheit beugt. Wirklich mutig wäre es an dieser Stelle gewesen, sich einmal über die idiotische Idee vom »Dialog der Kulturen« lustig zu machen, wie es die *Titanic* dankenswerter Weise getan hat; sich lustig zu machen über die Vorstellung, der *wahre* Islam habe mit all dem gar nichts zu tun, und man müsse nur die Armut beseitigen, dann würde auch die Wut der Fundamentalisten verrauchen. Diese artigen Glaubensbekenntnisse schreien doch geradezu nach Satire. Die Tatsache, dass der Grünen Fraktionsvorsitzenden Claudia Roth als Allererstes zu den Anschlägen einfiel, man dürfe nun nicht den gesamten Islam haftbar machen – das wäre ein gutes Thema für Satire gewesen.

Aber der Satz »Es ist nichts mehr wie vorher« hält doch der genaueren Betrachtung ebenso stand wie die Scheu, vom DAX zu reden, wenn in New York Zahnärzte die Röntgenaufnahmen ihrer verschollenen Patienten zur Polizei tragen, damit vielleicht doch noch eine Chance besteht, sie zu identifizieren. Und wenn es eine angemessene Reaktion auf den Terror gegeben hat, dann doch wohl die, dass man sich der Gewalt nicht beugen werde – ein Satz, der leider viel zu wenig Widerhall fand, wie die Nicht-Reaktionen auf den Al-Qaida-Anschlag auf Djerba zeigten, wo deutsche und französische Touristen in einer Synagoge verbrannten.

Wer vom Feuilleton geliebt werden will, muss da vorsichtig sein. Deutsches Militär im Auslandseinsatz, und dann noch an der Seite Amerikas – damit kann man auf den Kulturseiten der großen Blätter keine Punkte machen. Und so war Harald Schmidt vorsichtig, sehr, sehr vorsichtig. Er hat sich zwei Wochen Zeit gelassen, diese Abgeklärtheit hinzukriegen, was ihm nicht zuletzt gegenüber Stefan Raab einen Platzvorteil verschafft hat, der schon etwas früher wieder auf Sendung ging, und kurz stammelte, es werde keine ganz normale Sendung »aus Respekt vor den … äh … vor den Geschehnissen und vor den äh Opfern äh in den USA«, um unmittelbar im Anschluss aber eben doch Business as usual zu betreiben. Schmidt hat sich nach allen Seiten abgesichert, die eigenen Spuren verwischt. Den Mut, von dem David Letterman sprach, konnte Schmidt nicht einmal spielen. Schmidt traute weder sich selbst noch seinem Schmuddelsender SAT.1 zu, auf solche Ereignisse zu reagieren. Die sterile Glätte des Vortrags, die nicht unbedingt zu seiner Eleganz beitrug (»einen Freund, von dem zumindest ich nicht wusste, wie groß die Freundschaft dieser Menschen zu uns ist«), hat allen, die im Zweifel waren, eins klargemacht: Der 11. September war für Harald Schmidt kein Problem. Der Ekel vor den Fernsehritualen mag eins sein, das Degoutante öffentlich vorgetragener Trauer, die Dummheit des Publikums – das alles mag belästigen. Aber zum Terror hatte er nichts zu sagen.

Natürlich soll die Bloßstellung des »Betroffenheitskitsches« illustrieren, dass einen das Entsetzen sehr wohl erreicht hat, man je-

Die Wiedergeburt des Ohne-Michel: Schmidt in der ersten Sendung nach dem 11. September 2001

doch zu fein ist, um es dem frivolen Fernsehen in den Rachen zu werfen. Das ist aber geschenkt. Das Fernsehen war gar nicht so frivol in jenen Tagen; die meisten Berichte über das World Trade Center waren eher um Sachlichkeit bemüht.

Die Erkenntnis, dass hier ein mörderischer Schlag ausgeteilt wurde, mit dem wir alle gemeint waren –, eine Erkenntnis, die ja wohl Anlass zu einigem Pathos gewesen wäre – hat sich doch verblüffend rasch wieder verflüchtigt und Protesten gegen den »Weltpolizisten USA« Platz gemacht, mit denen man sich landauf, landab rhetorisch wohler fühlt. Die USA tauchen bei Schmidt als »unsere amerikanischen Freunde« auf, was an die unzähligen Kohl-Witze des Kom(m)ödchen erinnert, das sich über Kohls Bemerkung von »diesem unserem Lande« einfach nicht mehr einkriegen konnte.

Das Kalkül ist aufgegangen. Die Feuilletons waren voll des Lobes. Wer Stilblüten und Geschwalle zum 11. September suchte, wurde hier reichlich bedient, nicht in der Politik. Auch der *FAZ* war irgendwie aufgefallen, dass die politischen Reaktionen auf den 11. September recht zurückhaltend waren, aber man lobte trotzdem hartnäckig und griff zum Sonntagsgeschirr: »Die ›Harald Schmidt Show‹ betreibt, ganz in dem Sinne, wie es Diedrich Diederichsen jüngst über ›Die Simpsons‹ geschrieben hat, ›postmoderne Aufklärung‹: eine ›hermeneutische und interpretative Sisyphos-Arbeit‹, die in Schmidts Fall als avancierte Stilkritik des Mediengeschehens und Ausdruckskunde des Politischen bei stereotypen Formulierungen und in erster Linie bei Gesten ansetzt. Das tänzerische Auftreten eines Colin Powell, die Gesichtsgymnastik von Joschka Fischer oder die Pathosformeln ... eines Giovane Elber, sie sind die Indizien, anhand derer Schmidt den Weg beschreibt, den noch das erschütterndste Ereignis durch den Verdauungstrakt der Medien nimmt.«[18] Sprich: Es kommt nur Scheiße dabei heraus, wenn das Fernsehen sich mit einem Thema befasst; erst die Dekonstruktion macht es goutierbar. Dreitausend Leute aus New York liegen unter dem Schutt, und wir betreiben Stilkritik. Hat irgendjemand Colin Powell in der Nähe des Ground Zero tänzeln gesehen? Und wenn ja: so what? Wen interessiert das? Das ist ›postmoderne Aufklärung‹? Kein Zweifel: Man ist sich mit Harald Schmidt einig und möchte sich das Geschehen vom Hals halten. Nicht unser Problem.

Entlarvung gilt als der einzig ehrenwerte Gestus, der Medienwelt zu begegnen. In der Begründung des Grimme-Instituts zur Verleihung des Spezialpreises 2002 an Harald Schmidt hieß es: »Wenn er die großen Sätze der Zeit so oft wiederholt, dass die benutzten Silben beschädigt unter ihnen hervortreten, wenn er seine an ungezählten Besuchern erprobte Kunst, die öffentliche und private Person seiner Gäste in ihrem attitüdehaften Wechselspiel vorzuführen, anlässlich des politischen Umgangs mit dem 11. September dazu benutzt, die Differenz zwischen öffentlicher Rede und privaten Gefühlen zu entlarven – dann ist Harald Schmidt der wichtigste politische Kommentator im deutschen Fernsehen. Doch wer nach dieser ›Harald Schmidt Show‹ zu Bett ging, der wusste, dass die so oft eingeforderte Normalität ihn tatsächlich wieder hatte. Dass es dafür eines Harald Schmidts bedarf, spricht nicht für das Fernsehen, dass es ihn dort gleichwohl gibt, spricht für Harald Schmidt.«[19]

Beschädigte Silben klagen an! Es gehört zur Hausphilosophie des Grimme-Instituts, dass es keinesfalls für das Fernsehen spricht, wenn es sich einen Harald Schmidt hält, dessen Hauptaufgabe die Dekonstruktion von Fernsehritualen ist. Das Grimme-Institut ist die Institutionalisierung des Umstands, dass in Deutschland Fernsehmacher, die etwas auf sich halten, schlecht von sich und ihrem Medium (und natürlich ihrem Publikum) zu denken haben. Der performative Widerspruch, in den man dabei gerät, macht offenbar gerade den Reiz aus: dabei sein, ohne dazuzugehören. Das ist im Grunde die raison d'être der Bundesrepublik überhaupt. Von deutschem Boden soll nie wieder eine Bejahung ausgehen.

Deutsch, aber glücklich

Die Harald Schmidt Show

In den zehn Jahren, die zwischen Harald Schmidts erstem Soloprogramm »Ich hab schon wieder überzogen« und der ersten Ausstrahlung der »Harald Schmidt Show« am 5. Dezember 1995 vergangen waren, hatte sich die deutsche Humorlandschaft komplett verändert. Man hatte den Untergang eines politischen Systems und die Wiedervereinigung Deutschlands erlebt, ohne dass ein Schuss gefallen war. Der Kalte Krieg war sang- und klanglos zu Ende gegangen, ohne dass die Befürchtungen der Friedensbewegung auch nur ansatzweise eingetroffen wären. Man lebte plötzlich in dem Schwindel erregenden Gefühl, keine Feinde mehr zu haben, und auch kein Jenseits des Kapitalismus: ein schmerzlicher Verlust für viele Kabarettisten. Man würde in einem Ausmaß umdenken müssen, das allein schon zum Lachen reizte. Der Comedy-Boom, der in den achtziger Jahren eingesetzt hatte, war mittlerweile in ein neues Stadium der Professionalisierung und Institutionalisierung getreten. Es stellte sich heraus, dass Comedy eine perfekte Probebühne abgab für unterschiedliche Modelle des Deutschen: was können wir, wie dürfen wir sein?

Eine Variante war der Typus, den Jürgen von der Lippe repräsentierte. Der als Hans-Jürgen Dohrenkamp kurz nach dem Krieg in Salzufflen geborene Sohn eines Barmixers und einer Köchin war im Berliner Go-in mit Vertonungen von Ringelnatz und Kästner großgeworden, war dann aber mit den »Gebrüder Blattschuss« und ihrem Schunkellied »Kreuzberger Nächte sind lang« durch die Betriebsfeiern getingelt und immer mehr zum selbst ernannten Proletenkönig mit Hawaiihemd, Goldkettchen, Bierbauch,

Cowboystiefeln und Vorstadtfrisur geworden. Die Botschaft des privat angeblich unter Magenbluten und Schlafstörungen leidenden, als launisch und verschlossen geltenden Woody-Allen-Fans lässt sich rasch in der Geste des Stinkefingers zusammenfassen, der vor allem dem Bildungsbürgertum hingestreckt wird. Fällt im Studio eine Uhr herunter, kommentiert von der Lippe: »Es kann sein, dass ich mich täusche, aber ich habe subjektiv den Eindruck, jetzt isse kaputt.«[1] Der humoristische Stil seiner Shows, von »Was isses« bis »Geld oder Liebe«, entsteht aus der Mischung einer gewissen Häme, Akademikerverhöhnung, Pippi-Kacka-Scherzen, Kalauern und Zoten, die sich vor allem gegen Spaßverderber aller Art richten. Hinter der offenkundigen Diskrepanz dessen, was von der Lippe privat schätzt (Woody Allen, David Lodge, Paul Auster, Goethe) und dem, was er seinem Publikum auftischen zu müssen glaubt, verbirgt sich womöglich eines der vielen Künstlerdramen, von denen die Humorgeschichte voll ist. Man war eigentlich als großer Schriftsteller, Schauspieler oder Maler vorgesehen, ist daran gescheitert und nimmt nun übel. Man kann auch seine Gäste und sein Publikum nur begrenzt ertragen, weil sie begeistert beklatschen, was man selbst nur für die zweite Wahl hält.

Dieser Punkt wird oft übersehen, wenn die Spaßgesellschaft gegen die Kulturkritik als demokratische Errungenschaft verteidigt wird: Einige der hervorstechendsten Exponenten dieser Spaßgesellschaft leben vom Hass auf sie. Jürgen von der Lippe braucht keinen Botho Strauß, um sich vor seinem Metier zu ekeln. »Wenn ein Satiriker ein Fundamentalist auf Bewährung ist«, so schreibt der Kunsthistoriker Werner Grasskamp in einem brillanten Aufsatz zum Thema, »dann kann Humor auch eine aufdringliche Form der Arroganz sein, die eine Selbstrelativierung nur vortäuscht. Mit dieser Camouflage erntet er eine Sympathie, die leicht übersieht, dass es eine der Hauptabsichten des Humors ist, wie die Arroganz Distanz zu halten, und die eigene

Unsicherheit unangreifbar erscheinen zu lassen«.[2] Es ist sicher kein Zufall, dass es Harald Schmidt war, der bei der Bambi-Verleihung 1996 an Jürgen von der Lippe die Laudatio hielt. In dem hier beschriebenen Bemühen um Distanz wird der eine im anderen einen Bundesgenossen erkannt haben. Von der Lippe lobte zur 1000. Sendung der »Harald Schmidt Show« zurück, nicht ohne maliziösen Unterton: »Harald Schmidt ist gebenedeit unter den Entertainern, singulär, zu Lebzeiten unsterblich. Denn in wessen Rektum hätte je der Spiegel eine eigene ständige Vertretung installiert!«[3] Mit Stefan Raab und seinem »TV total« ist die zelebrierte Publikumsverachtung vorläufig an einem Endpunkt angelangt.

Wenn die These stimmt, dass in der Comedy Modelle des Deutschseins ausprobiert werden, dann war dies das Modell der Ära Kohl: Man nimmt übel, dass man sich immer rechtfertigen muss, dass die Presse immer herumkrittelt, dass einem immer mit Argwohn begegnet wird, dass die Intellektuellen immer alles besser wissen. Man wird nun nicht mehr auf ihr Geschmacksurteil warten, wenn man sich die Welt erobert (Hawaiihemd), wo man schon seinesgleichen finden wird (Cowboys). Man wartet nicht mehr auf Absolution, man behängt sich schon selbst mit Trophäen (Goldkettchen). Der Magen blutet natürlich weiter. Neid und Wut gehören zur Grundausstattung, zur Street Credibility von der Lippes und sollen gar nicht verschwinden. Von der Lippe ist der Racheengel zu Gottschalks blondgelocktem Versöhnungsangebot. Hape Kerkeling war demgegenüber immer der freundliche schwule Hofnarr der jungen Berliner Republik, der, verkleidet als Königin Beatrix, wenige Minuten vor dieser in Sanssouci eintrifft und dort seinen Wunsch nach »lecker Mittach äte« kundgibt – ein Sendbote des Guten Lebens, der mit seinen Verkleidungen und Metamorphosen die soziale Elastizität der Neuen Mitte feiert.

Ein Element der Professionalisierung des Comedybetriebs war das Outsourcing. Als Harald Schmidt seinen Vertrag unterschrieben hatte, beschloss Fred Kogel, dem RTL-Moderator Thomas Koschwitz und seiner glücklosen Nachtshow das Team wegzunehmen und für die Produktion der »Harald Schmidt Show« zu gewinnen. Das Team war die Brainpool GmbH, eine Manufaktur für Fernsehformate und Witze, die 1994 von dem damals arbeitslosen Jörg Grabosch gegründet worden war. Grabosch, der Anfang der neunziger Jahre mit Roger Willemsen für Premiere am Interviewmagazin »0137« mitgearbeitet hat, war von Kindesbeinen an passionierter Fernsehzuschauer, studierte dann Theaterwissenschaften an der Universität Köln, sammelte erste Fernseherfahrungen bei der »Aktuellen Stunde« des WDR und war nach dem Studium bei Friedrich Küppersbuschs Magazin »ZAK«, später bei »Stern TV«, kurzzeitig auch bei RIAS TV. Er hat alle seine Projekte – darunter Stefan Raabs »TV Total«, die »Wochenschau« mit Anke Engelke und Ingolf Lück oder die gefloppte »Ulla Kock am Brink Show« – mit der Hartnäckigkeit des klassischen Hollywood-Produzenten betrieben und ist gut damit gefahren. Lange Jahre konnte er einen Umsatz von etwa vier Millionen Mark verzeichnen. Erst vor kurzem wurde das Unternehmen von VIVA übernommen.

Sein Vorbild war der holländische Fernsehproduzent John de Mol, der die Firma Endemol Entertainment zur erfolgreichsten Fernsehproduktionsgesellschaft Europas gemacht hat. Ihre Existenz verdanken diese Gesellschaften nicht zuletzt der Tatsache, dass gerade die deutschen Fernsehzuschauer nach der Wende immer mehr deutsche Sendungen sehen wollten: »Immenhof« oder »Für alle Fälle Stefanie« waren Antworten auf den Trend, mit dem man sich von den »Straßen von San Francisco« oder »Dallas« verabschiedete. Die »Traumhochzeit« oder »Nur die Liebe zählt« waren dabei die typische Form der Endemol-Konfektionsware, die das gleiche Format auch in die Türkei oder nach China verkaufte. Aber es geht nicht um den Verkauf fertiger Sendungen. »Wir sind eine Software-Firma. Wir verkaufen Ideen«, erklärte

Freddy hat mir gesagt, wir erfinden das Fernsehen neu: Schmidt kurz vor der ersten Show (1995)

Grabosch sein Konzept. »Wer reich werden will, muss denken, nicht produzieren.«[4] Zur Produktion heuern Firmen wie Endemol oder Brainpool dann meist wiederum Kamerateams, Studios und gelegentlich auch Personal von außerhalb an; nur die Erfindung und konzeptionelle Entwicklung von »Formaten« ist ihre Sache, mit festem Blick auf die Quoten, die ständig über den Bildschirm am Arbeitsplatz laufen.

Vierzig feste und fünfzig freie Mitarbeiter beschäftigte Brainpool damals, zur Zeit der Erfindung der »Harald Schmidt Show«; sie waren Journalisten, Verwaltungsbeamte, Studienabbrecher aller Provenienz, haben für Radio oder Kabarett geschrieben, waren Comiczeichner oder Kartenspiel-Designer und sind dann durch die Hintertür beim Fernsehen gelandet. Die Witzthemen stammten zumeist aus der Boulevardpresse und wurden den freien Autoren morgens telefonisch von den Festangestellten durchgegeben. Die saßen dann an ihren Diktiergeräten, beim Bügeln oder Fernsehen, während ihre Kinder um sie herum spielten, und dachten über die damals gängigen Yellow-Press-Themen nach: Franz Beckenbauers neue Rolle als Werbebotschafter für Warsteiner, das Comeback von Abba, Jerry Hall und ihr Ohrgehänge aus Waschbärenpenisknochen. Dann lieferten sie zwanzig bis dreißig Einzeiler ab, von denen es vielleicht einer oder zwei, manchmal eben auch gar keiner, in die abendliche Sendung schafften. Für die Produktion der »Harald Schmidt Show« hatte Grabosch das alte Kölner Kino Capitol aufwändig umbauen lassen. Formal orientierte sich die Show bis in die Feinheiten an David Letterman: der korrekte Anzug mit Krawatte, der Schreibtisch, die Band, der Anfangsmonolog, das freigelegte Fernsehgehäuse, und der Gast – bei Schmidt kamen anfangs drei, was sich schnell als zu viel erwies.

»Harald«, so sagte damals Schmidts Chefautor Peter Rütten, »ist hierzulande einfach das beste Medium, um unsere Witze rüberzubringen. Bei Schmidt gibt es keine Pietätsrichter wie bei Koschwitz.«[5] Koschwitz habe zwar »menschlich schöne« Interviews geführt, doch sei dessen »naive Weltsicht« einfach nicht mit Satire zusammengegangen. Schmidts Zynismus passe da schon eher. Ein Witz müsse lustig sein, nicht moralisch tragfähig. Um die Wirkung war man unbesorgt: »Auf Harald mit Hitlerbärtchen holen sich die Neonazis bestimmt keinen runter.«[6] Das war ganz gewiss richtig. Brainpool belieferte Schmidt mit etwa 30 bis 40 Einzeilern für einen Eröffnungsmonolog von damals noch 20 Minuten. Ihnen gefiel auch, dass Schmidt nicht mit Teleprompter, sondern mit »cue cards«, Papptafeln mit Stichworten, arbeitete und improvisieren konnte.

Die Zeit zur Witzproduktion war naturgemäß oft knapp, auch wenn die Show damals sehr viel später aufgezeichnet wurde als heute. Mit den wenigsten der Autoren hatte Schmidt direkten Kontakt; das Modell war also nicht unbedingt das der Renaissance-

Werkstatt, in der der Künstler den Zuarbeitern durch ständige Nähe seinen Stil quasi per Osmose vermittelt – was diesen Erfahrung und Respekt verschafft. Es war eher eine Art »Sweatshop«, in dem viele kleine Tagelöhner anonym vor sich hin brüten und der Boss einmal am Tag hereinschaut, um die beste Ware abzuschöpfen. Da es sich bei den meisten Zuträgern um – zumindest abgebrochene – Akademiker handelte, wird diese Konstruktion nicht ohne gewisse Ressentiments durchzuhalten gewesen sein, die sich notwendigerweise im Stil und Affekt der Witze bemerkbar machen. Dass es gerade die Polen waren, die in jener Zeit zur Zielscheibe wurden, darf man dabei vielleicht auch als eine Art Übertragung betrachten: Underdogs, die nichts tun als klauen – war das nicht auch der Alltag eines Heimarbeiters in der Witzmanufaktur? Umgekehrt wird das Modell »Sweatshop« auch für den »Cheffe« unbefriedigend gewesen sein. Natürlich hat Schmidt viele seiner Witze selbst geschrieben, und zudem häufig improvisiert. Aber er war auch auf die Einflüsterungen aus der Peripherie angewiesen, die wie am Fließband bei ihm eingingen. Immer Boulevardmaterial, das schon nach kurzer Zeit sehr uniform zu klingen begann. »Aus Scheiße Gold machen« lautete die Zusammenfassung seines damaligen Jobs durch die *FAZ*.[7] Was das für jemanden bedeutete, der sich einmal in grauer Vorzeit als Peymann-Schauspieler des Jahres in der *Zeit* gelobt fantasierte, kann man sich leicht ausrechnen. Vorzugsweise schlug er wüst um sich. »Was haben die Emma, ein Toilettendeckel, eine Flasche Eierlikör und Bettina Böttinger gemeinsam? Die würde kein Mann je anfassen!« Ins johlende Gelächter fragte Schmidt: »Gemein genug?« Die Episode mit Bettina Böttinger wurde notorisch, nachdem Böttinger wenige Wochen später selbst in die Sendung kam und sich indigniert zeigte – allerdings nicht, ohne gleichzeitig das Forum für die Ankündigung ihrer damals, im Februar 1996 startenden WDR-Fernsehshow »B.trifft …« zu nutzen – ein Auftritt, bei dem eindeutig Schmidt den Punktsieg davontrug.

Durfte man vom »Warschauer Pack« sprechen? Durfte Schmidt in einer Ausgabe der Show, die den siebziger Jahren gewidmet war, sagen: »Bonanzaräder, die hatten bei uns in Nürtingen immer nur die Kinder von geschiedenen Eltern, wegen dem schlechten Gewissen. Oder die Kids von Ami-Huren. Ja, Ami-Hure, dieser Begriff müsste mal wieder etabliert werden!«?[8] Man entschied in beiden Fällen mit Ja (wenngleich Schmidt in der Sendung dann auf die »Amihure« verzichtete), was dazu führte, dass die »Harald Schmidt Show« in den ersten beiden Jahren fast vollständig unter dem Aspekt der politischen Korrektheit diskutiert wurde.

Schmidt präsentierte sich damals in Interviews und auch auf der Bühne vorzugsweise als enttäuschungsresistenter Medienprofi, der alles gesehen hat und durch Kritik nicht mehr zu erreichen ist. »Ich bin natürlich eitel«, sagte er damals im Gespräch mit *Gala*. »Lasse mir nur von zwei oder drei Leuten was sagen. Ich glaube nicht, dass sich der Reinhold Messner von einem, der sonntags gern wandert, etwas zum Thema Himalaja sagen lässt. Und ganz schlimm wird's, wenn mich Zahnarztgattinnen mit Kulturengagement zum Thema TV-Unterhaltung angehen … Ich wundere mich nur, wer sich da alles Kritik zutraut. Es gibt Leute, die sehen aus wie Scheißkübel. Das ist für mich, als wenn jemand barfuss in einem Minenfeld Gummitwist spielt. Da kommen Leute, zu denen würde ich am liebsten sagen: ›Mein tiefes Mitleid ist dir gewiss, meine Tochter, was kann ich für dich tun?‹ Und die sagen dann: ›Na, endlich wachsen die Haare wieder. Das sah ja scheiße aus!‹ So was sagen 1,40 Meter im pinkfarbenen Anorak. Da atme ich einmal durch und denke: Wenn es diese Leute nicht gäbe, müsstest du arbeiten.«[9]

Dieser Gestus hätte sich natürlich sehr schnell abgenutzt, wenn Schmidt nicht begonnen hätte, in die Zoten und Frotzeleien einen doppelten Boden einzuziehen. Das gelang unter anderem durch die Einführung solcher Figuren wie der des türkischen Fahrers Üzgür oder der beiden Chinesen Li und Wang, die

Wird immär schlimmärrr mit diesär Inländerrrrkrrriminalität: Schmidt und sein Club der polnischen Versager

unter dem Titel »Die Weisheiten des Konfuzius« Lieder sangen wie das kirchentagserprobte »Danke – fül diese Albeitsstelle, Danke für dieses kleines Glück« und solchermaßen also den Spieß des Witzes wieder umdrehen konnten. Auf die Proteste durch die deutsch-polnische Gesellschaft und den offenen Brief deutscher Stiftungen und Medien in Warschau (unterzeichnet unter anderem von Vertretern der Friedrich-Ebert Stiftung, der Konrad-Adenauer-Stiftung, der Hanns-Seidel-Stiftung und der Friedrich-Naumann-Stiftung), in der man ihm vorwarf, »rassistischen und ausländerfeindlichen Tendenzen Vorschub zu leisten« und »unser Nachbarvolk als Bande von Autoklauern und Faulpelzen zu diffamieren«, reagierte Schmidt 1998 mit der Beteiligung an einem Kinospot gegen Ausländerfeindlichkeit. Er war von der Münchener Bürgerinitiative »Die Lichterkette« angesprochen worden, die im Dezember 1992 als Reaktion auf ausländerfeindliche Ausschreitungen in Rostock 400 000 Menschen mobilisiert hatte, die mit Kerzen in der Hand gegen die Übergriffe protestiert hatten. Auch Doris Dörrie, Dominik Graf, Caroline Link und Thomas Klausmann waren dabei. Schmidt blieb sich in seinem 60-Sekunden-Spot aber durchaus treu. Mit Pelzmütze und grauem Schnauzer angetan gab er selbst einen Polen, der ein deutsches Rentnerpaar beim Autoknacken ertappt, und im Vorbeigehen murmelt: »Wird immär schlimmärrr mit dieser Inländärrrrrkrrriminalitättt.« Sehr lustig war auch eine kleine Einlage mit dem Gast Bastian Pastewka, der in der Show aufgefordert wurde, sehr ernst zu bleiben und Schmidt in die Augen zu schauen. Bei diesem Spiel, das der Late Night-Moderator Conan O'Brien mit seinem Sidekick Andy Richter zu spielen liebte, betrügt der Moderator, indem er hinter sich unglaubliche Dinge stattfinden lässt, die sein Gegenüber zum Lachen oder jedenfalls Wegschauen zwingen. Bei Pastewka kam erst ein Mitarbeiter und schlug einen Stoffhund mit dem Golfschläger ins Publikum, anschließend kam Fahrer Üzgür und strippte bis auf die Unterhose, und schließlich kletterten zwei Herren übereinander her. Üzgür war, bis er zu viel Geld verlangte und sich verabschieden musste, ein bizarrer Charakter, der die Macho-Allüren aus Anatolien eben in einer Talkshow vorführte und dadurch zugleich beibehalten und der Lächerlichkeit preisgeben konnte. Er war aber ganz bestimmt keine Hassfigur.

Dass Schmidt sich in diese doppelbödige Richtung entwickelte, war auch eine Reaktion auf die damals geführte Diskussion um »political correctness«, die aus den USA in die Bundesrepublik importiert worden war. Unter völlig anderen Voraussetzungen, versteht sich: Was sich in den USA in »speech codes«, Regeln gegen diffamierende Rede an den Universitäten, in »affirmative action« für Angehörige von Minderheiten bei Bewerbungen in staatlichen Unternehmen und als Diskussion über den Kanon der Literaturwissenschaften niederschlug, war in der Bundesrepublik im Wesentlichen eine ziemlich folgenlose Feuilletondebatte geblieben. Eine Parallele bestand vor allem im Herkunftsmilieu der »correctness«, nämlich der zunächst affirmativ beschriebenen Linientreue innerhalb der marxistisch-leninistischen Kaderparteien. Ein Text war politisch korrekt, wenn er sich mit den kanonischen Texten beispielsweise des Vorsitzenden Mao in Übereinstimmung befand. Erst Mitte der siebziger Jahre begannen Kritiker, vor allem aus dem Sponti-Lager, das Wort in abfälliger Weise zu gebrauchen. Es fällt heute schwer, sich das vorzustellen: aber in dieser Absatzbewegung der Spontis von den Kaderparteien keimte das bisschen Liberalismus, das sich die westdeutsche Linke der Nachkriegszeit geleistet hat. In stark weiter entwickelter Form fand es später Eingang in die Hausphilosophie der rot-grünen Koalition, speziell der Außenpolitik Joschka Fischers. Wie Harald Schmidt, der im sozialdemokratisch sympathisierenden Milieu seine Kabarett-Ausbildung erhalten hatte, seinen Abstand zu dieser Position markierte, das wird uns später noch beschäftigen.

Bis heute existieren ironischer und nicht-ironischer Gebrauch des Ausdrucks »politisch korrekt« sogar nebeneinander. In den achtziger Jahren, als sich in den USA die ersten Regeln gegen »hate speech« und die bizarren Euphemismen (»körperlich herausgeforderte Person« statt »Behinderter«) durchzusetzen begannen, benutzten die Befürworter »politisch korrekt« affirmativ, die konservativen Kritiker hingegen pejorativ. Oder wie William Safire, einer der schärfsten Gegner der »correctness« und Kolumnist der *New York Times* schrieb: »Der Ausdruck wurde zuerst von linken Aktivisten benutzt und dann zu einer Angriffswaffe konservativer Passivisten umgeschmiedet.«[10] In Deutschland gibt es bis heute keine Einigung darüber, was unter politischer Korrektheit zu verstehen wäre. Aufgetaucht ist das Wort aber fast durchgängig im Zusammenhang mit der deutschen Vergangenheit: im Nachklapp des Historikerstreits, in den Auseinandersetzungen über die Rede des Bundestagspräsidenten Philip Jenninger 1988 oder im Aufruhr um den Essay »Anschwellender Bocksgesang«

von Botho Strauß 1995; in der über Steven Spielbergs Film »Schindlers Liste« von 1993, in der Goldhagen-Debatte 1996, über Walsers »Paulskirchenrede«von 1998 und so weiter. Dabei standen sich im Wesentlichen zwei Positionen gegenüber: auf der einen Seite diejenigen, die vor Schauprozessen und Gesinnungsterror warnten, wie beispielsweise Dieter E. Zimmer in der *Zeit:* »Das Fatale an der PC, so scheint mir, ist nicht, dass da diskutiert wird, und zwar hart; sondern dass manche Diskussionen von vornehe-rein gar nicht mehr stattfinden können oder höchstens in Form von Schauprozessen. Denn der bloße Verdacht, jemand sei ein Faschist, oder doch im Grunde irgendwie beinahe, schließt ihn umgehend und automatisch aus der Gemeinschaft aller anständigen und vernünftigen Menschen aus. Mit so einem braucht man sich nicht weiter zu befassen.«[11] Dem gegenüber steht die Position des Pop-Theoretikers Diedrich Diederichsen, der behauptete, PC sei eine Erfindung der Konservativen, mit der diese die Errungenschaften der Linken (»affirmative action« in den USA, Antifaschismus in der Bundesrepublik) zurückdrängen wollten – also wieder Entlarvung eines teuflischen Plans. Diederichsens Gesellschaftsbild steht in der Tradition der Frankfurter Schule, speziell deren Kulturkritik, zu deren Grundbestand die Polemik gegen den »Jargon der Eigentlichkeit« gehörte. Wer sich das kurz in Erinnerung ruft, sieht auf den ersten Blick die Affinitäten zu Harald Schmidts Kabarett. »In Deutschland«, so schrieb Theodor W. Adorno, »wird ein Jargon der Eigentlichkeit gesprochen, mehr noch geschrieben … Er erstreckt sich von der Philosophie und Theologie nicht bloß Evangelischer Akademien über die Pädagogik, über Volkshochschulen und Jugendbünde bis zur gehobenen Redeweise von Deputierten aus Wirtschaft und Verwaltung. Während er überfließt von der Prätention tiefen menschlichen Angerührtseins, ist er unterdessen so standardisiert wie die Welt, die er offiziell verneint …, auch weil er seine Botschaft durch seine Beschaffenheit automatisch setzt und sie dadurch absperrt von der Erfahrung, die ihn beseelen soll.«[12] Das »Wörterbuch des Gutmenschen« (1994), in dem Elemente des Sprachgebrauchs der Umwelt-, Frauen- oder Friedensbewegung der achtziger Jahre aufgegriffen wurden, stellte sich in die Tradition der Kritisierten, warf ihnen aber vor, mit ihrer »Bräsigkeit« alles zu verderben.[13]

Dass die Verdachtsrhetorik so viele der Auseinandersetzungen im deutschen Feuilleton prägte und prägt, hängt mit dem lang eingeschliffenen Misstrauen der Deutschen gegen sich selbst zusammen. Es gehörte zum politischen Grundverständnis der Achtundsechziger, der Faschismus könne nach dem Krieg sich der Camouflage des Kapitalismus bedient haben und einem nun in der Gestalt der USA, der Bundesrepublik oder auch des Staates Israel wieder entgegentreten.

Harald Schmidt wurde für die Feuilletons und deren Lesermilieus nicht zuletzt deshalb interessant, weil es ihm gelang, geschickt zwischen den Fronten zu oszillieren. Ganz eindeutig ist das »Toskana-Deutsch«, das »Weizsäckerdeutsch«, das »Kirchentagsdeutsch«, das »Feministinnendeutsch« und natürlich das »Antifadeutsch« ihm ein Graus. Gleichzeitig funktionierten aber die alten Reflexe noch, wenn von Auslandseinsätzen der Bundeswehr, den »amerikanischen Freunden« oder »Dr. Helmut Kohl« die Rede war. Wenn Schmidt in der Show sagte: »Böse Mädchen kommen überall hin. Das ist gerade beim Putzen sehr wichtig«, dann parodierte er damit die Lieblingsfanfare der Girlie-Kultur (»Good girls go to heaven. Bad girls go everywhere«), die sich als Aufdruck auf T-Shirts gestandener Grundschullehrerinnen der Satire förmlich aufdrängten. Im Rahmen einer ölig-besinnlichen Betrachtung zu Weihnachtsfeiern präsentiert er sich aber andererseits wieder selbst als dirty old man, dessen Furor gegen die politische Korrektheit höchst durchschaubare Motive hat.

»Unsere knallharte Leistungsgesellschaft wird dieser Tage – wie alle Jahre wieder – besinnlich. Auf allen Fluren und in allen

Büros duftet und bröselt es festlich, Vorbereitungen für die beliebten Weihnachtsfeiern werden getroffen, häufig eine elegante Umschreibung für sexuelle Belästigung und Mobbing mit adventlichem Antlitz. Auch wenn die Weihnachtsfeier nach offiziellem Dienstschluss beim Italiener, Griechen oder Türken stattfindet, stimmt man sich tagsüber bereits am Arbeitsplatz gerne mit einem Gläschen Sekt ein. Hierbei kann es bereits zu beiläufigen Körperkontakten kommen, ein neckisches ›Nein, nicht erschrecken, ist bloß der Nikolaus‹, wirkt gleich viel aufmunternder, wenn die Kollegin dabei von hinten ebenso fest wie überraschend umklammert wird. Hierbei gilt der Weihnachtsfeiermerksatz 1: Kolleginnen, die sich wehren, wollen es erst richtig.«[14]

Dieser Text war für die Leser der *Focus*-Kolumne gedacht, die Schmidt seit 1994 schreibt. Nachdem man erst mal den Achtundsechzigern eins auf den Rüssel gegeben hat, mit ihrer ewigen Larmoyanz über die »Leistungsgesellschaft«, von der in Wirklichkeit jeder weiß, dass wir sie nicht haben, dreht sich der Wind, und er spricht im pseudowissenschaftlichen Jargon aus dem Bauch der mittleren Führungsetage, die sich politisch bei *Focus* eher aufgehoben fühlt als im *Spiegel*. Solche Einlassungen waren es, die zu dem erstaunlichen Umstand führten, dass bei der Verleihung des »Medienpreises für Sprachkultur« durch die Gesellschaft für deutsche Sprache an Harald Schmidt 1998 ausgerechnet Alice Schwarzer die Laudatio hielt – natürlich nicht, ohne sich selbst für diese außerordentliche Courage auch ein wenig gleich mitzuloben: »Auch die *Emma*-Herausgeberin hat schon ordentlich Zoff gekriegt: Viele wollen wissen, wie ich denn dazu komme, ausgerechnet diesen ›Frauenfeind‹ zu loben. Selbst die Schmidt-Fans in der *Emma*-Redaktion gaben bang zu bedenken: ›Aber Alice, so öffentlich, muss das denn sein? Und denk doch an die Abokündigungen …‹ Was ich hier mache, ist also sehr bewusst politisch nicht korrekt. Aber es handelt sich ja auch um einen Preisträger, dessen besondere Stärke es ist, nicht politisch korrekt zu sein.«[15] Besonders gefallen hat Schwarzer eine Antwort, die Schmidt in einem Interview auf die Frage gab, was denn der Stand der Dinge zwischen den Geschlechtern sei. »Was Männer und Frauen angeht«, so Schmidt, »beobachte ich ein Abebben der Emanzipationswelle. Das Girlietum bedeutet ja: ›Lasst mich mit den Emanzen zufrieden. Ich will kein ideologisches Gequatsche, ich nehme mir, was ich brauche.‹ Das arbeitet der Männerwelt zu, weil Girlietum von vorneherein zeitlich begrenzt und erbarmungslos an den harten, flachen Bauch gebunden ist. Ohne den muss entweder eine Ausbildung oder ein eigenes Einkommen da sein. Insofern muss sich der Macho nur ganz entspannt zurücklegen – die Zeit arbeitet ihm zu. Wobei mich dieses ganze Püppchen-Geflöte in den Wahnsinn treibt.« Was Schmidt da sage, so Schwarzer, das sei »Feminismus pur«.[16] So konnten ihn alle für sich reklamieren: die Lordsiegelbewahrerin des Feminismus, die Herrenabende und die Girlies, die abends bei Schmidt in der Show saßen.

In der Brainpool-Ära der Harald Schmidt-Show war Sex eines der zentralen Spielfelder – und zwar in ähnlicher Weise wie bei »Late Night with Conan O'Brien«, der die Schmidt-Show eigentlich mindestens so ähnlich ist wie der Lettermans. Die beiden Handpuppen Bimmel und Bommel sind O'Briens Spielfigur Triumph the Insult Comic Dog nachempfunden, der an große Lobreden auf die filmischen Höchstleistungen der Gäste immer zu großem Gelächter den Nachsatz »for me to poop on« anhängt und fremde Hündinnen ebenso besteigt wie die Knie von Gästen. Ähnlich wie Conan O'Brien präsentiert auch Schmidt seinen eigenen Körper in diesem Zusammenhang als ungehorsame Lachnummer, die einiges zu wünschen übrig lässt. Während O'Brien einmal ein überlebensgroßes Pappmaché von sich selbst in nackt vor seinem Gast Arnold Schwarzenegger aufstellte und dieser in schreiendes Gelächter ausbrach (»Oh those girly tits! Look at those girly tits!«) trat Schmidt mit ähnlichem Effekt in einem brustfreien, hautengen erschütternden siebziger Jahre-Anzug auf. Oder er präsentierte sich, in einer Reminiszenz an Conan O'Briens »Masturbierenden Bären«, in »The Return of the Fozzi-Bär« mit Bärenfell, gemeinsam mit seinem Autor Peter Hütten: »Fozzi-Bär, wo warst du denn? Warum kommst du denn jetzt erst?« Schmidt, mit Schmollmund: »Aber ich bin doch schon dreimal gekommen!« Rütten: »Aber, aber Fozzi-Bär, du weißt doch, dass du nicht lügen sollst. Ich war den ganzen Nachmittag hier und kein einziger Bär ist vorbeigekommen«. Schmidt, den Tränen nah: »Na gut. Die Wahrheit ist, Peter, ich war in der Stadt und habe einen Schwanz für mich gesucht. Aber ich hab keinen gefunden«. Ein vergnügliches Theater für Adoleszenten jeder Altersstufe, das man auch in den Zeichnungen Friedrich Karl Wächters und F. C. Bernsteins fand: »Der Kragenbär der holt sich munter/einen nach dem andern runter«. Der unbotmäßige Körper, in dessen Namen hier offenbar vorzugsweise Bären und andere schwer behaarte Bestien agieren, setzt sich schamlos über die bewehrte Anständigkeit seines Gebieters hinweg, der nicht einmal mehr Herr in der eigenen Hose ist. Nur das befreite Gelächter der Gäste verrät einem, dass bei dieser charmanten Heuchelei alle auf ihre Kosten kommen, auch die AdoleszentInnen.

Mit der deutschen Vergangenheit verfuhr Schmidt ganz ähnlich: Verwische deine Spuren, lass andere für dich bauchreden. Unschlagbar war Schmidt, wo beides aufeinander traf: die sexuelle Eigenwilligkeit des Körpers und der Nationalsozialismus – da erreichte er in besten Momenten Lubitsch und Mel Brooks in einem. So beispielsweise im Guido Knopp nachempfundenen Dokumentarfilm »Das fehlende Ei«, in dem der Nationalsozialismus auf die Tatsache zurückgeführt wird, dass der Führer nur einen Hoden und außerdem unkontrollierten Harndrang gehabt habe. Schmidt: »Das hieße ja diese Stimmführung (imitiert Hitlers gepresstes Schreien) – das war keine Demagogie, das waren Schmerzen!« Hitler brüllt ins Mikrophon: »Wärrrr nur ein Ei hat, kann nicht

FICKEN«, die Partei entgegnet ihm mit ausgestreckter Hand: »Wir finden das Ei«. Hitler musste immer Windeln tragen und hatte sich dadurch auf dem internationalen Parkett unmöglich gemacht. Und weil er immer pinkeln musste, gab es schließlich Krieg. Es war eine perfekte Paraphrase der allabendlichen Banalisierung des Bösen in immer neuen Varianten von »Hitlers Geliebte«, »Hitlers Frauen«, »Hitlers Helfer« und so weiter, deren kokette Angstlust von Schmidt auf den Punkt gebracht wurde. Auf welcher Seite mit dem Zweiten Weltkrieg Schindluder betrieben wird, ist Schmidt herzlich egal. Ganz ähnlich wie Wolfgang Neuss, der unmittelbar nach dem Krieg von den Alliierten zensiert wurde, weil er sich über sie lustig gemacht hatte, schreckt auch Schmidt nicht davor zurück, die Erinnerungsindustrie der Nachbarn zu parodieren.

> Am D-day ist kein Zimmer frei. Dies ist nicht der Titel einer leicht frivolen Militärklamotte auf SAT.1, sondern eine peinliche Mitteilung von normannischen Hotelbesitzern an kanadische Veteranen, die für den 6. Juni schon gebucht und bezahlt hatten, jetzt aber in den Luxushotels plötzlich unerwünscht sein sollen. Pourquoi ça?« Am sechsten Juni 1994 jährt sich zum fünfzigsten Mal die Landung der Alliierten in der Normandie, und wer von den Teilnehmern damals heute noch lebt, der möchte es noch mal so richtig krachen lassen. 80-jährige Omaha-Beach-Boys wollen sich … aus den Wolken stürzen, Entertainer Bob Hope liefert den vermutlich besten Auftritt seit dem Golfkrieg. Und nun der plötzliche Zimmermangel … Vielleicht fürchten die Hoteliers in Deauville um ihr Image, obwohl tough guys, die mit 70 verweht noch vom Himmel fallen, gar nicht unbedingt im Gegensatz zum morbiden Charme des Ortes stehen. Oder fürchtet man um die Benimmregeln? Wie werden Mom und Dad zum Frühstück erscheinen? Zackig in

> Uniform (er) und mit bläulicher Betondauerwelle (sie), oder – how are you today – mit Jogginganzügen und Baseballmütze? Mon Dieu! Verbrüderungsszenen mit dem ehemaligen Feind sind nicht zu befürchten, denn die Krauts sind nicht eingeladen, obwohl, très élégant, man ja nicht den Sieg über Deutschland feiert, sondern den gegen Hitler, der ja – schon oft gehört als Kind bei Opas Frühschoppen – die deutschen Panzer in der Normandie stoppen ließ. Ein Fall für Professor Nolte?
> Obwohl es dem spät geborenen Verfasser dieser Zeilen irgendwie ungerecht erscheint, dass wir Deutschen erst nächstes Jahr zum fünfzigsten Jahrestag des Kriegsendes kommen dürfen. Von Henryk M. Broder bis Reginald Rudorf sind sich die Talkshowgäste einig: Ohne Deutschland kein WK zwo, und ohne den 2. WK kein D-Day. Ist doch historisch einwandfrei, oder?[17]

Hier präsentierte jemand, der aus der eigenen Familie wusste, wovon er sprach, ein entspanntes Deutschsein fünfzig Jahre danach. Die Gnade der späten Geburt, Helmut Kohls so oft gegeißelte Selbstbeschreibung, kommt hier zu ihrem Recht. Man hatte keine Gelegenheit gehabt, selbst Schuld auf sich zu laden (kennt allerdings jemanden, der ...), und sieht sich deshalb in der Lage, die Erinnerungsindustrie ein wenig zu zausen. Der Verdacht, hier könne es sich um die Ressentiments eines Deutschtümlers halten, entsteht gar nicht erst, weil Schmidt sich mit eleganter Selbstverständlichkeit auf der Seite des Westens postiert hat. So war es auch damals bei Wolfgang Neuss gewesen: obwohl er selbst Frontsoldat und Truppenbetreuer unter Hitler gewesen war, konnte er mit schlafwandlerischer Sicherheit darauf bauen, dass alle wussten, mit wem sie es bei ihm zu tun hatten.

Wenn es also stimmt, dass der Comedy Boom, der um die Wende herum einsetzte, uns Probebühnen für neue Formen des Deutsch-

Die eine singt, die andere nicht: Samantha Fox zu Gast bei Harald Schmidt (1997)

seins geliefert hat, dann liegt hier ein Schlüssel zum Erfolg Harald Schmidts. Er hatte sich, das belegte er immer wieder, mit der Vergangenheit auseinander gesetzt, auch mit den Kontroversen darüber (»ein Fall für Professor Nolte?«), und er würde das wohl auch weiterhin tun, gezwungenermaßen. Aber jede Form der Instrumentalisierung des Holocaust war ihm zuwider, ebenso wie ein bestimmter Sprachgestus, in dem sich der »Schuldstolz« der Deutschen ausdrückte – die wohlige Präsentation der »Schande« und des größten Menschheitsverbrechens, in dem man sich von niemandem übertrumpfen lassen wollte, die leicht sadistische Unnachgiebigkeit, mit der gelegentlich wohlmeinende Geschichtslehrer ihren zwölfjährigen Schülern die Dokumentarfilme von der Befreiung der Konzentrationslager vorsetzen. Anders als Stefan Raab, dem das Thema einfach nie begegnet ist, oder Dieter Hildebrandt, dem einfach nie ein anderes Thema begegnet ist, war Harald Schmidt die Verkörperung von Bernd Ulrichs Motto

»deutsch, aber glücklich«, in allen Schattierungen der drei Wörter. Die Dreißigjährigen konnten sich bei ihm von den Achtundsechzigern freischwimmen, die ihre Lehrer oder Eltern oder gar beides gewesen waren, und diese konnten hier eine späte Entlastung von der früher angenommenen Allzuständigkeit finden. Nicht zu vergessen die Abende, an denen beide einen Tritt in den Hintern bekamen. Dazu der Allerweltsname, das Allerweltsgesicht – Harald Schmidt war ein Deutschland, wo man gerne hingeht. »Ich finde«, so hat er einmal in einem bohrenden Gespräch mit der *Süddeutschen* gesagt, »die Deutschen sind ganz in Ordnung. Schuldgefühle und Minderwertigkeitskomplexe. Aber im Großen und Ganzen auf einem Level mit den Österreichern«.[18] Dann hatte er auch noch erklärt, nach der Ironie, mit der es nun zu Ende gegangen sei, käme das Pathos. Mit was genau wir da zu rechnen haben, konnte Schmidt im Detail noch nicht erklären, nannte aber ein interessantes Beispiel für das Defizit, das er da ausgemacht hat: »Zum Beispiel die Einweihung des neuen Kanzleramts: Was wäre in Paris losgewesen bei der Einweihung des Präsidialamtes? Mirage, Fahnen, Panzeraufmärsche. Bei uns heißt es: Wer ist denn der Sicherheitsbeamte da hinten? Ach so, Peter Struck. Ossi-Bär Thierse sieht mit Sonnenbrille noch verwegener aus als sonst. Das ist doch armselig. Soll eine solche Scheißfeier bedeuten, dass wir normal geworden sind? Ich möchte da Fahnen sehen.«[19]

Und plötzlich liebte ihn das Feuilleton. Damit war Harald Schmidt, seit Wolfgang Neuss, der Erste, in dessen Publikum sich Intellektuelle und Nicht-Akademiker trafen – ein Phänomen, das in der Geschichte des Entertainments ohnehin selten, in der des Zielgruppenfernsehens aber noch viel ungewöhnlicher ist. Schmidt ließ keine Gelegenheit aus, den Umstand zu feiern, dass er endlich dort wahrgenommen wurde, wo er sich schon als Teenager gesehen hatte: auf seitenlangen Artikeln in der *Zeit*, der *FAZ* und der *Süddeutschen*. »Ich werde genannt«, so jubelte Schmidt damals, »wenn es gar nicht mehr um mich geht. Das ist die nächste Stufe. Da steht dann ein Artikel über Computer und Kinder, und da heißt es in einem Halbsatz: vergleichbar etwa mit dem, wofür Harald Schmidt im Fernsehen steht. Es geht nicht mehr um Fernsehen oder Bühne, sondern da steht dann: wie auch Mozart oder Harald Schmidt schon gesagt haben. Mein neuester Taumel, wo ich einen Tag lang bewusstlos war vor Glück, das war ein *Spiegel*-Gespräch mit Lutz Hachmeister, dem scheidenden Chef des Grimme-Instituts. Das Interview begann mit einer Frage über mich. Vor Herzrasen musste ich dann am Parkplatz rechts ranfahren.«[20] Harald aus der Braike in Nürtingen als Referenz der Hochkultur – der Schock saß tief. In diesem Zusammenhang präsentierte Schmidt sich gelegentlich als eine männliche Eliza Doolittle, die als Fair Lady aus dem Haus des Professor Higgins tritt und plötzlich mit der Nase auf die Vulgarität ihres Herkunftsmilieus gestoßen wird. »Je mehr ich im Fernsehen diesen Massengeschmack bedienen muss«, so klagte er dann, »desto stärker befürworte ich, dass zur Strafe in den Feuilletons und auch in den einzelnen Fernsehsendungen absolut elitäre Sachen für vier Leute stattfinden.«[21]

Dieser leicht larmoyanten Selbststilisierung als Knecht des Systems ist das Feuilleton fast durchgängig gefolgt, als Schmidt Jahre später den Sklaven Lucky in Matthias Hartmanns Inszenierung von »Warten auf Godot« gab – aber dazu später mehr.

Die offen liegende Frage, warum Schmidt überhaupt in einer Umgebung arbeiten will, die er so ostentativ verachtet, wird nicht gestellt; lieber nuschelt man etwas von fröhlichem Zynismus. Aber man muss sich nur einen Augenblick Schmidts Alternativen vor Augen halten, um zu wissen, dass das eine unbefriedigende Erklärung ist. Eine Alternative wäre die Ochsentour durch die Theater gewesen, eine andere das Leben on the road als Kabarettist. Bei beidem fehlt die trashige Kulisse, die auch das vermeintlich »Halbgeniale« noch zum absoluten Ausnahmefall adelt. Neben Gert Voss wäre Schmidt nur ein weiterer Schauspielkollege, womöglich eher in der mittleren Gewichtsklasse, neben Stefan Raab ist er His Schmidtness, graue Eminenz, die letzte Hoffnung des avancierteren Fernsehfreunds. »Es gibt auch ein Prinzip, das heißt Einschüchterung durch Halbbildung«, hat Schmidt in diesem Zusammenhang einmal erklärt. »Das heißt, man haut ein Zitat, was tierisch gut ist, einfach den Leuten an den Kopf. Sie erschrecken, weil sie das Zitat nicht kennen oder nicht wissen, wer Kierkegaard ist. Ich weiß auch nur den Namen, mehr nicht. Aber das reicht ja schon. Die anderen sind dadurch gelähmt. Da gewinne ich wieder fünf Minuten am Abend. Das ist das Tolle, dass die Leute sich einschüchtern lassen. Wenn es mal richtig anspruchsvoll wird, schnallen ja 95 Prozent ab. Inklusive mir. Ich kenne halt die wichtigsten Bilder von Beethoven und habe die Symphonien von Schubert gelesen.«[22] Mag sein, dass man nach Pierre Bourdieus Studien zu den Distinktionskämpfen zwischen kulturellem und materiellem Kapital ohnehin jede Naivität verloren hat, was die Geschmacksbildung angeht. Dort tauchen ästhetische Vorlieben nur noch als Mittel auf, sich von anderen abzugrenzen: man mag Bach, weil man sich damit von den Leuten unterscheiden kann, für die es mit den »Vier Jahreszeiten« eigentlich aufhört. Bei Bourdieu ist das interesselose Wohlgefallen praktisch ausgelöscht. Auch bei Schmidt tauchen Geschmaksurteile fast ausschließlich im Zusammenhang mit der Frage auf, welche Rolle sie für seine Selbstdarstellung spielen, ob und wie man sie auf Partys thematisieren sollte, wie beiläufig man sie einfließen lassen muss und so weiter.

Gerade flattert auf meinen Schreibtisch die *Focus*-Kolumne, in der Schmidt Empfehlungen zum Umgang mit dem Bestsellerroman von Jonathan Franzen, »Die Korrekturen«, gibt: »Hier sind die sechs besten Statements, mit denen Sie in diesem Sommer bei jedem unerwarteten Literaturtalk problemlos mithalten können: 1. Das Buch ist sen-sa-tio-nell, aber zu lang! (Querverweis auf die »Buddenbrooks« an dieser Stelle nicht schlecht, auf dem Platitudenweg dann weiter über Mann-Verfilmung und Vroni Ferres zu aktuellem »Jedermann«.) … Besser aber, den ganzen Roman zu lesen. Denn, um es mit den Worten eines befreundeten Verlagschefs zu sagen: ›Hier kommt Weltliteratur!‹ Und nicht vergessen: Auch Houellebecqs »Plattform« und Philip Roths »Der menschliche Makel« werden noch vor Jahresende abgefragt. Hefte raus!«[23] Die Welt erschließen mittels Benimmregeln – das war auch die Zauberformel der Popliteratur, deren zweitprominentester Autor, Benjamin von Stuckrad-Barre, auch eine kleine Nebenrolle in Schmidts Leben spielen sollte.

»Kotz, kotz, kotz«

Kurzes Zwischenspiel im deutschen Kino

Ach, deutscher Film. Man möchte ihn mögen, aber es geht nicht. Was, außer Leander Haußmanns Ostjugendfilm »Sonnenallee«, hatte das deutsche Filmjahr 1999 zu bieten, in dem Harald Schmidt mit Helmut Dietls »Late Show« auf den Plan trat? Es fing an mit »Aimée und Jaguar«, der tragischen Liebesgeschichte zwischen einer Deutschen und einer Jüdin im Berlin der Nachkriegszeit – praktisch »Bilitis« in Feldgrau, der zur Eröffnung der Berlinale vor großem internationalem Hofstaat als Beleg dafür präsentiert wurde, dass wir uns mit doppelter Schande auseinander zu setzen haben: mit der des Nationalsozialismus, gewiss, vor allem aber auch mit der der Homophobie, die hier ungleich schwerer zu wiegen scheint. Götz George, der sich Jahr für Jahr näher an den ganz, ganz großen Massenmörder heranschraubt, war endlich Josef Mengele in »Nichts als die Wahrheit«, einem Film von Roland Suso Richter, der einmal mehr beweisen sollte, dass wir alle zu allem fähig gewesen wären, wenn man uns nur gelassen hätte, und dass die, die man gelassen hat, dann so gesehen auch nicht so recht dafür konnten, aber eben ausdrucksvoller als wir Gehemmten darüber mit den Achseln zucken. Und dass die Justiz in diesen Dingen gar nichts vermag.

Dann gab es »23«, eine Art »Faust« für das Internetzeitalter. Eine neue Doris Dörrie-Verfilmung mit genüsslich ausgebreiteten Selbstzweifeln, eine Problemzonengymnastik für alle Lebenslagen, wobei es allerdings fortwährend kesselt. Fünfzig Wege, einen Liebhaber zu verlassen, in »Lola rennt«. Ungeheuer gefeiert wurde auch Andreas Dresens »Nachtgestalten«, der Berlin als Ansammlung freudloser Gassen zeigt, in denen zwei Bettler (eine unerträgliche Zicke, die man aber als verletzliches Reh ans Herz schließen soll, und ihr armer Tropf von einem Freund) mit Hilfe eines herabgeregneten Hundertmarkscheins aus dem Glück unter Brücken ins Elend der kalten Hoteldusche und des Interruptus strudeln. Und so weiter.

Helmut Dietls »Late Show« ist eine groß angelegte Abrechnung mit dem Fernsehen, speziell dem Privatfernsehen. Der Vorwurf lautet, dass alles der Quote geopfert wird: die Qualität, aber auch Freundschaften, Integrität, Würde und so weiter. Im RTL-Kosmos, der hier als Vorlage gedient hatte, machte Dietl eine neue Form des Totalitarismus aus, selbstredend gefährlicher als der, den wir hier einmal hatten.

Interessanterweise waren einige Leute an dem Film beteiligt, die es damals schon hätten besser wissen können – nicht nur Thomas Gottschalk. Speziell Harald Schmidt hatte ja erlebt, dass seine Freundschaft zum SAT.1-Geschäftsführer Fred Kogel unter den anfänglich schlechten Quoten der »Harald Schmidt Show« keineswegs gelitten hat, dass Kogel im Gegenteil auch bei heftigsten Anwürfen durch Fußballclubs und Anteilseigner wie Springer Schmidts Freiraum verteidigt hat, möglichst sogar so, dass dieser den Druck gar nicht zu spüren bekam. Befragt, ob er sich schon einmal die Stiefel habe lecken lassen, wie es sein Programmdirektor Conny Scheffer im Film tut, musste Schmidt denn auch verneinen: »Ich bin ja kein Programmdirektor.« Die Burschen vom *Jetzt*-Magazin, die sich nicht so leicht abschütteln lassen wollten, setzten nach: »Gut, wann haben Sie das letzte Mal Stiefel geleckt?« Und Schmidt, der gerade zuvor gesagt hatte, die Szene zwischen Programmdirektor und Assistentin Carla (Jasmin Tabatabai) sei absolut realistisch, räumte ein: »Wie soll ich sagen? Ich war nie in der Situation, dass man das von mir gewünscht hat. Was auch mit der Frage zu tun hat: Möchte man sich von dem die Stiefel lecken lassen? Als ich angefangen habe, bin ich unter jeder Fußmatte durchgekrochen und habe den Leuten vom Fernsehen auf dem Parkplatz aufgelauert mit meinen Texten oder Videokassetten in der Hand. Und ich habe zwanzigmal angerufen, ob sie nicht mal ins Kellertheater kommen können, mein Kabarettstück angucken. Das ist vielleicht eine Form von Stiefellecken. Aber ich wüsste nicht, wie man es anders schaffen sollte. Wer das Durchhaltevermögen hat und wirklich was kann, der schafft es irgendwann auch.«[1]

Auf der Terrasse seines Exils in Malibu hatte Thomas Gottschalk Helmut Dietl von seinen Erfahrungen mit »Late Night« bei RTL berichtet und damit eine wesentliche Anregung für den Film geliefert. Nachdem seine Show nicht so recht geglückt war, ist er selbst von RTL weggegangen (»ein Parasit, der sich einen neuen Wirt sucht«, hatte ein wütender Helmut Thoma damals kommentiert) und war keineswegs gefeuert worden, obwohl er nun wirklich keine großartigen Quoten vorzuweisen hatte. Gottschalk selbst, nicht sein Sender, zeigte sich der Kritik gegenüber empfindlich (»ich bin doch nicht plötzlich mutiert vom begnadeten Moderator zum Vollarsch«), dabei war ganz offensichtlich, dass er weder auf dem Parkett des anregenden Flirts noch gar des Polit-Smalltalks, beispielsweise mit Franz Schönhuber, der Situation gewachsen war. Er scharwenzelte mit den weiblichen Studiogästen bis zur Peinlichkeitsgrenze, machte sich aber gleichzeitig über sexy Kleidung (»mit so einem Ausschnitt könnte ich doch gar nicht kommen! Ich hab immer so Westen an!«) und ihren Gang lustig – was genau sollte die Botschaft sein?

Auch Dietl selbst hat stets vom Fernsehen Unterstützung für seine Projekte erfahren, auch wenn sie keineswegs immer Erfolg versprechend waren (»Late Night« selbst war beispielsweise als Fernsehfilm gedacht).

Die gemeinsame Zeit, die Zusammenarbeit bei »Late Night« beschrieben alle Beteiligten als erfreulich. Wie immer wurde speziell Harald Schmidts Professionalität, seine Unkompliziertheit

Im Stahlbad des Fun: Schmidt in Helmut Dietls »Late Show« (1998)

und Zuverlässigkeit beim Dreh hervorgehoben. Wenn er am Set auftauchte, kannte er nicht nur den eigenen Text, sondern auch den der anderen. Zu recht befürchtete Gottschalk, von Schmidt an die Wand gespielt zu werden. Dieser hingegen erzählte mehrmals, er hätte durchaus damit gerechnet, dass Dietl ihn nach ein paar Tagen nach Hause schickt. Das Gegenteil stellte sich heraus: Der hypernervöse Programmdirektor mit dem teigigen Gesicht, der sich nachts als einsamen Panther fantasiert, war der große Coup des Films.

Der Plot von »Late Night« ist einfach und soll auch hinter dem Sittengemälde zurücktreten, dass Dietl aus der Fernsehwelt zu destillieren versucht. Schauplatz ist Köln, in der tiefen Nacht sinkender Quoten. Ein Büroturm ragt aus dem Mediapark auf, zu den Klängen von »There's no business like show business«: einer Hymne, wie man sich erinnert, auf die atemberaubenden Aufstiegsmöglichkeiten der Branche. Wenn man mit dem Fahrstuhl, wie zum Schafott, in die zwölfte Etage fährt, kann man einen käsebleichen Programmdirektor Conny Scheffer (Harald Schmidt) sehen, der mit dem Gedanken spielt, sich wegen der miserablen Einschaltquoten seines Senders TeleC, aus dem Fenster zu stürzen. Als er später einsam in seinem rabenschwarzen Porsche durch die Nacht fährt, liest ihm die Stimme des Radiomoderators Hannes Engel (Thomas Gottschalk) Rilkes Gedicht vom Panther vor, der tausend Gitterstäbe sieht und hinter tausend Stäben keine Welt. Daraufhin beschließt er, sich von seiner Frau scheiden zu lassen, der Büroaffäre mit der Assistentin Carla ein Ende zu machen, was er ihr auf der Mailbox mitteilt, um gleich anschließend das Handy selbst und die Zigaretten aus dem Fenster zu werfen.

Scheffer weiß: er muss diesen Engel haben. Er wird ihn aus dem Quotentief retten, weil er so jung, natürlich und unverdorben ist. Das Format weiß er auch schon: eine Late Show soll es sein, so wie die von Jay Leno oder David Letterman in Amerika. Natürlich müssen erst noch einige Bedenken und Tränensäcke wegoperiert werden. Engels Ex-Freundin Maria (Veronika Ferres, Dietls damalige Frau) hat gerade ihre Filmkarriere hingeschmissen, weil von ihr verlangt worden war, sich die Kleider vom Leib reißen und nackt auf die Bahngleise werfen zu lassen.(»Immer heißt es blond, blöd und geil! Dabei bin ich gar nicht blond!«) und Engel ruft Scheffer deshalb »Sie obszöner Fernsehfuzzi!« entgegen. Maria zieht wieder zu Engel in sein Landhaus, wirft den Fernseher und das Telefon weg und bespringt die Pferde. Doch auch das Idyll mit den Pferden ist schon verfilmt – »Der Bergdoktor« lässt grüßen – und damit futsch: der fatale Midas-Effekt des Fernsehens. Spätestens in diesem Moment ist Hannes Engel dann doch willens, es einmal mit »Late Show« zu versuchen. Die Schönheitsklinik, in die er sich auf Anweisung Scheffers begibt, verlässt Engel innerlich und äußerlich geglättet. Dann kann es ja losgehen mit dem Qualitätsfernsehen: »Die Philosophen gehen, jetzt kommen Uschi und Muschi, die Pornozwillinge aus Wanne-Eickel.«

Was man da zu sehen bekommt vom Showbusiness ist aber weder für Quoten noch für die Dritten Programme tauglich. Gottschalk/Engel steht ratlos vor einem blöd glotzenden Studiopublikum, das begeistert losklatscht, wann immer der Anheizer den Befehl erteilt. Wo Gespräche geführt werden, sind sie von endloser Ödnis – und das, obwohl auch hier wieder behauptet wird, man habe sich an Johnny Carson und Jay Leno orientiert. Was man sieht, ist nicht die niederschmetternde Qualität des deutschen »Wegwerffernsehens« (Dietl), sondern eher die Unlust des Regisseurs, die Branche, die er denunzieren möchte, vorher einmal genauer zu studieren. Das hat er auch bereitwillig eingestanden: »Ich habe mich gar nicht lange mit diesem Sujet befassen müssen. Wenn man drei, vier dieser Shows gesehen hat, weiß man, wie sie funktionieren. Ich selbst schaue mir sehr gerne Arte an und die Dritten Programme. Wenn ich früh genug nach Hause komme, sehe ich mir Harald Schmidt an, von dem ich meine, dass er in einer sehr guten Tradition des deutschen Kabaretts steht, wie es Dieter Hildebrandt früher gemacht hat.«[2]

Daran stimmt so gut wie nichts. Erstens gab es in Deutschland 1999 nur eine Late Show nachdem Gottschalks bei RTL gefloppt war, und zwar die von Harald Schmidt, die Dietl ja offenbar schätzt – was er nicht erklärungsbedürftig findet. Dass die Late Shows nicht eine wie die andere sind, hätte dann ein Vergleich mit Amerika ergeben können, mit dem Dietl sich aber nicht belasten wollte. Die Idee, dass Harald Schmidts Show in der Tradition von Dieter Hildebrandts Kabarett steht, war mit Schmidt gewiss nicht abgesprochen und wird diesen bei der Lektüre sehr belustigt haben. Wer Harald Schmidts Werdegang oder seine Show auch nur oberflächlich beobachtet hat, dem musste klar sein, dass die »Scheibenwischer«-Tradition der ultimative Kontrapunkt zu dem war, was Schmidt wollte – sogar schon am Kom(m)ödchen, wo Hildebrandt selbst noch heute gelegentlich auftritt.

Die eigene Unlust zur Recherche pflegte Dietl seinerzeit der

Stadt Köln anzulasten, wo »Late Night« gedreht wurde: »Die Dreharbeiten in Köln waren nicht einfach – auch weil die Stadt von diesem Konsumfernsehen, um das es hier geht, geprägt ist. Die Genauigkeit im Umgang mit Dingen ist dort nur wenigen geläufig. Doch das ist kein Wunder. In München ist der Film gewachsen. In Köln wurde mit unglaublicher Vehemenz und Brachialgewalt eine Fernsehindustrie geschaffen. Köln ist heute die Hauptstadt des Fernsehens.«[3] Dass die Stadt jenseits des Medienbetriebs im Film praktisch nicht vorkommt, ist der Genauigkeit von »Late Night« nicht förderlich gewesen. Dass Dietl in Malibu war, hing damit zusammen, dass er nach dem Erfolg von »Schtonk« – der ihm eine Oskar-Nominierung in der Kategorie bester fremdsprachiger Film eingetragen hatte – kurzzeitig eigene Hoffnungen hegte, in Hollywood etwas zu werden, so wie andere Münchener vor ihm. Aber daraus wurde dann irgendwie nichts. Womöglich hat der Hass auf die Branche, den man in »Late Night« sieht, auch mit diesen Erfahrungen zu tun. Man nimmt übel. No business like show business.

Während also die Late Show Form annimmt, wird Engel von einem Fan verfolgt, einem dicklichen Gothic-Mädchen, das ihm nachts auflauert. Als es ihr einmal gelingt, den todmüden Showstar zu sich nach Hause zu entführen, dreht sie ein Amateurvideo, das ihn einer Sado-Maso-Affäre mit ihr überführen soll. Engel wird aber das Band, von dem sie beim Sender befürchten, es werde seine Karriere ruinieren, mit großem Erfolg dem Publikum vorführen, weil es sich halt alles vorsetzen lässt, wenn es nur nett eingepackt wird.

Scheffer steigt derweilen im Sender auf, was ihm die Gelegenheit gibt, seine Ex-Geliebte Carla zu demütigen. Das Finale ist ein großes Wiedersehen der Protagonisten vor laufender Kamera in Engels »Late Show«, bei dem sie sich gegenseitig bestätigen, wie wichtig das wahre Gefühl ist, das in Wahrheit keiner von ihnen mehr kennt – so jedenfalls sieht es Dietl.

Die Dialoge mussten erst den Latrinentest bestehen, bevor sie ins Drehbuch vorgelassen wurden: »Jetzt kackt er wieder den Rilke ab«, heißt es da, oder »fick sie, sonst sind wir am Arsch«, »dreh ihn ihr noch ein einziges Mal rein«, »kotz, kotz, kotz«, »wir werden zugeschissen unser ganzes beschissenes Leben« und so weiter. So stellt sich Klein-Fritzchen halt den zynischen Fernsehmacher vor. Tatsächlich ist Harald Schmidt in dem traurigen Rahmen, der ihm da geboten wurde, ein brillanter Darsteller des Ekels, der auch die Beschränktheit, Naivität und Selbstmitleidigkeit des gnadenlosen Programmdirektors mitspielt, der dem DJ Engel von der Tanzfläche, auf der er sich abarbeitet, in kindlicher Begeisterung zuwinkt. Über dem Geschehen thront im fernen Österreich ein geheimnisvoller Produzent, Dr. August Beer (Otto Schenk) auf einer Heidegger-Hütte, und lenkt die Geschicke mit Hubschraubern und Schecks, ein müder Gott, der ungeduldig auf den Untergang des Senders wartet …

»Late Show« war der dritte Film in Dietls Medientrilogie. Sie hatte mit »Schtonk« (1992), der Affäre um die gefälschten Hitler-Tagebücher angefangen, und sollte Größenwahn und Elend des Boulevard-Journalismus exponieren. Dann kam »Rossini oder Die mörderische Frage, wer mit wem schlief«(1996), die große Entlarvung der Münchener Filmwelt, und nun eben »Late Show«. Auch die Gesellschaftssatiren »Kir Royal« (1984/86) und »Monaco Franze« (1982) entlarvten die Verlogenheit in gehobenen Milieus, beide Male in Form von sehr erfolgreichen Fernsehserien, die ein wenig Vertrauen erweckendes Bild der Bundesrepublik jener Jahre zeichneten.

Dabei sind die Absichten durchweg hochgesteckt. Dem Showbusiness in den Arm zu fallen, sah Dietl als Aufgabe von größter gesellschaftspolitischer Tragweite. Auf die Frage, was es bedeuten würde, wenn das Showbusiness sich alles einverleibe, gab er zur Antwort: »Wenn man zurückschaut und fragt: ›So wie unser Gröfaz damals, hätte der in all seiner Lächerlichkeit heute noch eine

Chance?‹, müsste man sagen, wahrscheinlich käme er heute anders daher. Es mag sein, dass sich gewisse Probleme politischer und ideologischer Art so nicht mehr stellen. Aber durch die Abwesenheit von Ideologie entsteht etwas anderes. Unter Umständen ist dieses – auch wenn das schon sprachlich nicht mehr geht – noch totalitärer als das, was wir bisher erlebt haben, weil es die Leute umbildet, umformt. In ein paar hundert Jahren wird der Mensch auch anders aussehen. Das Gesicht wird rechteckiger werden. Das ist eine fortschreitende Verblödung und Zombisierung, das ist dann irgendwann Brave New World.«[4]

Da ist er wieder: der Faschismus, wo man gerne hingeht. Wenn er auf bunten SAT.1-Bällen daherkommt, wird's schon nicht so schlimm gewesen sein. Dietl, der sich gern öffentlich fragt, ob »Teddy« heute wohl im Publikum des »Musikantenstadl« säße, reproduziert hier die Klischees aus Adornos »Dialektik der Aufklärung«: das verblödende Kino, den primitiven Jazz, das Eintauchen ins »Stahlbad des Fun«. Das Problem mit den Anhängern der Kritischen Theorie ist meist, dass sie nicht erklären können, warum sie selbst der falschen Totalität entgangen sind und einen Blick auf das Ganze zu werfen in der Lage waren. Woher kommt ihr avancierter Standpunkt, wenn nicht aus den Medien selbst?

Dieser Punkt ist von der Kritik auch aufgegriffen worden – allerdings nicht, um das Fernsehen zu verteidigen, sondern um einmal mehr das Klagelied von der Unverwundbarkeit der Medien anzustimmen, die sich auch ihre schärfsten Kritiker noch einverleiben und dadurch unschädlich machen. Unter der Überschrift »Willkommen im TV-Bordell« schrieb Christian Jürgens in der *Zeit:* »Dietl selbst wird mit seinem medienkritischen Anliegen von der eigenen PR-Lawine überrollt. Wo sein Film noch eine Ebene der Beschreibung und der Kritik entwickelt, hat die Fernsehmaschine die Kulturkritik längst zu einem integralen Spaßfaktor gemacht. Wer im Medienhaus sitzt, darf ruhig mit Steinen werfen. Das Nein ist arbeitslos geworden.«[5] Warum gereicht es dem Fernsehen nicht zur Ehre, dass es sich regelmäßig beschimpfen lässt, und dass die Kritik durchaus Auswirkungen hat – wie zum Beispiel die Harald Schmidt Show, die ja eine Reaktion war auf den Vorwurf der Verblödung der Talkshows. Müsste man das nicht als Erfolgsgeschichte des eigenen Metiers feiern?

Qualität, so musste auch Schmidt in einem der Interviews zu »Late Show« einräumen, setzt sich durch im Fernsehen. »Verkannte Genies gibt es nicht. Wir müssen hier jeden Abend eine Stunde Programm auf die Beine stellen, und da zählt nur die Qualifikation der Leute.«[6] Dass das Fernsehen ihnen allen – Gottschalk, Schmidt, von der Lippe – ein hoch dotiertes Forum der Selbstverwirklichung zur Verfügung gestellt hat, wird nur gelegentlich einmal konzediert: »Natürlich ist es ein Spaß«, so Schmidt, »da jeden Abend eine Privatveranstaltung abzuziehen, die von SAT.1 bezahlt und übertragen wird. Ich habe mein ganzes Leben lang gequasselt. Erst zu Hause, dann im katholischen Gemeindehaus, dann auf der Bühne und jetzt vor der Kamera. Ich habe das Glück, dass meine Veranlagung im Fernsehen sehr gefragt ist ... Im Grunde ist das eine ungeheuer privilegierte Situation. Und bei meinem Karrierestand geht es jetzt darum ein Imperium zu verwalten. Mal niedrig gehängt: Man ist jetzt sozusagen der Mercedes Benz des deutschen Humors.«[7]

Bonjour Tristesse. Irgendetwas stimmt nicht mit dem deutschen Film. Wahrscheinlich tut man den fünfziger Jahren Unrecht, wenn man in den erschütternd öden Schwulenwitzchen von »Der bewegte Mann« oder dem Billig-Existenzialismus von »Nachtgestalten« immer nur die Wiederkehr von »Charlies Tante« und kitschigen Inszenierungen des Kriegsheimkehrerdramas »Draußen vor der Tür« sieht. Aber wie sonst kommt es, dass die Stimmung auch in den Komödien immer so gereizt-depressiv, brüllend-verklemmt und letztlich ermüdend ist? Warum sind die Liebesgeschichten, die wir da sehen, immer von so mühseligen, unschönen Abgrenzungsorgien begleitet? Wer nicht weiß, was ich meine, höre sich einmal das Liebesgeflüster von Lola und ihrem Freund an, bevor sie wieder losrennt. Oder die Affäre zwischen Jasmin Tabatabai als Carla – »Schnulli« – und Harald Schmidt als »Conny Scheffer« in »Late Show«, in der es ständig um unfreiwilliges Stiefel lecken, unerwünschtes Zehen lutschen und Aufforderungen zum Selbstmord geht (»Das wäre wenigstens eine Entscheidung. Wenn du jammern willst, geh zu deiner Frau.«) Oder Dieter Pfaff, ebenfalls in »Late Show«, als tragische Tunte, der sich mit Scheffer berät, welchen Finger er sich abends in seiner Show in den Arsch schieben soll? Ja, sollte denn schon wieder Adolf Hitler an allem Schuld sein?

Darauf wird es wohl letztlich hinauslaufen. Der deutsche Mann hat nie wieder so ganz auftauchen können aus der Flut, in der er untergegangen ist – nur als kleiner Oskar aus der »Blechtrommel«, dessen Impotenz wohl für alle das Beste ist. Der Klaus Uhltzscht aus Thomas Brussigs erstem Wenderoman »Helden wie wir« (inzwischen auch verfilmt von Sebastian Peterson) ist ein später Wiedergänger des kleinen Oskar. Umstandslos wird die politische Repression mit der sexuellen in eines gesetzt; erst der Dauerständer, der den kleinen Klaus als Unfall nach einer Operation ereilt, macht ihn zum Revolutionär, immer in Anführungsstrichen, versteht sich.

Die Lesart, nach der alles Unglück dieses Jahrhunderts letztlich als Kollateralschaden männlicher Sexualität gesehen werden kann, kam zuerst während der sexuellen Revolution auf. Diese Revolution, deren Gewinne und Verluste wir noch immer verbuchen, war unter anderem wohl auch ein Versuch, die Auseinandersetzung mit der inkriminierten Elterngeneration zu sexualisieren und dadurch für Entlastung von unangenehmen Schuldgefühlen, Wut, Trauer und Hass zu sorgen. Indem die Kleinfamilie zur Keimzelle des Terrors deklariert wurde, geriet auch ihr Kern, die Bindung zwischen Mann und Frau, in Verdacht. Eine Zeit lang, so berichten bekanntermaßen die Veteranen, konnte man keine Unmutsäußerung von sich geben, ohne gnadenlos Orgasmusschwierigkeiten und andere sexuelle Frustrationen auf den Kopf zu gesagt zu bekommen.

Mit Marcuse und Reich gegen Freud: Ein lustloser Machbarkeitswahn machte sich breit, der das sexuelle Weltbild mehr und mehr politisierte und mechanisierte – sobald die oktroyierten Herrschaftszwänge beiseite geschafft seien, werde auch die Zwangsheterosexualität fallen, und die Libido ließe sich als wackeres Pferd vor den Karren der Volksbefreiung spannen. Die »Erotisierung der Gesamtpersönlichkeit« werde zu einer Auflösung aller Institutionen führen, in denen die privaten und zwischenmenschlichen Beziehungen organisiert waren – besonders der monogamen und patriarchalen Familie – und werde die repressive Spaltung in private und öffentliche Beziehungen aufheben. Erst dieser ganz neue Mensch, aufgetaucht aus den Fluten, in denen die Unterdrückten untergegangen sind, würde nicht mehr für faschistische Formationen zu gewinnen sein. Ein ebenso schweißtreibendes wie verharmlosendes Programm.

Von alledem ist uns mindestens der Verdacht gegen das Liebespaar geblieben, vor allem aber der gegen den Mann schlechthin. Die Kinder der Antiautoritären, die sich eifrig über dieses Programm hergemacht hatten, mussten feststellen, dass seine Verwirklichung am alten Adam zuschanden wurde. Auf der Suche nach den Gründen für das Scheitern stieß eine ganze Generation auf die »Männerfantasien«. Auch wer nie Klaus Theweleit gelesen hatte, fürchtete das Soldatische an seiner Sexualität, das sich offenbar seit dem Ersten Weltkrieg konstant weitervererbt hat, auch wenn es gesellschaftlich praktisch unsichtbar geworden ist.

Die typische Paarkonstellation im deutschen Film ist, unumwunden ausgedrückt, ein impotenter Mann und eine kastrierende Frau. Joachim Król und Gudrun Landgrebe. Freche Mädchen, die man auch getrost Zicken oder *prick teaser* nennen darf – Maria Schrader, Franka Potente oder Jasmin Tabatabai – und die sich sämtlich nach dem Pipi-Langstrumpf-Modell der unbekümmerten Selbstsucht modellieren –, schicken ihren tumben Verehrern Unverschämtheiten per Fax. Oder man hat es mit einem Paar zu tun, dass leiiider nicht zusammenkommen kann, weil die deutsche Vergangenheit (raun, raun) zwischen ihnen steht. Oder zwei Frauen. Oder eine Männerpension.

Ein Titel wie »Kleine Haie« ist doch schon sprechend, obwohl der Film sogar noch einer der besten war, den das deutsche Kino in den vergangenen Jahren hervorgebracht hat: Den Protagonisten ist nicht zu trauen, aber zu echten Fieslingen fehlt ihnen dann auch wieder das Zeug. Kaum eine Kussszene geht über die Bühne, ohne dass es grell an der Tür klingelt oder ein falsches Wort die mühsam aufgepumpte Atmosphäre zerstört. Kann man sich ein Trauerspiel wie »Rossini« oder »Late Show« – in denen sich alle gegenseitig verachten, klein machen, misstrauen, reinlegen, auflaufen lassen oder anmachen und dann stehen lassen – in irgendeinem anderen Land der Welt vorstellen als in Deutschland? Und umgekehrt: Kann es Zufall sein, dass wir absolut kein Pendant haben zu Harrison Ford und Larry Fishburn oder Susan Sarandon und Meryl Streep, so freundliche Erwachsene mit Sex-Appeal, Witz und Lebenserfahrung?

Strafverschärfend kommen gewisse Vorstellungen der Regisseure darüber hinzu, wie Kunst funktioniert. Aus irgendeinem, vermutlich mit dem Protestantismus zusammenhängenden Grund ist man in unseren Breitengeraden der Auffassung, dass es wehtun muss, wenn es etwas taugen soll (diese Auffassung gibt es vereinzelt in Amerika auch, nur bezahlt da niemand etwas dafür). Dass einem »das Lachen im Halse stecken bleibt«, dass etwas »gegen den Strich gebürstet« wird oder zumindest »verstört«, dass der Zuschauer wie ein Schulbub auf der Strafbank zum Nachdenken genötigt werden soll, während man ihm einen »Spiegel vorhält«, und dass vor allem unbedingt »alle Wunden offen« gehalten werden – Gott bewahre, dass sie sich schließen, dann müssen nämlich »verkrustete Strukturen aufgebrochen« werden – das alles gehört unbedingt zum Kunstgenuss dazu. (Tatsächlich hat einmal jemand eine »Aspekte«-Sendung mit den Worten beendet: »Der Vorhang zu und alle Wunden offen.«)

Jedenfalls soll man auf die Nachtseiten des Lebens gescheucht werden, dorthin, wo es nicht glatt, bunt und oberflächlich zugeht, wo die Menschen nicht funktionieren, sondern wo sie straucheln, scheitern, leiden, sich vergebens sehen, magersüchtig und pervers sind und treten und getreten werden. Dietl hat die gesamte »Late Show«, mit Ausnahme der albernen Bauernhof-Szenen, in dieses Leichenschauhaus-Licht getaucht, in dem das gesamte Schauerkabinett seiner Figuren in vollem Ekel erstrahlen kann. Dass wir alle arme Würstchen sind, ist die Lektion, die man aus diesen Exerzitien mitnehmen soll, und natürlich auch, dass wir alle einmal sterben müssen. Dem *Stern* gegenüber hat Harald Schmidt sich, im Zusammenhang mit »Late Night«, auch einmal so beschrieben: »Eigentlich bin ich ein schwäbisches Würstchen, das vielleicht im Fernsehen netter wäre, wenn ich schon früher an die Weiber rangekommen wäre.«[8] Dietl habe ihm »den Zusammenbruch jeglicher Fassade« gewünscht, um nach dem Blick in den Abgrund eine romantische Seite hervortreten lassen zu können – auch so eine Idee aus dem Arsenal der Volkserzieher.

Wohlgemerkt: nichts gegen eine zünftige Negation. Bloß erzogen möchte man doch als erotisierte Gesamtpersönlichkeit nicht mehr werden. Auf die Spitze getrieben hat den strengen Pauker ja der österreichische Regisseur Michael Haneke, der in »Funny Games« damals zu großem Applaus eine Familie über die Klinge springen ließ – offiziell aus gar keinem Grund, inoffiziell wahrscheinlich, weil sie eine Familie waren, dazu noch bürgerlich, und im Auto Opern gehört haben. Épatez le bourgeois!

Und dann die Schauplätze. Nie sieht man ein angenehmes, elegantes Düsseldorf, die freundliche Berliner Bergmannstraße oder das gelassen zivilisierte Bonn. Immer spielt sich alles auf gilblichen Bahnhöfen, in kalten Büroräumen oder Fernsehstudios, unter Brücken oder gleich in öffentlichen Bedürfnisanstalten ab. Noch immer fährt man gern mit dem Taxi zum Klo. Dauernd regnet es, auch bei Dietl. Wenn die Sonne scheint, gilt das letztlich als Augenwischerei. Wo man Glamour sieht oder sonst einen irgendwie anheimelnden Ort – ein Münchener Edelrestaurant zum Beispiel –, da heißt es: Aufgemerkt!, Verlogenheit!, Draußen vor der Tür!

Von ganz anderem Zuschnitt war Harald Schmidts allererster Kinoauftritt, der nur selten erwähnt wird, weil es sich um eine ziemliche Klamotte handelte. Es war Jürgen von der Lippes Film »Nich'mit Leo«, der 1994 gedreht wurde und im Jahr darauf in die Kinos kam. »Nich'mit Leo« erzählt die Geschichte dreier Brüder, Charly, Wilhelm und eben Leo, die ihren Lebensunterhalt auf den jeweils entgegengesetzten Polen des Lippeschen Stimmungsspektrums verbringen. Von der Lippe spielt naturgemäß auch alle drei selbst (»Von meinem Gesamtbudget könnte der Schwarzenegger nicht einmal einen Stunt bezahlen.«) Wilhelm ist Priester und bewegt sich entlang von Bibelzitaten durchs Leben; Charly besitzt einen Puff und bahnt sich mit deftigen Sprüchen seinen Weg (»Am Aaaasch knallt der Furz«), während Leo als leicht debiler Fremdenlegionär mit Messern wirft, wenn man ihn herausfordert.

Harald Schmidt gibt hier einen selbstverständlich verlogenen Bischoff, der sich die Zeit mit aufwändigen Golfspielen der gehobenen Klasse vertreibt, wobei sein Gehilfe (Herbert Feuerstein) dafür sorgt, dass der Ball stets gegen den richtigen Helm gongt. Schauplatz ist ein idyllisches Städtchen mit dem anzüglichen Namen Freudenstedt, und deshalb liegen der Puff und die Kirche auch genau gegenüber. Eines Tages kommt Wilhelm aus einer Mission in Afrika zurück (die gescheitert war, was man an den vielen Rechtschreibefehlern erkennen sollte, die sich auf der Tafel fanden, die die Kinder zum Abschied hochhielten). Wilhelm

Drei Fäuste für ein Halleluja: mit Herbert Feuerstein und Jürgen von der Lippe in dem Film »Nich' mit Leo« (1994)

möchte den Puff schließen, hetzt Charly daher die Polizei auf den Hals, wogegen sich dieser zur Wehr setzt, indem er mithilfe seiner »Pferdchen« ein kompromittierendes Video von seinem Bruder dreht. Es kommt zu allen denkbaren Verwechslungen mit dem Ergebnis, dass der Rollentausch allen gut getan hat: Wilhelm findet Geschmack an der Puffmutter, deren sexuellen Gelüsten sich Charly zunehmend weniger gewachsen sah, während Charly sich als mitreissender Prediger entpuppt, zu dem die Leute gerne hingehen. Auch der einfältige Leo ist zufrieden. Da sich alle drei als des Bischoffs illegitime Söhne entpuppen, hat auch er endlich den Vater gefunden, den er sein Leben lang missen musste.

Mit Feuerstein, Schmidt und von der Lippe hatten sich hier drei gelernte Katholiken gefunden, die nun endlich einmal all den kindlichen Impulsen nachgeben konnten, die ihnen als ehemaligen Vorbetern, Messdienern oder Organisten versagt geblieben waren. Obwohl Schmidt wiederholt erklärt hat, Witze auf Kosten der Kirche seien ihm zu provinziell, gibt er hier mit diebischer Freude einen Bischoff, der nichts Eiligeres zu tun hat, als in das Bordell zu rasen, aus dem ihm das Video zuging, dass einen seiner Priester denunzieren sollte.

Merkwürdigerweise ist der Film gar nicht so grauenhaft, wie man vermuten könnte. Er erinnert ein bisschen an Jacques Tati; eine Burleske für den dörflichen Geschmack, bei dem alle auf ihre Kosten kommen. Von der Lippes Stinkefinger gegen die Kirche, die ihn »um den Höhepunkt meiner sexuellen Leistungsfähigkeit gebracht« habe, gibt hier den Auftakt zum großen Volksfest, bei dem Nutten, Polizisten, Fremdenlegionäre, Hausmädchen, ein Masochist (Dirk Bach) und eben die drei Brüder sich zu ausgelassenem Frohsinn zusammenfinden. Und das war ja schließlich mal die Idee von Komödien, oder?

Der Relaunch

Dirty Harry ist tot, es lebe His Schmidtness

Spätestens ab 1998 wurde die Vorstellung vom Mediensklaven Harald gänzlich fragwürdig. In diesem Jahr nämlich trennte er sich von Brainpool und gründete seine eigene Produktionsfirma. Sie bekam den viel versprechenden Namen »Bonito TV« – in Anlehnung an die Koseworte, die seiner kleinen Tochter von Spaniern beim Mallorca-Urlaub zugerufen worden waren (»Bonita« ist schon vergeben). Schmidt ist alleiniger Gesellschafter und Geschäftsführer. Mit Bonito produziert er für SAT.1 etwa 170 Sendungen pro Jahr, gelegentlich auch Werbespots und andere kleine Aufträge. Pausen, wie die nach dem 11. September, musste Schmidt selbst finanzieren; damals entstand ihm ein Ausfall von einer Million Euro. Die Firma spielt jährlich etwa 40 Millionen Euro ein, pro Sendung 100 000 Euro. Durchschnittlich kann Schmidt mit 1,1 bis 1,5 Millionen Zuschauern für die »Harald Schmidt Show« und einem Marktanteil von knapp 17 Prozent bei den 14 bis 49-Jährigen rechnen. Der Bonito-Internetauftritt (www.schmidt.de) mit seinen kurzen Sendemitschnitten, den Internet-Spielen (»Hasenballern«) und den Live-Kameras im Studio wird von der Firma Aranex gestaltet, die Schmidts fünf Jahre jüngerem Bruder Reinhard gehört. Von McDonalds über die Telecom bis Karstadt beschäftigen verschiedene Unternehmen Schmidt als Werbeträger, und immer öfter spricht Schmidt vor BWL-Studenten über Unternehmensführung. Neuerdings ist er sogar »sprachlos« in einem Werbespot für Kaffee zu sehen. Für einen einmaligen Liveauftritt kann er inzwischen 100 000 Euro verlangen, mehr als Günther Jauch mit 80 000 oder Verona Feldbusch mit 60 000. Das habe er auch mit Interesse gelesen, kommentierte Schmidt. »Allerdings habe ich die 100 000 Euro noch nie bekommen, weil ich seit langem keine Kaffee-Fahrten mehr betreue.«[1] Selbstverständlich könne er mit Bonito noch zehn andere Shows produzieren. »Aber ich kann Ihnen sagen, warum ich's nicht mache«, sagte Schmidt einmal im Gespräch mit *TV today.* »Ich halte kein Meeting aus! Da kommen drei Prada-Muschis mit fünf Handys und eine Schwuchtel mit viel Gel am Kopf und einer schwarzen Hornbrille und erzählen mir Scheiße. Das halte ich körperlich nicht aus.«[2]

Mit dem Wechsel von Brainpool zu Bonito war ein kompletter Relaunch der öffentlichen Person Harald Schmidt verbunden. Er präsentierte sich jetzt mehr und mehr als gemäßigt konservativer Familienvater, nicht mehr als »Fritz the Cat«; wobei er die beiden Kinder, mit denen er zusammenlebt – Nele (geboren 1995), Peter (geboren 1998) konsequent vor Belästigungen abschirmt, ebenso wie seine dreizehn Jahre jüngere Freundin Ellen Hantsch. Hantsch ist Kunstlehrerin, hat ihren Beruf aber wegen der Kinder aufgegeben (»Wozu soll sie andere Kinder unterrichten, und die eigenen gibt man woanders hin? Das ist doch hirnrissig!«[3]). Schmidt hatte sie 1994 kennen gelernt oder wiedergetroffen, da schwanken die Angaben – in dem Jahr also, in dem sein erster Sohn Robert Hannes zur Welt kam, dessen Mutter Elke Maar seinerzeit wie Schmidt beim WDR arbeitete. Es muss ein ziemlich chaotisches und für alle Beteiligten nicht ganz einfaches Jahr gewesen sein. Ein Mitarbeiter des Grimme-Instituts, der damals Maar und Schmidt kannte, erinnert sich, ihn auf einer Party erlebt zu haben, wie er ein junges Mädchen, das ihm ein Kompliment machen wollte, vor versammelter Mannschaft anschrie: »Willst du ficken, oder was?!« Nervöse Zeiten. Schmidt antwortete einmal auf die Frage, welchen Satz von Prominenten er am meisten verabscheue: »Ich ziehe von zu Hause aus, aber die Kinder sollen nicht drunter leiden«[4].

Sie hasst es, wenn ich beim Rausgehen morgens sage: »The king leaves the building«: mit Lebensgefährtin Ellen Hantsch (2002)

Hantsch hatte damals aushilfsweise beim WDR als Kabelträgerin gejobbt. »Da fanden hinterher immer noch gesellige Runden in der Kantine statt«, erzählte Schmidt, der in diesen Dingen auch gelegentlich bewusst Halbwahrheiten streute, um seine Privatsphäre zu schützen. »Es war Liebe auf den ersten Blick, aber ich musste drei Monate was dafür tun. Was genau, kann ich nicht erzählen, ich würde erschlagen werden.« Auf die Frage, warum »ein Wertkonservativer« wie er nicht endlich heirate, gab Schmidt damals zur Antwort: »Wir haben da Riesendiskussionen. Ich weiß inzwischen gar nicht mehr, warum ich nicht will. Neulich las ich vom Kollegen Jauch den Satz: ›Wir heiraten, wenn uns niemand mehr danach fragt.‹ Das ist als Standardantwort gar nicht schlecht. Am meisten graut es mir vor der Feier.« Bloß nicht zu sehr festlegen! Dass Hantsch dreizehn Jahre jünger ist als er, merkt Schmidt, wie er sagt, daran, dass sie gelegentlich erst nach Hause kommt, wenn er den Kindern morgens warme Milch macht, oder wenn ihre Freundinnen über abgelegte Liebhaber und neue Wohnungen reden. Auf die Frage, ob er selbst sich ein Leben als Single vorstellen könne, antwortete Schmidt: »Na ja, eigentlich bin ich ja Single in einer Partnerschaft. Für den Satz kriege ich natürlich zu Hause massiv Ärger.«[5] Das wäre jedenfalls nicht ganz unverständlich.

Nimmt man Schmidts notorischen Ekel vor öffentlichen Berührungen, dem »Arsch-ins Gesicht-halten« im Flugzeug und anderswo hinzu, die gelegentlichen Anflüge von nervösen Tics, Zucken der Augenlider und seine immer wieder ausführlich erörterte Hypochondrie, die Angst vor den Leberflecken, die sich als Melanome entpuppen könnten, der schnelle Griff zu den Paracetamol-Zäpfchen der Kinder, so blitzt etwas wie Hysterie auf – eine für Fernseh- und Schauspielerkarrieren sicher günstige Disposition. Die überschießenden Reaktionen auf Reize aller Art, das Katz-und-Maus-Spiel mit den eigenen Gefühlen, die grelle Albernheit, das ängstliche Suchen nach unbesetzten Nischen, die panisch-aggressive Abwehr zu großer Nähe, der durchsichtige Hass auf Weinerlichkeit in jeder Form – all das lässt sich wohl perfekt mit einer Karriere als Late Night-Moderator verbinden. Die Regelmäßigkeit hält den inneren Aufruhr in Schach, lässt aber gleichzeitig genug Spielraum für Eskapaden aller Art. Die Zusammenarbeit mit der jungen, intelligenten Truppe von Bonito – insgesamt fast hundert Mitarbeiter, die Schmidt alle selbst ausgesucht hat – ist Teil dieser gelungenen Konstruktion. Dass Schmidt es geschafft hat, so ein Familientier zu werden (angeblich fährt er auch noch zwei Mal im Jahr mit seinen Eltern in Urlaub), ist nicht gering zu achten.

Einen typischen Abend seines Alltagslebens schildert Schmidt so: »Wenn die Sendung um 19 Uhr aufgezeichnet ist, brauche ich zwei Stunden, um runterzukommen. Dann bin ich wirklich alle und gehe fast schon schlafen. Erst wird noch ein Bier aufgemacht. Dann kriege ich von den Kindern noch in zehn Minuten alles erzählt, was los gewesen ist. Nachdem ich ihnen was vorgelesen habe, gucke ich kurz Nachrichten …, und ab neun im Internet, was die Zeitungen am nächsten Tag bringen. Um zehn oder halb elf gehe ich ins Bett. Partys langweilen mich.«[6]

Schmidt lebt und arbeitet, mit anderen Worten, in einem festgezurrten Kokon. Längst hat auch Bonito familiäre Strukturen entwickelt. Die von seiner Tochter inspirierte Namensgebung prägte den Charakter des Familienunternehmens schon vor. »Zur Vorbereitung auf meine Tätigkeit« so schrieb Schmidt im *Spiegel*, »habe ich zwei Standardwerke moderner Unternehmensführung studiert: ›Haribo‹ und ›Machiavelli‹. … Erkenntnis numero uno: Vergiss die Chefetage! Der Fürst muss sofort im besetzten Gebiet (Mitarbeiterbüros) Quartier beziehen. Zwar sitze ich aus baulichen Gründen ohnehin auf einer Etage mit allen Mitarbeitern, aber gegen eine nachträgliche ideologische Unterfütterung ist nun wirklich nichts einzuwenden.«[7] Beim allabendlichen Eintrag ins Klassenbuch – inzwischen fester Bestandteil der Show – wird notiert, wer gerade wieder ein Baby bekommt (es kommt auffallend häufig vor, gelegentlich von Paaren innerhalb der Firma), wer krank, wieder gesund, in Urlaub gefahren ist oder Geburtstag hat. Es gibt 42 Tage Urlaub für alle und übertarifliche Bezahlung. Während der zwei Wochen Pause nach dem 11. September hat er alle freien Mitarbeiter weiter bezahlt. Wo immer sich Bonitos äußern, spürt man, dass es sich um eine verschworene Gemeinschaft von Selbstverwirklichern handelt, glückliche Ich-AGs, bei denen Arbeit und Hobby fast deckungsgleich sind (»Isch abe sär viel Spass ’ir!«, bestätigte Nathalie Licard dem *Stern*). Weiterentwicklung, Übernahme von Verantwortung werden energisch gefördert. »Delegieren, delegieren, delegieren«, so beschrieb Schmidt sein Führungsprinzip – inzwischen wohl das gängige Modell der meisten modernen Unternehmen. »Leute in die Verantwortung nehmen, auch wenn sie nicht so recht wissen wofür. Hier kam mir kürzlich mein Papst zu Hilfe. Sein Prinzip: wer frech wird, wird Kardinal.«[8] Natürlich wird auch der Konkurrenzdruck sehr hoch sein, speziell unter den Autoren: Wie viele meiner Gags schaffen es in die Sendung? Aber besser so, als beim »Traumschiff« zu arbeiten oder gar arbeitsloser Germanist mit Kellnerjob. Man lässt sich gutes Essen bringen, diskutiert Geschmacksfragen, Kindererziehung (»Schlimm genug, wenn man mit den eigenen Kindern Memory spielen muss – aber mit anderer Leute Kinder? Das ist doch unerträglich, oder?«), neue Fernsehereignisse, Sport natürlich, während man am Kopierer steht, und gelegentlich feiert man Sommerfeste. Verblüffend viele Bonitos hegen Sympathien für die SPD. Die Loyalität gegenüber dem »Cheffe« ist unerschütterlich und hat mit Patriarchat gar nichts zu tun. Schmidt ist als Chef weder ein Kirch noch ein Letterman (dem einige bizarre Unterwerfungsrituale nachgesagt werden), sondern ein freundlicher, sicher nicht endlos geduldiger Profi, der auch nur ebensolche um sich scharen will. Auf den unvermeidlichen Vorwurf, er umgebe sich mit Jasagern, antwortete Schmidt erfrischenderweise, »soll ich mich mit Neinsagern umgeben? Selbstverständlich will ich Jasager. Ich erwarte Anbetung.«[9] Viele der besten Autoren sind nicht mehr bei der Show. Man habe sich beizeiten »verjüngt«, hat Schmidt dazu erklärt.

Nach dem Weggang Fred Kogels von SAT.1 – in den Aufsichtsrat der Holding, die seit 2000 die Sender Pro7, SAT1, Kabel1 und N24 unter einem Dach vereint und als Geschäftsführer der KirchMediaAG – übernahm Kogels Stellvertreter Martin Hoffmann die Geschicke des Senders. Hoffmann, der gern mit griechischen Zitaten seine nicht eben komfortable Lage beschreibt, kommt aus gutbürgerlichen Verhältnissen, hat ursprünglich Jura studiert und sich als Medienreferent am Max-Planck-Institut in Hamburg ausländisches und internationales Recht angeeignet. Er hat als juristischer Gutachter seinen Einstieg genommen, nicht gerade der klassische Weg zu »Ich drück dich«. Er sammelt Lexika, segelt und spielt Geige. Er will SAT.1 mit Namen und Titeln wie Kaya Yanar, Ottfried Fischer, Kommissar Wolff und natürlich Harald Schmidt von dem Verdikt befreien, dass man »im Seichten nicht ertrinken kann«, wie Helmut Thoma sich ausdrückte. Sein Start mit dem von der Kritik hoch gelobten Mauer-Drama »Der Tunnel«, das auch immerhin Quoten von 27 Prozent verbuchen konnte, ließ da auch einiges erwarten. Dem folgte allerdings unmittelbar auf dem Fuß die Reality-Show »Girlscamp«, eine Peinlichkeit auf der ganzen Linie. Hoffmann will das Profil des Senders schärfen, auch wenn er weiß, dass seine fünf Hauptsäulen weiterhin Sport (»ran«), deutsche Fernsehfilme, Show, Information und die so genannten »Event«-Programme sind, mit denen man dann im Januar groß rauskommt. »Wir stehen nicht nur für Harald Schmidt und ›ran‹«, verkündete Hoffmann selbstbewusst. Schmidt wiederum kommentierte die Fusion von SAT.1 und Pro7 als Hochzeit eines jugendlich-lässigen Beau mit einer zahnlosen alten Jungfer in Stützstrümpfen, die am Stock geht. Man nenne SAT.1 bei Pro7 »die Ossis«. Eine Umfrage unter Jugendlichen habe ergeben, dass Pro7 unter den Medien als der Ferrari eingeschätzt werde, SAT.1 dagegen eher als Trabant. Als Schmidt dann noch in einem *Spiegel*-Interview behauptet hatte, kein SAT.1-Zuschauer verirre sich je in seine Sendung, sah Hoffmann sich zur Intervention genötigt. Genutzt hat es wohl nicht viel; Schmidt eröffnet praktisch jede Sendung mit einer kleinen Bemerkung über das Sendercredo »powered by emotion«.

Zum Studio 449, einem umgebauten Fabrikgebäude in Köln-Mühlheim, kommt man durch ein schon seit längerem verlottertes, hauptsächlich von Türken bewohntes Viertel mit Läden für Goldkettchen, Hochzeitskleider, Auberginen, Samowars, Ghettoblaster und sonstigem Spezialbedarf. Dann wird es immer industrieller, im Stil des frühen 20. Jahrhunderts, roter Backstein, kleine Gleisanlagen, Pförtnerhäuschen, Kopfsteinpflaster und Getöse; darin aber immer häufiger Firmen des Informationszeitalters, wie eben auch Bonito, die sich das Gelände mit einer Nie-

Beschädigte Silben klagen an: Der Cheffe an seinem Kölner Schreibtisch

derlassung von Harley Davidson und anderen Medienwerkstätten teilen. Ein Wagen vom »Frische Team« bringt gute Sachen, mal Thai, mal Italienisch, gelegentlich fährt eine kleine Werkslokomotive vorbei. Die Requisite steht offen, ein paar Leute hocken da und beraten etwas. Im Foyer gibt es eine kleine Bar, man spielt laut Barry White oder Aretha Franklin, also eher was für betagtere Besucher – von denen es etliche gibt. Ein Mann schiebt seine behinderte Frau im Rollstuhl durch die Gänge, eine Gruppe von Köln-Touristen aus Kassel nimmt Platz und kichert. Damen-Grüppchen, vielleicht Sekretärinnen von der Uni, nippen mit zart gerötenen Bäckchen am Prosecco und freuen sich – man muss nämlich ziemlich lange auf eine Karte warten, und es ist gar nicht so einfach, sie zu bekommen. Die Zeiten, in denen junge Frauen in der Sendung Schilder hochhielten, auf denen »Harald, einmal anfassen!« stand, oder in denen die Bluse aufgeknöpft wurde, sind allerdings vorbei. So benimmt man sich hier nicht mehr, im Mai 2002. Wer seine Karte abholt, verwirkt einstweilen das Recht am eigenen Bild. Zur Karte bekommt man seinen Stimmzettel, auf dem man vor dem Marsch ins Studio ankreuzen soll, welche Partei man nach der nächsten Wahl am Drücker sehen möchte.

Wenn dann plötzlich um 15.45 Uhr die Stimme von Nathalie ertönt, die freundlich-drohend darauf hinweist, dass es gleich losgeht und ein eingeschaltetes Handy im Studio körperliche Züchtigung nach sich ziehen wird, schaltet alles auf »Warm-up«. Die Musik wird laut und wummernd, man geht durch eine Kordel an einem kräftigen Klops von Türsteher vorbei und wird so platziert, dass die freien Plätze nicht zu sehen sind, von denen es überraschenderweise einige gibt. Dann kommt ein nicht völlig unsympathischer erster Animator, der unter anderem darüber Witze macht, dass man mit ihm eigentlich gar nichts zu tun haben möchte. Dann kommt Schmidt selbst, bei noch ausgeschalteten Kameras, und erklärt im Duett mit seinem Ko-Animator in drohendem Ton: »Alles, was Sie hier sehen, ist lustig. Es ist lustig. Es ist lustig. Es ist lustig.« Und das ist auch wirklich schon sehr lustig, und man muss an eine Gottschalk-Parodie von Schmidt denken, in der es heißt, die Leute hätten vor Lachen »Pippi in den Augen« gehabt. Natürlich ist die Stimmung im eiskalten Studio noch nicht so ganz Late Night, zumal es ja noch helllichter Tag ist. Einer der Zuschauer, ein junger Türke, der sich ein Brecht-Mützchen keck in die Stirn gezogen hat, wird herausgegriffen und sein Gesicht während des Warm-ups in Großaufnahme gezeigt. »Sieht so ein fröhliches Gesicht aus, Erkan, hm?«, wird er vorwurfsvoll gefragt, und in der Tat schaute er recht mürrisch drein, was nicht gut kommt bei Kameraschwenks ins Publikum. Erkan bekommt ein bisschen Geld für ein kleines Lächeln, und siehe da, da ist es. Gar nicht unangenehm. Die Kulisse hinter dem Schreibtisch muss eine Fantasie-Stadtsilhouette sein:

es ist nicht ganz Köln und nicht ganz New York, aber in jedem Fall funkelt es ansprechend. Das Studio ist kleiner als es im Fernsehen aussieht, es ist wirklich alles sehr familiär, die Kabel liegen herum, das Gestänge prangt über den Köpfen, und die Band klampft vor sich hin.

Zum Harald Schmidt-Relaunch gehörte auch die Weiterentwicklung der anderen Figuren zu dreidimensionalen Charakteren, einer schrecklich netten Familie: Nathalie Licard fährt inzwischen zu Reportagen nach Cannes, um dort beispielsweise Woody Allen zu interviewen (»Was halten Sie von Froschschenkeln? »Besser als Affenhirn! Was immer Sie glücklich macht!«). Wenn neue ICEs in Köln einfahren, steht sie am Bahnhof und beschreibt das Ereignis. Sie ist längst die Kulturbeauftragte der Sendung. Wenn Schmidt eine ganze Show auf Französisch moderiert, liest sie die Nachrichten – nicht ohne den Zuschauern zu versichern: »Ihr Fernseher ist nicht im Arsch!« Licard, die aus einem konservativen Elternhaus nahe Bordeaux stammt, hat nach dem Abitur Literatur studiert und nebenbei für eine Comedy-Sendung im Radio mit dem Titel »Schade, dass es keinen Teppichboden gibt« gearbeitet. Sie hat, wie viele Bonitos, das Studium nicht abgeschlossen und in Paris Sozialarbeiterin gelernt, um mit verhaltensauffälligen Kindern zu arbeiten. Ein Besuch in Köln endete damit, dass sie hier ihre Zelte aufschlug und blieb. Ohne Deutschkenntnisse begann sie am Empfang und ist inzwischen selbst eine Art Star: eine Erfolgsgeschichte wie aus Amerika.

Helmut Zerlett, der Bandleader, teilt seinen Zahnschmerz mit und diskutiert die »Neue Deutsche Welle«. Zerlett ist im selben Jahr geboren wie Schmidt. Seine erste Band hieß »FEEL«, und so ist er auch ein bisschen, »touchy-feely«, wie die Amerikaner sagen, mit hart erkämpftem Selbstwertgefühl. Auf die Frage, wie man sich den dreizehnjährigen Zerlett vorstellen müsse, hat er einmal geantwortet: »Rein äußerlich einen Jungen mit ziemlich blonden Haaren, der ist sehr schmal, einen Jungen, der traurig guckt, so von unten nach oben.« Er ist der Auffassung, dass man ihn als Kind zu viel hat schreien lassen, daran kann er sich seit seiner Urschrei-Therapie nach Janov genau erinnern. Auch dass er damals irgendwann »gefühlsmäßig wieder im Mutterleib gelandet ist«[10]. Nach der zwölften Klasse war für ihn Schluss mit der Schule. Seine Initialzündung war Woodstock (»Da war ich der Kleene, der danach beschlossen hat, ich lass mir auch die Haare wachsen. Ich habe gedacht: au klasse, jeder der Hasch raucht und lange Haare hat, ist dein Freund.«) Mit einer Dose Ravioli sei er durch Europa getrampt. Heute, wenn er in seinem blauen Porsche nach Wien zum Opernball braust, nimmt er lieber keine Tramper mehr mit. Er hat das Filmscore zu dem Untergangsfilm »Last Trip to Harrisburg« mit Udo Kier und Rainer Werner Fassbinder geschrieben, war mit Marius Müller-Westernhagen auf Tour und lebte eine Zeit lang in London als Musikproduzent. Er hat mit George Harrison oder Gary Moore Platten aufgenommen. Den Job bei Schmidt habe er, so heißt es, 1995 vor allem bekommen, weil er Paul Shaffer, dem Sidekick und Bandleader von Letterman so ähnlich sähe – was gar nicht stimmt. Wenn Eric Burdon ins Studio kommt, spielt er mit ihm die Hymne der gefallenen Mädchen, »House of the Rising Sun«.

Es gibt auch einen Ossi, Bernd Zeller, der die Ossi Witze schreibt: »Der PDS-Anhänger sagt nach dem Sex nicht: ›Na, war es gut?‹, sondern: ›Es war doch nicht alles schlecht.‹« Vor der Kamera trägt er ein eher hässliches Polyesterhemd, denn so, das sagte Zeller dem *Tagesspiegel,* stellt sich die Redaktion einen Ossi vor. Zeller ist der Auffassung, unter den Bonitos gäbe es noch andere Ossis, die sich aber nicht hätten outen mögen – vielleicht doch nicht so entspannt, die Arbeitsatmosphäre. Zeller, der in einer WG in Jena wohnt, hat zwei Studien aufgegeben – Medizin und Jura. Unter Ostalgie leidet er überhaupt nicht; denen, die sie verspüren, wünscht er eine kurze Rückkehr der DDR zur Probe. Er bekommt die Themen um 11 Uhr vormittags geschickt und liefert dann bis 14.30 Uhr, zur großen Konferenz, circa 20 bis 25 Witze. Er erhält eine monatliche Pauschale und verteidigt die Show und seinen Lebensstil gegen heftige Kritik aus seinem Umfeld – wo er naturgemäß gelegentlich als Verräter gesehen wird.

Dr. Udo Brömme, CDU, alias Ralf Kabelka ist auf Du und Du mit dem Politikbetrieb, eine Erfindung im Geist Christoph Schlingensiefs, der durch den Reichstag rennt, der CDU-Vorsitzenden die Hand drückt und erklärt: »Angela, ich habe alles gehört, hier bin ich, wir können reden.« Berlin-Korrespondenten wie Werner Sonne oder Ulrich Deppendorf drückt er mit freundlichem Schulterklopfen seine Visitenkarte in die Hand und läuft hinter Mikrofonen her: »Ihre Fragen bitte!«, bis die Journalisten vor ihm davonlaufen. Auf dem Höhepunkt der BSE-Krise besucht er einen Schlachthof mit einem Pfund Rinderhirn. Die Love-Parade durchpflügt er mit der Parole: »Und keine Drogen, ihr Lieben, das bringt nichts.« Ähnlich wie bei Kerkeling ist Dr. Udo Brömmes Freundlichkeit und Bestimmtheit der Grund dafür, dass er es fast überall schafft, vorgelassen zu werden. Er will nicht so sehr entlarven, als viel mehr den fremden Rahmen zur Selbstdarstellung nutzen. Seine jugendgerechten Forderungen: »Alte Leute weg von der Straße« und »Mehr Wichskabinen«. Auf die Frage, wie er in die Politik gekommen sei, antwortete er: »Das war Ende der Achtziger. Ich bin eines Morgens aufgewacht und habe gefühlt: Deutschland braucht mich. Denn es war schlecht um unser Land bestellt. Auf SAT.1 startete gerade das ›Glücksrad‹, Porsche führte den wassergekühlten Motor ein, und cremefarbene Slipper mit Bömmeln drauf kamen schwer in Mode. Viele Leute aus meiner Generation reagierten darauf mit bleischwerer Resignation. Ich aber beschloss, Politiker zu werden.«[11] Popliteraten lassen grüßen.

Suzana Noviscak, das Cue Card Girl, telefoniert während der Fußball-WM mit Verwandten in Kroatien; Peter Rütten, Autor, ist Reporter Kai Edel, und dann war da natürlich noch die Ablösung des anonymen »Horst« von hinter der Bühne durch Redaktionsleiter Manuel Andrack *auf* der Bühne.

Der 1965 in Köln geborene Andrack ist ein Medienprofi, der fest in der kritischen Medientheorie verwurzelt ist, seine praktische Erfahrung aber durchweg in kommerziellen Zusammenhängen erworben hat. Daraus ergibt sich der performative Widerspruch, unter dem viele seiner Kollegen – und natürlich auch sein Chef selbst – operieren: die Mechanismen des Molochs Fernsehen möglichst perfekt zu bedienen, den man doch eigentlich im Verdacht hat, unzulässig zu manipulieren, zu verdummen und zu verschleiern. Nach einem Studium der Theater-, Film- und Fernsehwissenschaften, sowie der Germanistik und Kunstgeschichte in Köln schrieb Andrack eine Magisterarbeit mit dem Titel »Der ›9. November 1989‹ im deutschen Fernsehen unter der Kategorie ›Glücksmomente‹«. Die Anführungsstriche sind bezeichnend: Die Glücksmomente der Wiedervereinigung werden als bloße Konstruktion des Fernsehens betrachtet. Das Fernsehen ist in der Lage, eine Realität zu erzeugen; aus »Pseudo-Ereignissen«, wie zum Beispiel der Öffnung des Brandenburger Tors, kann es Wirklichkeit machen. Erster Titel im Literaturverzeichnis ist Adornos »Eingriffe«.

Die Magisterarbeit stammt aus dem Jahr 1990. In den fünf Jahren, die zwischen dem Abschluss und dem Vertrag mit der »Harald Schmidt-Show« lagen, hat Andrack alles Mögliche ausprobiert. Er war bei der Firma Filmpool zweiter Aufnahmeleiter für die Krimiserie »Novak« mit Klaus-Jürgen Wussow, war für den WWF-Club zuständig, durch den unter anderem Jürgen von der Lippe berühmt wurde, und bei RTL für das »Bibelquiz« oder die Sendung »Familienduell« – beides sicher harte Prüfungen für Adorno-Anhänger. Redaktionelle Verantwortung hatte er erstmalig bei der Sendung »Geh' aufs Ganze«.

Andracks Rolle in der »Harald Schmidt Show« ist eine echte Innovation in der Fernsehlandschaft. Er ist nicht der klassische Side-

Unser Mann fürs Bildungsfernsehen: Manuel Andrack

kick, der nichts tut, als abzunicken und passend zu lachen, obwohl er sich selbst gern so darstellt (»ich gebe immer zwanzig Prozent«). Mit dem Brockhaus hinter sich, dem Internet vor sich und der Redaktion unter sich ist er Innenwelt und Außenwelt zugleich, ein bisschen Lenor-Gewissen, ein bisschen skeptische Generation, mit anderen Worten: unser Mann. Der Stellvertreter. Passenderweise wurde ja auch in der Show vom 18. März 2001 enthüllt, dass Andrack Jesus ist. Andrack ist Fahrradfahrer, hat wahrscheinlich häufig Grün gewählt, ist Vater und Ehemann, lebt in einem Reihenhaus, trinkt gern Bier und erwacht vollends zum Leben, wenn vom 1. FC Köln die Rede ist oder von dem neuen Fußballstadion. »Mein Chef ist ein ganz toller Chef«, hat Andrack der Zeitschrift *TV total* erzählt:

»Ich nenne ihn nur Chef, nicht Harald, und erst recht nicht Harry. Harry mag er nämlich nicht und Dirty Harry erst recht nicht ... Um elf Uhr morgens treffen wir uns mit den Autoren. Dann erzählt der Cheffe, was er so erlebt oder geträumt hat. Und ganz zum Schluss befiehlt er, was wir in der Show machen sollen. Das machen wir dann. Manchmal sind das ganz verrückte Sachen. Dann sagt mein Chef: Ich will mal eine ganze Sendung ›Literarisches Quartett‹ machen, aber so richtig mit Ernst und alle Bücher lesen und ohne Witze. Oder er will einfach so zehn Minuten das Studiolicht ausmachen und dazu eine spannende Geschichte erzählen, als er damals in Belgien mit einem Trecker aus dem Matsch gezogen wurde. Oder er will vor dem Studio das Seepferdchen-Abzeichen machen. Wenn er so was sagt, gucken wir uns alle kurz an. Und dann machen wir das so.«[12]

Zum neuen Konzept gehörten, neben der Einführung der Bonito-Familie und der Präsentation Schmidts als Wertekonservativem, auch die Einführung des »Bildungsfernsehens« und die demonstrative Verschwendung von Sendezeit. Die Französische Revolution, »Rigoletto« oder »La Traviata« in Playmobil dargestellt werden plötzlich übersichtlich und ein wenig harmlos, wie auch die Leiden des jungen H. durch Nachspiel eines Tages auf dem Nürtinger Märklin-Bahnhof in der Sendung durchaus harmlos wirken – wobei Schmidt natürlich jede Form der Verniedlichung vermeidet. Im Gegenteil: die Sendungen, in denen das »Literarische Quartett« nachgestellt, der Thomaner Chor eingeladen oder Karl Ignaz Henntmaiers Tagebuch über Thomas Bernhard diskutiert werden, stellen die Vorbilder an Seriosität und Kenntnisreichtum gelegentlich durchaus in den Schatten. Was die Französische Revolution betrifft, hat das Nachstellen des Terreur in Playmobil natürlich auch einen ähnlichen Effekt wie der Nachbau von Konzentrationslagern aus Lego durch den polnischen Künstler Zbigniew Libera: Versteckt enthält sie den Vorwurf an die Spaßgesellschaft, selbst bis zur Unterdrückung zu verharmlosen, zu manipulieren, Widerständiges zu ersticken. Im Stahlbad des Fun! Ein weiteres Indiz für die Bereitschaft der inkriminierten

Spaßgesellschaft, schlecht von sich zu denken. In ganz ähnliche, selbstkritische Richtung geht die demonstrative Verschwendung von Sendezeit: Schmidt dreht minutenlang einen Kreisel auf dem Schreibtisch, notiert sich umständlich den Namen eines Platzes, den Andrack in Venedig besucht hat, lässt ein Ikea-Regal zusammenschrauben oder berichtet, bei schwarzem Bildschirm, zwanzig Minuten lang von einem Autounfall.

Diese Elemente, wie der gesamte Relaunch überhaupt, hatten natürlich auch noch einen anderen Grund, und dieser Grund hieß Stefan Raab. Autoren, die früher einmal für Schmidt geschrieben haben, arbeiten jetzt bei Brainpool für den gelernten Metzger, der mit seinem »TV-total« schon mal Quoten von über dreißig Prozent verbuchen kann. In der Schmidt-Show trug er ein kleines Lied vor: »Harry, du bist so wunderbar / und dein grau meliertes Haar / Du machst mich glücklich, wenn ich traurig bin / Du gibst meinem Leben einen neuen Sinn / Du reißt die wunderbarsten Zoten / Aber ich, ich hab die bessren Quoten.«[13] Aufgewachsen zwischen »Schweinehälften und Kruzifix« übt der 1966 in Köln geborene Raab sich im Recycling von Fernsehmüll, wozu er eben auch dessen Protagonisten rechnet. Mit Kaugummi, Sneakers, nachlässiger Rasur und hemdsärmeligen Freizeitlook signalisiert er auch seinen Studiogästen, dass sie keinen größeren Aufwand wert sind. Sein größter Coup bislang war die Vertretung Deutschlands beim Grand Prix d'Eurovision de la Chanson durch Guildo Horn, dessen »Piep, piep, piep« von ihm stammt. Horn machte den Weg frei für die Ironisierung des deutschen Schlagers, durch die dann im folgenden Jahr auch Raab selbst mit seinem Titel »Wadde hadde dudde da« Furore machte. Unter den Schlagerfreunden hat man inzwischen von der kurzen Phase der Selbstironie allerdings wieder Abstand genommen: zu unergiebig auf die Dauer.

Ausgiebig und gründlich von Raab und dem Rest des Comedy-Booms Abstand zu gewinnen – auch das war ein Grund für

Schmidts Rückbesinnung auf seine bildungsbürgerlichen Wurzeln. Dirty Harry ist tot, es lebe His Schmidtness. Der Wunsch nach Abstand war nur zu verständlich: das meiste, was mittlerweile unter dem Titel Comedy präsentiert wird, ist von irritierender Öde. »Wenn Komik eine nie ganz kalkulierbare Spannung zwischen Normerwartung und Normüberschreitung voraussetzt«, so schreibt Eckhard Schumacher im *Merkur,* »ist TV-Comedy in ihren marktführenden Spielarten im Moment eher selten komisch, weil sie sich, nicht unähnlich dem auf anderen Feldern operierenden politischen Kabarett, seit einigen Jahren darauf beschränkt, die selbst gesetzten Normen der Provokation senderübergreifend zu erfüllen. Die zunehmend nuancierte, aber gleich bleibend muffige Verhöhnung von Kleinbürgerriten, Randgruppendialekten und krötentragenden Friedensbewegungsbefürwortern ist dabei offenbar immer noch ein ähnlicher Brüller wie jene unterdrückt kichernden Comedians, die im pantomimischen Parodieren von Tamponwerbung die obere Grenze ihrer tabubrecherischen Spaßfixierung erreichen und diese im Zweifelsfall auch ungefragt als subversive Abwehrmaßnahme gegen eine genaugenommen nur schwer auszumachende Geißel der politischen Korrektheit preisen.«[14]

Warum es gerade Raab war, von dem Schmidt so dringend Abstand suchte, liegt auf der Hand. Man hält ihn, nicht ganz zu Unrecht, für Schmidts Zauberlehrling. Raab selbst nennt Schmidt (neben Gott, einem echt lustigen Typ) als eines seiner Vorbilder. Die Verhöhnung des Fernsehens im Fernsehen hat Raab, der noch immer mit Brainpool zusammenarbeitet, zum Lebenselixier seiner Sendung gemacht. Nie war die Materialbeschaffung diesbezüglich so leicht wie heute, wo Nachmittagstalkshows und Tutti Fruttis ihre Gäste schon unter dem Aspekt einladen, dass sie sich hoffentlich um Kopf und Kragen reden werden. Inzwischen reicht es schon, wenn sie so freundlich sind, Loch mit Nachnamen zu heißen.

Fernsehen muss Orientierung bieten: Schmidt zeigt die Urlaubsziele seiner Mitarbeiter (2002)

Natürlich ist Schmidt nicht zotenfrei geworden, und auch das Inkorrekte braucht er noch als Ballettstange. Es sind dies die berechenbarsten Momente der Show. Wenn er aus einem Urlaub wiederkommt, während dem sich eine Hochwasserkatastrophe in Deutschland und Tschechien ereignet hat, kann man immer noch ganz sicher sein, dass er einen augenzwinkernden Witz über die Geschädigten machen wird, nicht ohne ein neckisches »Darf man das?« hinzuzufügen (»Ich habe gespendet. Aber dann möchte ich auch bei der nächsten Möbelauswahl ein Wörtchen mitreden. So manche Couch, die da weggeschwemmt worden ist, wollen wir auch wirklich nicht wiedersehen«). In solchen Momenten wird dann auch der Anspruch aufgehoben, Zielscheibe der Satire würden nur pompöse Arschlöcher oberhalb einer bestimmten Einkommensgrenze.

Die Abkoppelung vom Rest der Welt, der Rückzug auf den gemütlichen Bonito-Kokon mit seinen Bierchen, seinen Mädchen, seinen Nudelchen, Internetspielchen, den dicken Kindern aus Landau und den Playmobil-Robespierres ist für eine Late Show natürlich nicht ungefährlich. Schon hat die Humorkritik der *Titanic* Harald Schmidt die Gelbe Karte gezeigt: »So sehr ich mich nach wie vor über Harald Schmidts sehr verlässliche Eröffnungsmonologe freue, so ärgerlich finde ich mittlerweile ein Verfahren, das vordergründig sicher Meta-TV bzw. Decouvrierung des Mediums qua Blabla sein soll, aber eventuell auch nur Stinkfaulheit ist … da ist mir, mit Verlaub, fast so, als spiele da jemand ganz schön auf Zeit; wie überhaupt das Geplant-Ausgedacht-Handwerkliche früherer Zeiten zugunsten eines immer käsiger werdenden Dauerstehgreifgeplappers und Selbstreferentialgeömmels schon arg ins Hintertreffen geraten ist ….«[15]

Ob es tatsächlich Faulheit ist oder nicht vielmehr ein Gemisch aus Unsicherheit und Angst, was mit Schmidts Aufgang in die Hochkultur immer zu- und nicht etwa abgenommen hat – das ist so eine Frage. Gerade die besprochene Sendung zum 11. September 2001 brachte es an den Tag: Schmidt agiert ohne eigenen Kompass. In seiner Erzählung »Dekonspiratione« lässt der Schriftsteller Rainald Goetz seine Figur Lars ein »Antirigoroses Konzept« für die Harald Schmidt Show entwickeln, dessen Ziel die Wiederkehr des Realitätsprinzips durch Politisierung und Aktualisierung des Stand-up-Teils ist. Schluss mit dem Cocooning, raus mit der *Bild*-Zeitung von morgen. »Die Schmidt-Show hat Angst«, meint Lars. »Und das ist gefährlich, das ist für diese Art Show wirklich alarmierend … Harald Schmidt hat Angst. Seit er meint, er hätte das Spiel der Medien durchschaut und alles verstanden, seit er überall erzählt, es wäre ihm nichts mehr peinlich und nichts könnte ihn noch schrecken, hat er eine geradezu lächerliche Angst vor der falschen Bewegung.«[16] Sogar sein alter Freund Fred Kogel, der zwischenzeitlich SAT.1 verlassen hat und bei der Kirch AG zum Geschäftsführer aufgestiegen ist, ist der Meinung, die Form sei nun ausgereizt. »Die Show läuft rund.

Er ist damit an einer Endstation angekommen. Beim Fernsehen gibt es jetzt keine Herausforderungen mehr für ihn, höchstens noch eine ›Weekly‹.«[17] Natürlich kann man einfach hartnäckig weitermachen. Eine Million Fans wollen es so, und Schmidt, der noch steht, auch wenn das Kirch-Imperium längst untergegangen ist, scheint es ebenfalls so zu wollen. Aber wo ist der Kick? Wohin kann es nun gehen?

Lucky Strike

Zurück zum Theater

Einmal im Jahr besucht Harald Schmidt ein Gartenfest in München, wo, wie er sagt, »noch andere Nobodys aus Politik und Medienszene geladen sind«. Es ist angeblich das einzige Fest, das er noch besucht, schon aus Angst vor der *Bunten.* Dort trifft er natürlich auch etliche der von ihm Erniedrigten und Beleidigten, Uli Hoeneß zum Beispiel oder Kalle Rumenigge, aber man drückt sich zivilisiert die Hand, muss ja. In diesem Rahmen kam dann im Sommer 2001 einmal ein junger Mann auf ihn zu, der sich als Matthias Hartmann, Intendant des Bochumer Schauspielhauses vorstellte. Er hatte mit seinem Dramaturgen Thomas Oberender über eine Inszenierung von Samuel Becketts »Warten auf Godot« nachgedacht. »Wir konnten alles wunderbar besetzen – bis auf die Figur des Lucky. Und Oberender meinte, eigentlich wäre Harald Schmidt der Lucky unserer Zeit.«[1] Angeblich stellte sich dann heraus, dass auch Harald Schmidt schon immer von der Rolle geträumt habe, sogar schon zu Zeiten der Stuttgarter Schauspielschule, wo er mit dem Gedanken gespielt habe, sich mit dem Lucky-Monolog zu bewerben, die Idee dann aber als zu arbeitsintensiv verworfen habe. Wenn es nicht so war, ist es gut ausgedacht. »Hätte ich das Stück genauer gelesen«, so Schmidt, »hätte ich gewusst, dass ich da ziemlich lange mit schweren Koffern herumstehen muss, bevor dieser Monolog kommt.«[2]

Das Stück, »Warten auf Godot«, ist in Würde ergraut. Die Entdeckung der Sinnlosigkeit, der Arbitrarität der Sprache und des Tods des Subjekts ist uns dieser Tage, nach Posthistoire, Dekonstruktion, Lacan und Derrida, nicht mehr so ganz das Kernspaltungsexperiment, das es einmal war. Das ist natürlich nicht dem Autor anzulasten. Es stellt aber die Inszenierung – wenn sie sich nicht einfach auf den Klassikerstatus berufen will, den »Warten auf Godot« längst hat – vor das Problem, uns einen extra guten Grund zu nennen, warum wir einmal mehr hören sollen, »dass wir immer etwas finden, um uns einzureden, dass wir existieren«. Beckett, ein Altersgenosse Adornos und von diesem hochverehrt wie kaum ein Zweiter, war als 22-Jähriger in den Pariser Freundeskreis von James Joyce aufgenommen worden, hatte dann aber fast 25 recht erfolglose Jahre hinter sich, bevor ihm 1953 ausgerechnet mit »Warten auf Godot«, geschrieben in der unmittelbaren Nachkriegszeit, der Durchbruch gelang. Dazwischen war er als Mitglied einer Résistance-Gruppe knapp der Verhaftung durch die Gestapo entgangen und hatte sich bis zur Befreiung in einem abgelegenen Gebirgsdorf als Landarbeiter über Wasser gehalten. Adorno, für den eine Wiener Inszenierung des »Endspiels« eine der letzten Offenbarungen seines Lebens darstellte, hatte Beckett immer als »ungemütlich« gelobt. Im Archiv des Hessischen Rundfunks findet sich eine Gesprächsrunde aus dem Jahr 1963, in der Adorno mit Martin Esslin, Fachmann für Absurdes Theater, dem jungen Walter Boehlich und anderen über Beckett diskutiert[3]. Der Eifer, mit dem sich die Gesprächspartner – viele von ihnen Exilanten – in der Schilderung der entblößenden und entlarvenden Kraft Becketts überbieten, wie noch das kleinste bisschen trügerischer Hoffnung oder Individualität seiner Figuren oder gar Rückstände des Religiösen zerstäubt werden, hat heute etwas unfreiwillig Komisches. Diese Komik könnte Anlass und Subtext einer Neu-Inszenierung von »Warten auf Godot« sein. Lachen wir über die Konventionen des Absurden!

Die Inszenierung Matthias Hartmanns, die am 6. Januar 2002 im Schauspielhaus Bochum Premiere hatte, hielt sich, was diesen Punkt angeht, bedeckt. Zwar wurde die Komik sattsam ausgespielt, vom Slapstick um Estragons Schuh oder Wladimirs Hose und der Nummernhaftigkeit des Auftritts von Lucky und Pozzo bis hin zur meist gestrichenen Dialogpassage: Pozzo (untröstlich): »Langweilen Sie sich?« Estragon: »Kann man wohl sagen.« Pozzo zu Wladimir: »Und Sie mein Herr?« Wladimir: »Es ist kein reines Vergnügen.« Und schließlich natürlich das Ausbleiben der Katastrophe, das in der unmittelbaren Nachkriegszeit wohl wirklich ein Lacher der ganz besonderen Art gewesen ist. Ernst Stötzner und Michael Maertens spielen Estragon und Wladimir wie in einer Episode von Harry und Tonto; ein klassisches Clownspaar, das sich zu echter Freundschaft nicht durchringen, aber auch nicht auseinander gehen kann und es stattdessen bei immer neuen Windungen des Kasperns belässt.

Aber die Tragödie der Ausweglosigkeit sollte bei Hartmann durchaus erhalten bleiben, wenn man auch nicht mehr so recht weiß weshalb eigentlich. Das Bühnenbild von Karl-Ernst Hermann zeigte einen guten, gelben Mond, der über einer schiefen, im Laufe des Abends bedeutungsvoll schwankenden Ebene mit armem, blattlosen Baum einen letzten Rest von Melancholie über das Geschehen ausbreitet. Drum herum ein rechteckiger Goldrahmen: Willkommen im Museum der Moderne.

Und endlich kam Pozzo (Fritz Schediwy), der Zirkusdirektor, mit knallender Peitsche, und sein Knecht Lucky, gespielt von Harald Schmidt. Die Anstrengung, diesen Freak der Theatergeschichte zu verkörpern, reicht gelegentlich ins Akrobatische. Gebückt, die Koffer ziehen die Arme lang und länger, ein Strick zerrt am Hals, die Peitsche knallt, so musste Schmidt verharren, bis er endlich, auf Pozzos Zuruf »Denke, Schwein« in seinen wissenschaftskritischen Irrsinns-Monolog fallen konnte: »Auf Grund der sich aus den letzten öffentlichen Arbeiten von Poinçon und Wattmann ergebenden Existenz eines persönlichen Gottes kwakwakwakwa …«[4] In Berlin, wo die Inszenierung im Rahmen eines Protest-Theaterfestivals von Claus Peymann am Berliner Ensemble gastierte, lachte das Publikum etwas unsicher, als

Akakakakademie! Als Lucky in »Warten auf Godot«, Schauspielhaus Bochum (2001)

Schmidt das »man weiiiiiß nicht warum« ganz leicht in die Länge zog, und natürlich auch bei der »Akakakakademie«, aber er schaute unter seinen langen strähnigen, blonden Indianer-Haaren (eine Anspielung auf Wolfgang Neuss) so gequält drein, dass niemand laut herauslachen mochte. Die Anstrengung, hier mitzuhalten, es nicht zu vermasseln, war ihm deutlich anzumerken. Zugleich ist es gerade diese Anstrengung, das Bizarre und Monströse der Figur, hinter dem man sich verstecken kann, wenn man sich der eigenen schauspielerischen Fähigkeiten nicht so ganz sicher ist.

Am Premierenabend hatte natürlich in Bochum großer Andrang geherrscht; man stand Schlange wie zuletzt zu Peter Zadeks Zeiten, und das gewiss nicht, um dem Tod des Subjekts beizuwohnen. Man will Schmidt sehen, in der Rolle, die laut Matthias Hartmann »die wichtigste seines Lebens ist«. Überhaupt hatten alle Beteiligten vor der Premiere recht laut herumgedröhnt; der zeitliche Abstand, der uns von der Nachkriegszeit und ihren in der Tat existentiellen Fragen trennt, schnurrte hier zum Nichts zusammen. Es soll einmal mehr um alles gehen. »Das Stück macht unbeschreiblich viel Sinn«, ließ sich Hartmann vernehmen, »in den Beziehungen der Menschen zueinander. Interessant daran ist, dass zum Beispiel Menschen Fragen bewegen, die ihnen gar nichts bedeuten. Dass es um nichts anderes geht, als die Zeit totzuschlagen. Oder um Machtverhältnisse.«[5] Ob es wirklich so interessant ist, wenn Menschen Fragen bewegen, die ihnen gar nichts bedeuten und den Zuschauern womöglich auch nicht, wäre noch zu klären. Auch von Schmidt war nicht so genau zu erfahren, was eigentlich das Stück einem Publikum der Gegenwart zu sagen hätte: »Ich glaube, das Stück ist überhaupt nicht zu verstehen … Ich finde so einen Satz wie ›Und sie gebären rittlings über dem Grabe, es wird kurz hell und dann wieder Nacht, für immer‹ – Das ist doch ein Hammer. Wenn Sie Kinder haben, ist der Satz ein Hammer. Das ist es ja: man wird eigentlich nur geboren, um zu sterben.«[6] Vielleicht ist doch eher ein Hammer, dass solche Sätze nicht längst, wie die zerfließenden Uhren von Salvador Dali, als eine ganz spezielle Art von Kitsch betrachtet werden, als stereotype Konventionen des absurden Theaters, dem das Erschrecken über den Tod Gottes noch in den Gliedern steckt. Die Idee, dass das Ende der Metaphysik und der großen göttlichen Staatsaufträge ein Schritt in die Freiheit war, kommt hier gar nicht erst auf. Stattdessen wird nun auch Beckett in den Dienst der Selbstkritik gestellt, mit der die Spaßgesellschaft sich regelmäßig überzieht: »Die Zeit ist viel schneller geworden«, so sinniert Schmidt, »und fordert vom Einzelnen mehr, und das verändert natürlich den Blick auf so ein Stück. Die Leute, die heutzutage um 19 Uhr in Bochum in dieses Stück gehen, sind zugeballert bis unters Dach mit Tagesschau, Günther Jauch, Harald Schmidt, *Bild, WAZ, taz, FAZ*, mit Club-Urlaub und Patchwork-Familie, die müssen immer auf mehreren Ebenen spitze sein.«[7] Die

Leistungsgesellschaft und der Zweite Weltkrieg, alles ein Anforderungswahn, und in Wirklichkeit geht es um nichts. Einmal mehr soll gezeigt werden, dass die Medien um ein Goldenes Kalb tanzen lassen und dass es darauf ankommt, dies kommentarlos zu exponieren, um es zu entlarven, um es so vielleicht durch Implosion zum Einsturz zu bringen.

Schwer zu glauben, dass jemand, dem die angeblich so uniformen und sinnlosen Medien einen derartigen Bildungsroman ermöglicht haben wie Harald Schmidt, dem ein Millionenpublikum auf dieser Wandlung gefolgt ist – ein Publikum, dem man so gut wie kein Differenzierungsvermögen zutraut –, dass so jemand seine persönlichen Erfahrungen so gar nicht mit seinem Weltbild verrechnet. Offenbar sind die »Zugeballerten« doch begeistert und aufnahmefähig genug, um sich einer fast dreistündigen Inszenierung zu unterziehen, die nicht gerade mit Knalleffekten aufwartet. Offenbar nehmen die Medien, die Harald Schmidt beschäftigen, seine Idiosynkrasien nicht nur in Kauf; sie empfinden sie als wertsteigernd. Sie stellen ihm dafür teure Sendezeit, Personal und politischen Schutz zur Verfügung. Ein Geschäftsführer nach dem anderen hat seinen Kopf für ihn hingehalten. Wer da Sklave war und wer Lucky, das war doch sehr die Frage. Von wegen Tod des Subjekts!

Im Programmheft der Bochumer Inszenierung und auch in zahlreichen Interviews anlässlich von »Godot« präsentierte sich Schmidt weiterhin als Ignorant: »Ich hab ja nicht wirklich was begriffen in der Schule. An mir sind Wörter wie Clavigo, Iphigenie und Fuge hängen geblieben. Ich weiß noch, dass das nicht St.Pauli-Abwehrleute sind, sondern dass Clavigo ein bekanntes Bild von Schiller ist. Ich selbst bin ein großer Fan von absoluter Hochkultur, die ich zwar auch nicht verstehe, die mich aber fasziniert.«[8] Das konnte zu diesem Zeitpunkt niemand mehr als Bescheidenheit lesen; die Pose war längst zur Koketterie erstarrt. In Kombination mit einem gar nicht mehr unbescheidenen Anspruch der Sendung, wie er im selben Atemzug formuliert wird, nimmt die Sache geradezu penetrante Züge an: »Normalsatire hat noch ein Ziel. Sie will auf etwas aufmerksam machen. Bei uns ist die Sache zwecklos … Sie müssen ein stabiles Weltbild haben, um bei mir lachen zu können. Weil bei mir unentwegt der Teppich weggezogen wird. Dies wird angezweifelt, jenes madig gemacht. Aber natürlich nie, indem wir Sachen wirklich madig machen, sondern indem wir sie hochjubeln. Wir sagen nix Negatives. Alles ist toll. Claudia Schiffer ist toll. Wir bewundern Schumi. Wir wollen Corinna helfen. Erst in der Übertreibung werden gängige Vorstellungen zerstört.«[9] Darunter macht es heute niemand mehr in der Unterhaltung, so scheint es. Und welche gängigen Vorstellungen werden aufgebrochen, wenn man Claudia Schiffer lobt? Vielleicht die, dass sie Anspruch auf den Pulitzer Preis hätte? Es weist einiges darauf hin, dass die gängigen Vorstellungen von Claudia Schiffer ziemlich deckungsgleich sind mit jenen, die Harald Schmidt über sie hegt, aber aus irgendeinem Grund ist das ein unerträglicher Gedanke. Wer sich ins Theater wagt oder seine Late Show einschaltet, muss damit rechnen, seine Sehgewohnheiten oder seine verkrusteten Denkstrukturen oder »gängige Vorstellungen« aufgebrochen zu bekommen. Da möchte man mit dem Filmkritiker Georg Seeßlen ausrufen: meine Sehgewohnheiten gehören mir!

Jedenfalls war mit dem Auftritt in Bochum, dem bald das feste Engagement als Mitglied des Ensembles folgen sollte, ein Weg beschritten, auf dem sich auch ein paar alte Rechnungen begleichen ließen. Im März 2001 veröffentlichten die »Berliner Seiten« der *Frankfurter Allgemeinen Zeitung* einen Text von Benjamin von Stuckrad-Barre mit dem Titel »Claus Peymann kauft sich keine Hose, geht aber mit essen«, während das fast gleichnamige Dramolett von Thomas Bernhard (»Claus Peymann kauft sich eine Hose und geht mit mir essen«) am Berliner Ensemble aufgeführt wurde, zum Amtsantritt des neuen Indentanten, Claus Pey-

Claus Peymann kauft sich keine Hose: Schmidt als Peymann mit Benjamin von Stuckrad-Barre als er selbst (2001)

mann. Von Stuckrad-Barres Stück unterschied sich von Bernhards naturgemäß im Grad der Bösartigkeit. Zwar stand auch hier Peymann als der »Kraftlackel« und naive Tölpel da, der er bei Bernhard ist, aber im Vordergrund steht doch das harmlose Geplänkel mit benutzerfreundlicher Oberfläche, das die Texte Stuckrad-Barres schon immer auszeichnete. Bei Bernhard dagegen stellt die Harmlosigkeit Peymanns genau das Problem dar. Als Bernhard ihm die Gäste im Restaurant »Zauberflöte« vorstellt, als Minister oder gar als Nazis, lässt sich der »Kraftlackel« überhaupt nicht irritieren: »Nehm wa doch Millirahmstrudel mit Tunke/Tolle Stadt Bernhard/Tolles Land Bernhard/Österreich ist schon'n Hammer Bernhard.«[10] Schmidt, für den Stuckrad-Barre eine Zeit lang als Gagschreiber gearbeitet hatte, war von dessen Text so begeistert, dass er die *FAZ* bat, ihn auf seine Internetseite stellen zu dürfen. Es wurde abgelehnt. »Also habe ich den Text auswendig gelernt, aus Rache«, so berichtete Schmidt in seiner

Eloge auf die »Berliner Seiten« der *FAZ*, die im Sommer 2002 eingestellt werden mussten.

Wenige Wochen später, am 13. Juni 2001, führte Schmidt den Text in seiner Show auf, wobei er den Theaterintendanten Claus Peymann, Stuckrad-Barre sich selbst und Manuel Andrack den Hosenverkäufer spielte. Peymann erscheint hier als gutwilliger Trottel, dem man gewisse Blasiertheiten durchaus nachsieht. Wie in den sonstigen Texten der Popliteraten üblich, werden auch hier Marken und Stoffe mit eigenem dramatischen Potenzial ausgestattet. Peymann quasselt in einer Tour vor sich hin: »Ich gehöre ja an sich zur Leinenavantgarde, ich habe Leinen getragen als das noch kein Mensch tat, und ich habe die mit durchgesetzt, aber ich konnte dann irgendwann dieses Zerknäulte, Zerbeulte nicht mehr ertragen. Das ist an sich ein sehr schöner Anzug hier. So ein Tschechow-Sakko, natürlich unten zu eng. Sie, Sie können das tragen. Sie haben eine absolut ideale Konfektionsgröße. Ich hoffe, das gilt nicht für Ihr Schreiben. Hahaha.«[11] Verständlicherweise wird auch Peymanns Wille zur Menschheitsbeglückung der Lächerlichkeit preisgegeben: »Ich habe über Theaterarbeit den Leuten etwas zu sagen, auch über die Aufführungen hinaus, und ich möchte einen Anspruch an die Regierenden formulieren mit meiner Arbeit – Widerspruch, Widerstand. Da bin ich Prediger … Ich habe nicht so viel Vertrauen in unsere Gesellschaft, ich habe das Gefühl, subkutan brutzelt, schimmelt hier einiges vor sich hin, auf das Theater kommen neue Aufgaben zu. Aber ich weiß es nicht. Ist ja auch scheißegal, verstehen Sie?« Ein weiteres Mal bekommen die Achtundsechziger ihr Fett weg. Nicht etwa, weil sie, wie Peymann, noch immer der Auffassung sind, dass der Laden grundsätzlich schief läuft. Das glauben die Pop-Literaten bei aller Affirmation ja durchaus auch. Der Vorwurf ist eher, dass in Wahrheit doch nur Eitelkeit im Spiel war. Auch der Peymann in Stuckrad-Barres Stück schwenkt nach seinem Bekenntnis zu Widerspruch und Widerstand sofort zum schönen Donna Karan Herren-T-Shirt um. Beides ist ihm gleich wichtig. Außer Posen nichts gewosen!

Es kam, wie es kommen musste. Der frisch und nicht ohne Hindernisse in Berlin installierte Intendant des Berliner Ensembles Claus Peymann lud Schmidt ein, das Stück auch an seinem Haus aufzuführen. Premiere war am 25. November 2001. Die »Berliner Seiten« – geleitet von Florian Illies – dem Autor der »Generation Golf« und der »Anleitung zum Unschuldigsein« – begleiteten das Ereignis, indem sie vier Berliner Bekleidungsexperten Schmidts »Hosenproblem« vorsetzten: »Wie sonst, wenn nicht als Verschleierung des Hosenproblems, ließe sich erklären, dass Schmidt stets dieselben Anzüge trägt? … Und wie, wenn nicht entweder als Krönung der Schmidtschen Ablenkungstaktik oder gar als Hilfeschrei nach einer Hosenlösung ließe sich erklären, dass der Moderator vor einiger Zeit in seine Sendung ganz ohne Hosen auftrat?« Und so schnattern die Bekleider vor sich hin: »Diese Hose ist cool. Sie ist an den Oberschenkeln und am Po sehr eng … Eine Arbeitshose ist genau das richtige für den Schmidt … Schmidt ist sexy. Im Kopf … Erst dachte ich an eine halblange Sporthose – aber nee: bei den Streichholzwaden! …«[12]

Hier wuchsen zwei Fraktionen des Kulturbetriebs zusammen, die sich mit ähnlicher Notwendigkeit aufeinander zu bewegt hatten wie der vakante Lucky auf den ehemaligen Stuttgarter Schauspielschüler. Mit der »Generation Golf« hat Harald Schmidt gemeinsam, dass er wesentliche Teile seiner Selbstdefinition aus der Abgrenzung von den Achtundsechzigern bezieht. Dass beide immer noch auf sie rekurrieren, obwohl etwa zwanzig Jahre zwischen ihnen liegen (Schmidt ist Jahrgang 1957, Stuckrad-Barre 1975) bezeugt einmal mehr, wie prägend das große Kollektiverlebnis 1968 war, wie sehr die Deutungshoheit bei seinen Protagonisten verblieben ist. Der Fall der Mauer, der in die Adoleszenz der »Generation Golf« fiel, hat verblüffenderweise nicht annähernd so viel innere Bewegung ausgelöst wie der Sturm aus dem Paradies von 1968, der einen in den Konservatismus trieb. Der Untergang der DDR war für sie, wie Manuel Andrack in seiner Magisterarbeit schrieb, ein durch die Medien inszeniertes Glücksmoment, vergleichbar vielleicht mit der Olympiade nicht von Belang, außer durch die störende Präsenz von stone-washed Jeans auf unseren Straßen. Viel mehr Interesse und intellektuelle Energie ist in die Entwicklung eines persönlichen Stils investiert worden. Die Dokumente dieses Schaufenster-Heroismus waren zunächst zwei Romane der Popliteraten Christian Kracht *(Faserland)* und Stuckrad-Barre *(Soloalbum)*, in denen verbindlich festgestellt werden sollte, wer »top ist und wer flop«.

Der Grad der Aggressivität in den Schriften der »Generation Golf« schwankt: von den »100 Zeilen Hass« in Maxim Billers Kolumne der Zeitschrift *Tempo* über den »Abschaum, das Strandgut der Menschheitsgeschichte«, wie es im öffentlichen Nahverkehr Heidelbergs anzutreffen sei, bis zu den eher harmlosen Observationen in Florian Illies' *Generation Golf*, der feststellt, die Entscheidung zwischen Geha und Pelikan-Füllern sei die schwierigste seiner Jugend gewesen. Was größere Kreise von Leuten berührt haben, zerfällt ihnen sofort zu Staub. Man eignet sich großbürgerliche Gesten an – trifft sich im Hotel Adlon, gekleidet in Morgenmäntel aus zitronengelber marokkanischer Seide –, lebt aber von dem gleichen, eher kleinbürgerlichen Impuls, sich unbedingt unterscheiden zu müssen, der auch Harald Schmidt umtreibt.

Diese etwas ermüdende Suche nach dem ganz eigenen Stil ist in einer Gesellschaft wie der britischen ebenso undenkbar wie unnötig, wo es einen schon für alle Zeiten definiert, ob man in Cambridge oder Oxford gewesen ist. Oder wie Gustav Seibt einmal in der *Zeit* über die Generation Golf schrieb: »All das weist auf Mittelstand, und zwar auf typisch deutschen Mittelstand. Das anstrengende und nervige Suchen nach dem individuellen Stil, diese für intelligente Menschen eigentlich unwürdige Dauerbefassung mit Dingen, die doch vor allem praktischen Zwecken dienen sollten, wie Kleidern, Schuhen, Zigaretten, Reisezielen, Hotels, Kreditkarten und all dem anderen zeitraubenden Kram, der die Seiten von ›Tristesse Royal‹ und ›Generation Golf‹ füllt, schließlich die mit dem Kommen und Gehen der Moden verbundene infinitesimal gebrochene Ironie – was geht noch, nicht mehr oder schon wieder? – samt dem reaktiven Streben nach Ernsthaftigkeit: All das ist zutiefst kleinbürgerlich. Weder die traditionellen Oberschichten noch die Arbeiterklasse wollten je ›individuell‹ sein. Wo alte Oberschichten noch gewisse stilprägende Spuren hinterlassen haben wie in den westeuropäischen Ländern, ist die neurotische Suche nach dem jeweils Angesagten viel weniger verbreitet als in der reich gewordenen, gestaltlosen westdeutschen Gesellschaft oder auch in Amerika.«[13] Wo wenig Klasse ist, so Seibt, da ist viel »Generation«. Man weiß nicht, wer man ist, und lotst sich deshalb am Generationenkonzept durch den Markt der Identitätsangebote.

Die Tatsache, dass der sehr viel ältere Harald Schmidt die »Tristesse Royal« so umstandslos amalgamieren konnte (er wird auch mehrmals wohlwollend in dem Buch als ein Gewährsmann erwähnt) spricht schon gegen die Triftigkeit des Generationenkonflikts. Mit den Golfern teilt er, wie gesagt, den Abgrenzungsfuror gegen die Achtundsechziger, kann allerdings ein schlechtes Gewissen nie so ganz abschütteln. Bei Schmidt hat es damit außerdem eine zusätzliche biografische Brisanz: Es war der Achtundsechziger Claus Peymann, an dessen Hof er nie hatte landen können. Welcher Triumph war es da, von Peymann angefleht zu werden, doch die Aufführung des Dramoletts von Stuckrad-Barre, »Claus Peymann kauft sich keine Hose, geht aber mit mir essen«, noch einmal zu wiederholen, in dem Peymann ja gerade in seiner Eigenschaft als Achtundsechziger karikiert wird. In der oben erwähnten Eloge auf die »Berliner Seiten«, einer Art Coolness-Börse der Golfer, berichtet er:

»Also habe ich den Text auswendig gelernt, als Rache, und dann haben wir damit sogar beim Berliner Ensemble gastiert, und ich habe Claus Peymann in die Hand versprochen, mehrmals zu gastieren, worauf Peymann ein Foto von mir ins Werbeheft des BE gesetzt hat, als Ensemblemitglied, was mir wahnsinnig geschmeichelt hat, wie es befreundete Intendanten geärgert hat. Später habe ich dann mit ziemlich schlechtem Gewissen an Weiberfastnacht von Sylt aus Claus Peymann angerufen und ihm mitgeteilt, dass ich leider nicht mehr gastieren könne, weil ich das Stück so selten spiele und der Text mir so viel Arbeit macht beim immer wieder Auffrischen. Nie habe ich am anderen Ende der Leitung eine ersterbendere Stimme gehört. Nie wurde ein Mensch tiefer enttäuscht, nie wurde der Glaube an das Gute, Wahre und Schöne schändlicher aus der Welttheaterhammerseele gerissen. Keine Dene, kein Schwab, kein Voss können den Satz ›Sie haben Ihr Wort gebrochen‹ so abgrundtief zerstört hauchen, wispern.«[14]

Keine Dene, kein Ritter, kein Voss ist es, um den Peymann hier so ringt; nein, es ist Harald Schmidt, der damals in Stuttgart gerade mal gut genug war, als stummer Soldat über die Bühne zu gehen. »Können Sie sich an mich erinnern?« hatte Schmidt Peymann einmal gefragt, als das *Zeit-Magazin* die beiden zum Gespräch gebeten hatte. »Sehr verschwommen«, hatte Peymann geantwortet. Und nun dieses Flehen, das dann auch noch abgeschlagen wird – besser kann eine Wiedergutmachung nicht laufen.

Genau genommen war dem allerdings schon ein anderer Triumph vorausgegangen: Harald Schmidt hatte zwei Stunden lang am Burgtheater aus Bret Easton Ellis' *American Psycho* vorgelesen, eine Erfahrung, die für ihn mindestens so bewegend war wie die Geburt seines jüngsten Sohnes. (»Ich stand im Kreißsaal und habe diese Sätze in mir gehört – ›es war der größte Augenblick meines Lebens‹ – und fühlte mich verpflichtet, das auch als den größten Augenblick in meinem Leben zu betrachten. Ich war sehr stolz und sehr erleichtert, aber ich muss ehrlicherweise sagen, dass der Augenblick, als ich zwei Stunden alleine auf der Bühne des Burgtheaters stand, in meiner subjektiven Empfindung da heranreicht.«[15]) *American Psycho* hat einiges mit der deutschen Popliteratur gemein: den Ekel vor den Massen, den hysterischen Distinktionswahn, die Obsession mit Marken, das Käseglockenhafte der Wahrnehmung, bei dem Politik, Geschichte, Stadtgeschehen und dergleichen völlig ausgeblendet werden. Bei Ellis kommt allerdings der pädagogische Impuls hinzu, durch die Schilderung unvermittelter Grausamkeiten, die Bateman, der Held der Geschichte, an zufällig hereinschneienden Protagonisten begeht, »die Unschockierbaren zu schockieren«. Es sollen also wohl wieder einmal verkrustete Strukturen aufgebrochen werden. Vielleicht soll auch nur eine Aufmerksamkeit generiert werden, die dem eher öden Büchlein andernfalls wohl nicht zuteil geworden wäre. Jedenfalls ist es einer von Harald Schmidts Lieblingsromanen, und er hatte ihn auch am Berliner Maxim Gorki Theater 1998 schon einmal gelesen. Schmidt, so hieß es damals in der *Berliner Zeitung*, führt die »Unschockierbarkeit der Rezipienten vor, von der Bret Easton Ellis nicht einmal zu träumen wagte. Ein Kapitel, das Batemans Wohnungseinrichtung in quälender Detailversessenheit bis hin zum letzten Küchenmesser beschreibt, liest er mit ausdrucksloser, die Langeweile dieser Passagen noch verstärkender Stimme vor. Umso deutlicher gewinnt sein Vortrag an ironischer Färbung, als Bateman seine alte Freundin Bethany zur Vorbereitung von Schlimmerem auf dem weißen Eichenfussboden festnagelt. Das Publikum lacht, weil es Schmidts vertrauten Zynismus erkennt. Und es hofft auf die nächste schlimme Stelle, als Batemans Monologe über die musikalischen Verdienste gezielt öde werden«[16]. Das Publikum wird mit Ödnis gequält und dann gescholten, wenn es befreit auflacht, sobald sich endlich einmal etwas tut, und sei es Gewalt. Daraus zu schließen, das Publikum sei durch Grausamkeiten nicht mehr aufzurütteln, ist wohl ein wenig zu selbstbewusst argumentiert. Im Gegensatz zur Kunstfigur Bateman wissen die meisten Leute ihre Unterscheidungen doch recht genau zu treffen. Hier begegnet man wieder Schmidts durchaus vorhandener Neigung zur Volkserziehung, auch wenn nicht direkt klar wird, was den Leuten hier eigentlich genau beigebracht werden soll.

Die deutsche Übersetzung von *American Psycho* ist bei Kiepenheuer & Witsch erschienen, dem Verlag, bei dem auch Schmidt selbst seine Kabaretttexte und gesammelten *Focus*-Kolumnen meist veröffentlicht. Dass er an Peymanns Haus, dem Mythos Burgtheater, allein auf der Bühne stehen durfte, auf der sämtliche seiner Theaterheroen, von Dene bis Schwab, nur im Ensemble gestanden hatten – und dann in Rollen, nicht als sie selbst, so wie Schmidt – muss wohl tatsächlich ein erhebendes Gefühl gewesen sein. Und dann noch mit Bückware! Auch wenn man ihn gleichzeitig ein bisschen dafür bedauert, dass er seinen Triumph gegen das Erlebnis der Geburt ausspielen muss, das von den Stimmen der anderen Väter verdorben ist.

Ähnlich wie Tom Wolfe oder Gore Vidal, zwei weitere Lieblingsautoren Schmidts, ist Bret Easton Ellis von der angeblichen Oberflächlichkeit und Vulgarität des amerikanischen Alltagslebens überzeugt, das keine Wertunterschiede mehr kenne und erst recht keine moralischen Skrupel. Als »Fegefeuer der Eitelkeiten« wird der Betrieb charakterisiert, in dem weder echte Leistungen noch Freundschaften etwas gelten, und alles von idiotischen Zufällen abhängt. Im Grunde liegen der Yuppie-Konsumismus und die grauenhaften Morde in *American Psycho* für seinen Autor auf einem moralischen Kontinuum; wer so hemmungslos seinen Körper pflegt, schreckt auch nicht vor der Enthauptung einer Nutte zurück. Mit ein bisschen gutem Willen konnte Hausherr Peymann diese verblüffende Lesart seiner eigenen kapitalismuskritischen Sicht der Gegenwart einverleiben, und so kam man am Burgtheater reibungslos zueinander.

Die Liaison zwischen Harald Schmidt, den Golfern und ihren »Berliner Seiten« war demgegenüber gerade so richtig in Fahrt gekommen, da war sie auch schon wieder zu Ende. Während Schmidt inzwischen vom *FAZ*-Herausgeber Frank Schirrmacher und dem ehemaligen Wirtschaftsredakteur Hans D. Barbier selbst zum gepflegten Patriarchenfüßeln gebeten wird, ist die gesamte junge Garde, einschließlich des so hoffnungsfroh gestarteten Florian Illies, geschasst und vergessen. Thierry Chervel hat in einem Essay, der in seinem Internet-Forum »Perlentaucher« zu lesen war, das Schicksal der Popironie beschrieben, von der auch die Harald Schmidt Show wesentliche Impulse bezogen hat. Dieses Schicksal ist eines der Nachrücker, die in den bundesrepublikanischen Medienbetrieb zu einem Zeitpunkt einsteigen, als dieser sich in seiner größten Krise der Nachkriegszeit befindet. Angeheuert von einem Medien-Establishment, dass die Formen geprägt hat, sollen sie nun »die Oberflächen aufrauen, ohne sie anzukratzen«, ein komplizierter Balanceakt, der die vielen Versteckspiele erklärt, die mit Codes und Bekenntnissen getrieben wurden. »Man ließ Neue dran und schuf ihnen Spielwiesen, wo sie sich austoben konnten, ohne den Betrieb zu stören ... In der Regel ... war die Popironie unaggressiv. Zuweilen hatte man den Eindruck, dass sich ein Scherflein von Jungaristokraten und Einserabiturienten die Krawatten lockerte. Sein Humor besteht im Prinzip darin, dass man aus Anlass des Berliner Bankenskandals eine Kollektion mit Köfferchen präsentierte: Transportiere ich mein Schwarzgeld in Vuitton oder unauffälliger in Samsonite? ... Was gerade Code ist, erfährt man von Stichwortgebern, die für ihre Intuition, vor allem aber für ihren wirtschaftlichen Erfolg bewundert werden, denn er beweist, dass das Spiel mit den Formen tatsächlich angesagt ist. Also Florian Illies, der mit dem Bekenntnis, seinen Müll nicht immer normgerecht zu trennen, den Buchmarkt in Trance versetzte. Und Harald Schmidt, die größte moralische Autorität auf dem Gebiet.« Nur wenn es wirklich ernst wird – was zumindest auf die derzeitige Lage der Popjournalisten eindeutig zutrifft –, dann, so Chervel, »fehlt dieser Generation die Form«. Harald Schmidts Sendung zum 11. September hat das mehr als ausreichend belegt.

Was seine persönliche Lage angeht, kann natürlich von Ernst keine Rede sein. Krise, welche Krise? Während die Zuschauerzahlen der Show von etwa einer Million gleich bleibend akzeptabel bis gut sind, hat Schmidt einen Vertrag mit dem Bochumer Schauspielhaus abgeschlossen. Er ist dort nun Mitglied des Ensembles. Natürlich nicht irgendein Mitglied. Das nächste Projekt bewies, was man schon bei »Warten auf Godot« hatte vermuten können: Am Schopf Harald Schmidts zieht sich das Bochumer Theater aus dem Sumpf der Bedeutungslosigkeit, in dem es zwischenzeitlich einmal versunken war. An seiner Person, seinem Spagat zwischen Massenkultur und Snobismus, vor allem aber schlicht an seinem Celebrity-Status soll sich die Brisanz entzünden, die sonst so schwer zu erzeugen wäre. Getroffen werden soll der Geschmack desselben Publikums, das auch die »Generation Golf« gekauft hat, allerdings leicht anpolitisiert.

Am 31. Juni 2002 hatte das neue Stück in Bochum Premiere. Aber nicht im Theater! Auf dem Husemannplatz-Straßenfest hatten sie gerade fertig gerockt, da öffnete die Galeria der Sparkasse ihre chromblitzenden Aufzüge dem Theaterpublikum, das im vierten Stock des Hauses abgeladen und auf drei Säle verteilt wurde. Überall stehen distinguierte Herren in korrekten Anzügen, die den Ernst und Wahrheitsgehalt des zu Präsentierenden schon mal vorab verbürgen. Im ehemaligen Kaufhaus Kortum gegenüber hat Dieter Wedel einst »Der große Bellheim« gedreht. Prominente Ruhris wie Wolfgang Clement, Helge Schneider, Joachim Król, und auch der Oberbürgermeister waren angereist, um der deutschsprachigen Erstaufführung von Daniel Besses »Die Direktoren« beizuwohnen. Das Erstlingswerk des Schauspielers Besse erhielt in Frankreich gleich zweimal den Prix Molière und fand breitestes Medienecho.

Die Tatsache, dass Harald Schmidt mitmacht, sogar als festes Mitglied des Ensembles, verschafft dem Schauspiel Bochum regelmäßig schöne Aufmerksamkeit, wichtig sirren die Handys durch die gewagte Location (Sparkasse! Fußgängerzone!!), es schwenken die Kameras und rasen die Reporter – so stimmt am Ende der Deal: Der Intendant Matthias Hartmann verschafft Schmidt das lang ersehnte seriöse Engagement und sich selbst den Ruf des agilen Entertainers (»Ich kann einen Abend bauen«), als der er den modrigen Partykeller seines Vorgängers Leander Haussmann seit seiner Amtsübernahme im Jahr 2000 nach Kräften ausgelüftet und aufgemöbelt hat.

Zu viel Frohsinn soll allerdings nicht aufkommen. Das Stück von Besse ist durchaus das, was man früher »sozialkritisch« genannt hat. Es befasst sich mit der psychischen Feinmechanik in der Leitungsebene des Rüstungskonzerns Delta Espace, über dessen Praktiken das Programmheft gewissenhaft aufklärt. Er hat als Hauptsponsor den 50. Geburtstag der NATO finanziert – was man in Frankreich naturgemäß nicht als Grund zum Feiern betrachten kann. »Damit wird ein Militärbündnis unterstützt, das in seiner neuen Doktrin Ersteinsatz und Erstschlag von Atomwaffen vorsieht. Atomwaffen sind aber nach dem Urteil des Internationalen Gerichtshofes ... und so weiter.«[17] Obendrein liefert der Konzern »Dual-Use-Güter auch an menschenrechtsverletzende Regime«. Außerdem muss er sich Parteispenden, Mobbing, Personalspionage und sogar Profitdenken mit Scheuklappen nachsagen lassen. Wer als junger Mensch Bob Dylans »Masters of War« mit stierem Blick vor sich hingeklampft und sich später ein wenig dafür geschämt hat, musste überrascht sein. Nach all den Jahren, den doch sehr erfolgreichen Bosnien-Lufteinsätzen und dem noch viel erfolgreicheren Bombardement Afghanistans wollen wir noch immer Apfelbäumchen pflanzen?

Nun muss man natürlich bedenken, das Stück kommt aus Frankreich, wo noch immer Trotzkisten wählt, wer etwas auf sich hält – auch auf die Gefahr hin, dass es Le Pen bedeutet. Kapitalismuskritik gehört zum Radical Chic der Pariser Bourgoisie, weshalb Besses Direktoren auch nach Metrostationen benannt sind, die deren Wohnviertel einkreisen: Montparnasse (Schmidt), Châtelet (Patrick Heyn), Bercy (Felix Vörtler), Grenelle (Chris Hohenester), Denfert (Martin Horn) Odéon (Martin Rentzsch) und so fort. Zudem enthält es die Früchte oder vielmehr Backpflaumen des Foucaultschen Denkens und versäumt keine Gelegenheit, auf die sexuellen Derivationen und Deformationen der Führungsetagen zu verweisen, vorzugsweise deren unterdrückte Homosexualität – was andererseits auch wieder ein Uralt-Topos der Arbeiterbewegung war, die den Kapitalisten als Degenerationserscheinung am gesunden Volkskörper beschrieb.

Während sie bei Delta Espace an ihren Bilanzen herumpolieren, ihre Koeffizienten berechnen, ihre Infratests auswerten und im Fernsehen »Ethos« herzeigen, verkümmern ihre Seelen. Als überschlage sich nicht jedes moderne Unternehmen in Supervisions- und anderen Tätschelkursen, in denen sich Manager zu Selbstreflektion, Teamfähigkeit, Wellness und Fairness zurechtstreicheln. Schließlich fehlen auch nicht die Verweise auf die Vormachtstellung der Amerikaner, die hier ärgerlicherweise stets den Längeren behalten.

Es liegt auf der Hand, dass ein solches Stück nicht so recht zündet. Die Schauspieler stolpern sich durch einen langweiligen, spröden Text, dessen Personal mit ihnen nichts zu tun hat, und dessen karge Witzchen (»alles Nutten«, ruft einer wiederholt, »alles Nutten!«) schon nach einem Durchlauf das wohlwollende, mit vielen Verwandten und Redaktionsleitern gespickte Premierenpublikum nicht mehr mitzureißen vermögen. Versprecher in jedem dritten Satz illustrieren die bleibende Fremdheit der Figuren.

Ihre zähnefletschenden oder geheuchelt teilnahmsvollen Gespräche werden immer wieder von Zusammenkünften mit dem Direktor der Direktoren, Montparnasse (Schmidt), unterbrochen.

Während er zum Spargel ständig zwischen Pommard und Pomerol laviert, lässt er über die Klinge springen oder großherzig hochleben, je nach Tagesform und Geschäftsbedarf. Das schmale Oberlippenbärtchen lässt flüchtig an Marlon Brando im »Paten« denken, dessen Gesprächspartner sich ja auch nie ganz sicher sein konnten, ob sie den Abend überleben würden. Große Anforderungen stellt die Rolle an ihn nicht: meist hat er halt den Spargel zu schmatzen, nach Pomerol zu verlangen, Golfturniere zu planen (»ich will ein Loch mit ihr machen«) und in großem Stil über die Klinge springen zu lassen, wie er es seinerzeit bei Dietl ja auch getan hat. Ist Hartmann deshalb auf dieses Stück verfallen?

Die Kritik hat, mit wenigen Ausnahmen, den Mut, einen unerprobten Autor zu spielen, nicht honoriert. Den wenigsten leuchtete auch die angestrengte Bespielung der drei Säle ein, von denen in jeweils zweien das Geschehen nur auf einer Videoleinwand verfolgt werden konnte. Andreas Rossmann, Theaterkritiker der *FAZ*, dem ohnehin die ganze Richtung von Thomas Hartmann und seinem populistischen Ansatz nicht passt, schäumte: »So wirft die Regie das Stück dem Fernsehen an den Hals, ohne dass das Publikum unter Schluckbeschwerden litte. … Pommard oder Pomerol? In der Sparkassengaleria, wo der Ausgang durch die Premierenfeier führte, gab es Freibier für alle. Dabei muss es aber nicht bleiben, denn das Prominenten-Theater lechzt nach Fortsetzung. Es wäre nur konsequent, wenn Matthias Hartmann im Herbst den ›Faust‹ mit Franz Beckenbauer in der Titelrolle, Jürgen Möllemann als Mephisto und Anke Engelke als Gretchen, Harald Schmidt als Wagner in der Unibibliothek inszenierte. An dieser Premiere kämen dann auch der Bundeskanzler, ob er nun Schröder, Stoiber oder Westerwelle heißt.«[18]

Auf die Frage, was ihm mehr Spaß gemacht habe, der Lucky oder Montparnasse, sagte Schmidt: »Wenn der erste Wahnsinnsrespekt vor dem Text und einem Haus wie Bochum vorbei ist …, ja, dann fällt mir natürlich auf, dass ich da relativ lang rumstehe

Radical Chic: Als Direktor Montparnasse in Daniel Besses »Die Direktoren« in Bochum, 2002.

mit schweren Koffern, dass ich einen langen Monolog habe und ansonsten stolz darauf sein kann, dass ich so diszipliniert bin.«[19] »Die Direktoren« hingegen, dass sei »Gib-dem-Affen-Zucker«. Ein gutes Boulevardstück, bissig und witzig. Man werde es in der zweiten Spielzeit fortsetzen, wenn auch ohne den Video-Hokuspokus.

Dennoch wünscht man Schmidt einmal die schauspielerische Herausforderung, der er bislang noch auszuweichen scheint. Immer weiter auf dem Boulevard der Besserung. Muss ja nicht gleich »Gespenster« sein, vielleicht etwas von Moritz Rinke, gegenwärtig, interessant; etwas Rundes mit mehr Geschichte, Ambivalenz, Tiefenschärfe. Powered by emotion!

Bevor hier der Vorhang fällt, noch die kleine Meldung: Harald Schmidt wurde von *Theater heute* zum Nachwuchsschauspieler des Jahres 2002 gewählt, eine nicht unironische Auszeichnung für den Mann, der gerade 45 Jahre alt geworden war. Er widmete dem Ereignis die halbe Sendung vom 30. August des Jahres: »Meine Damen und Herren, Sie mögen das jetzt selbstbezogen, übertrieben und eitel finden, das ist mir völlig egal. Ich musste 25 Jahre diesen idiotischen Umweg über das Fernsehen gehen, um da endlich anzukommen: auf der Bestenliste von *Theater heute*.« Ausgiebig zeigte er das achtseitige Interview her, dass der Redakteur Michael Merschmeier mit ihm geführt hatte. Auch Dr. Udo Brömme war von einem der Kritiker zum besten Nachwuchsschauspieler des Jahres gekürt worden. Manuel Andrack warf zwar ein: »Aber auf dem Titelbild warst du nicht!« Aber es war kein Zweifel möglich: Harald Schmidt war glücklich.

Anhang

Lebenslauf

18. August 1957	wird Harald Schmidt in Neu-Ulm geboren. Er wächst im schwäbischen Nürtingen auf.
1977	Zivildienst, gleichzeitig Besuch der Kirchenmusikschule Rottenburg/Neckar
1978	Abschluss der C-Prüfung
1978–1981	Besuch der Staatlichen Schauspielschule Stuttgart
1981–1984	Engagement bei den Städtischen Bühnen Augsburg
1984–1989	Engagement beim Düsseldorfer Kom(m)ödchen
ab 1985	Soloprogramme: »Ich hab schon wieder überzogen«, »Überstehen ist alles« (1988), »Schmidtgift« (1992)
ab 1988	Fernsehen, zunächst »MAZ ab!« beim SFB, später ARD
1989	Umzug nach Köln
1990	»Pssst ...!« (WDR3, 1993–1995 ARD) »Schmidteinander« (WDR3, 1993–1995 ARD)
1991	»Gala«
1992	»Verstehen Sie Spaß«
1994	Geburt seines Sohnes Robert, aus der Beziehung zu Elke Maar
1995	Kinodebüt als Bischoff in Jürgen von

	der Lippes »Nich'mit Leo!«
1995	Geburt seiner Tochter Nele, aus der Beziehung zu Ellen Hantsch
seit 5. Dezember 1995	»Harald Schmidt Show« bei SAT1, zunächst von Brainpool,
ab 1998	von eigener Produktionsgesellschaft Bonito-TV produziert
1998	Geburt seines Sohnes Peter, aus der Beziehung zu Ellen Hantsch
1999	Zweiter Kinoauftritt als TV-Produzent in Helmut Dietls »Late Show«
2002	Rückkehr zum Theater als Diener Lucky in Matthias Hartmanns Inszenierung von »Warten auf Godot« am Bochumer Schauspielhaus
seit April 2002	Mitglied des Ensembles am Bochumer Schauspielhaus. Im Mai Premiere von »Die Direktoren« von Daniel Besse, in dem Schmidt den Vizevorsitzenden Montparnasse spielt.

Preise und Auszeichnungen

»Salzburger Stier« von ARD/ORF/SRG als bester Nachwuchskabarettist (1986 und 1994)
Telestar-Förderpreis von ARD/ZDF (1988)
Grimme Preis (1992, 1997, 2002)
Goldene Europa als Entertainer des Jahres (1993)
Bambi (1993)
Goldene Kamera (1994)
RTL-Fernsehpreis »Der Goldene Löwe« (1997)

Medienpreis für Sprachkultur (1998)
Bayerischer Fernsehpreis (1999)
Deutscher Fernsehpreis (2001)
Nachwuchsschauspieler des Jahres von *Theater heute* (2002)

Werke von und mit Harald Schmidt

Tränen im Aquarium – Ein Kurzausflug ans Ende des Verstandes, Köln: Kiepenheuer & Witsch 1993
»Schmidtgift«, CD; Live-Mitschnitt aus dem Kom(m)ödchen Düsseldorf, 1995
Kommen Sie doch ruhig ein bisschen näher, Hamburg: Eichborn 1996
Ich sage Ja! zu deutschem Wasser, Hamburg: Eichborn 1997
Warum? Neueste Notizen aus dem beschädigten Leben, Köln: Kiepenheuer & Witsch 1997
»Best of Harald Schmidt«, Vol. 1&2, SAT.1-Video, 1997
Wohin? Allerneueste Notizen aus dem beschädigten Leben, Köln: Kiepenheuer & Witsch 1999
Scharfe Sachen – und heiße Sprüche aus der Harald Schmidt-Show, Frankfurt: Eichborn 1999
Highlights. Das Beste aus der Harald Schmidt Show, Hamburg: Eichborn 1999
»Late Show«, Video 1999
Warum und Wohin. Gesammelte Notizen aus dem beschädigten Leben, München: Ullstein 2002
»Harald Schmidt. Die ganze Packung. Die volle Dröhnung«, DVD, 2000
»Nich'mit Leo«, Video, 2000
»Harald Schmidt trifft: Johann Sebastian Bach«, CD mit Begleittext von Harald Schmidt u. div. Interpreten, 2001
Quadrupelfuge. Variationen über 4 Themen auf 240 Seiten, Köln: Kiepenheuer & Witsch 2002

Websites

http://www.harald-schmidt.de (Homepage, enthält unter anderem auch ein kleines Video- und Textarchiv, Spiele, Ankündigungen, Paraphernalia, Kontakte etc.)

http://www.fantissimo.de (Fanpage, enthält unter anderem ein kleines Fotoalbum, hauptsächlich mit Stills aus der »Gala«-Sendung bei seinen Eltern)

http://www.kasper-online.de/Schmidt/ (Fanpage mit Kurzbio und etlichen brauchbaren Links zu Interviews und Texten)

Es gibt natürlich noch unzählige Websites zu Harald Schmidt; richtig brauchbar fand ich aber nur die erwähnten.

Anmerkungen

Der Teufel bleibt

1 »Post an Harald Schmidt«, *Nürtinger Zeitung*, 21. Dezember 2001
2 »Ein verlorener Sohn auf Schmusekurs?«, *Nürtinger Zeitung*, 21. September 2002
3 Jochen Schmidt, Hg., *Friedrich Hölderlin. Sämtliche Gedichte und Hype rion*. Frankfurt am Main: Insel 2001, S. 247
4 »Harry – der verlorene Sohn von Nürtingen«, *Stuttgarter Zeitung* vom 11. März 1997
5 »Ohne die Show würde ich saufen«, *Stern*, Nr. 47, 15. November 2001, S. 276
6 »Wo ein Mikro ist, bin ich«, *Zeit Magazin*, Nr. 23, 3. Juni 1994, S. 16
7 »Ohne die Show würde ich saufen«, *Stern*, Nr. 47, 15. November 2001, S. 276
8 »Hundert Fragen an ... Harald Schmidt«, *Süddeutsche Zeitung Magazin*, 24. November 2000, S. 19
9 *Harald Schmidt trifft: Johann Sebastian Bach*. CD. Hamburg: Universal Classics/Deutsche Grammophon 2001
10 ibid.
11 Gespräch im Haus der Heimat vom 17. Juli 2002
12 Peter Härtling, *Herzwand. Mein Roman*. Frankfurt am Main: Luchterhand 1990, S. 16/17
13 »Ohne die Show würde ich saufen«, *Stern*, Nr. 47, 15. November 2001, S. 276
14 »Der Gipfel des Unsinns«, *TV Spielfilm*, Nr. 27, 6. August 1994, www.herbertfeuerstein.de/feuer/chronik/1994/pr940800.html
15 »Ohne die Show würde ich saufen«, *Stern*, Nr. 47, 15. November 2001, S. 276
16 »Braver Harald!«, *Bild am Sonntag*, 19. Februar 1995
17 Otto Borst, *Mein Land hat kleine Städte. Dreißig schwäbische Städteporträts*. Stuttgart: Theiss 2002, S. 294
18 Petra Garski-Hoffmann, *400 Jahre Nürtinger Maientag. Ein Kinder- und Heimatfest im Wandel der Zeit*. Nürtingen: Sindlinger-Buchartz 2002, S. 121
19 Harald Schmidt, »Maientag«, 1989, http://www.nuertingen.de/stadtinformation/persoenlichkeiten/schmidt/gedicht/111a.ht

»I han heula miaßa«

1 Dorothea Hauser, *Baader und Herold. Beschreibung eines Kampfes.* Berlin: Alexander Fest 1997, S. 230
2 »Claus Peymann kauft sich keine Hose, geht aber mit essen«, *Frankfurter Allgemeine Zeitung,* 17. März 2001
3 Roland Koberg, *Claus Peymann. Aller Tage Abenteuer. Biographie.* Berlin: Henschel 2000, S. 103
4 »Vorsprechen. Harald Schmidt und Claus Peymann im *Gespräch*«, *Zeit Magazin,* Nr. 8, 18. Februar 1999, S. 12
5 Koberg, S. 171
6 »Vor der Show ist nach der Show«, *Theater heute, Jahrbuch 2002,* September 2002, S. 89
7 Gitta Honegger, *Thomas Bernhard. The Making of an Austrian.* New Haven: Yale University Press 2001
8 ibid., S. 191
9 »Arg schee isch's g'wää, i han heula miaßa«, *Frankfurter Allgemeine Zeitung,* 23. Februar 2002
10 ibid.
11 »Peymanns Stuttgarter Kinder«, Theaterkanal 3sat, 24. Februar 2002
12 »Arg schee isch's gwää …«, ibid.
13 »Das Leben für Akteure wird härter«, *Canstatter Zeitung,* 12. Dezember 1992
14 »Harry, der verlorene Sohn aus Nürtingen«, *Stuttgarter Zeitung,* 11. März 1997
15 »Wo ein Mikro ist, bin ich«, *Zeit Magazin,* Nr. 23, 3. Juni 1994, S. 16
16 ibid.
17 »Er wollte immer auch Schauspieler sein«, *Augsburger Allgemeine,* 8. Januar 2002
18 »Harald Schmidt lästert über Augsburg«, *Augsburger Allgemeine,* 15. Juni 2002
19 Friedrich Karl Waechter, *Kiebich und Dutz. Pustekuchen.* Frankfurt am Main: Verlag der Autoren 1983
20 »Harald Schmidt Show«, SAT1, 6. Juni 2001
21 »Ohne die Show würde ich saufen«, *Stern,* Nr. 47, 15. November 2001, S. 276
22 ibid.
23 ibid.

Mokante Geselligkeit

1 »Vor der Show ist nach der Show«, *Theater heute, Jahrbuch 2002,* September 2002, S. 89
2 Gertrude Cepl-Kaufmann u. a., *Wenn es dem Kom(m)ödchen nicht gefällt. Ein Kabarett in Deutschland.* Düsseldorf: Droste 2000

3 Kay Lorentz, »Kom(m)ödchen«. In: Siegfried Kühl: *Deutsches Kabarett.* Düsseldorf: Droste 1962, S. 9
4 »... positiv dagegen!«, Veranstaltungsplakat Kom(m)ödchen. Düsseldorf: März 1947
5 Cepl-Kaufmann, ibid., S. 15
6 Kaspar Maase, *Grenzenloses Vergnügen. Der Aufstieg der Massenkultur 1850–1970.* Frankfurt am Main: Fischer 2001, S. 71
7 Cepl-Kaufmann, ibid., S. 15
8 Kurt Tucholsky, »Revolutionsrückblick«. In: Mary-Gerold-Tucholsky und Fritz J. Raddatz, *Gesammelte Werke*, Bd. II, 1919–1920, Reinbek: Rowohlt 1960, S. 195
9 Cepl-Kaufmann, ibid., S. 30
10 ibid., S. 53
11 »Neues im Düsseldorfer Kom(m)ödchen«, *Kölnische Rundschau,* 2. April 1948
12 ibid., S. 55
13 ibid., S. 150
14 Gespräch vom 11. Juni 2002
15 Harald Schmidt, *Tränen im Aquarium. Ein Kurzausflug ans Ende des Verstandes.* Köln: Kiepenheuer & Witsch 1999, S. 37 f.
16 ibid., S. 39 f.
17 Harald Schmidt, »Mice and Men and Matussek« In: *Tränen im Aquarium. Ein Kurzausflug ans Ende des Verstandes.* Köln: Kiepenheuer & Witsch 1999, S. 41 ff.
18 ibid., S. 45
19 ibid., S. 15
20 ibid., S. 44
21 Cepl-Kaufmann, ibid., S. 156
22 »Ohne die Show würde ich saufen«, *Stern, Nr. 47,* 15. November 2001, S. 276

»Heiße Schmidt und sehe auch so aus«

1 Doris Rosenstein, »Zur Geschichte kabarettistischer Sendeformen«. Hrsg: Hans-Dieter Erlinger, Hans-Friedrich Foltin. In: *Geschichte des Fernsehens in der Bundesrepublik Deutschland* IV. München: Wilhelm Fink 1994, S. 167
2 »In die Wende gespuckt«, aus: *Das Jahrhundert des Kabaretts.* Film von Gerhard Brack, WDR, 7. Juli 2002, SR-Produktion
3 Begründung der Programmverantwortlichen für die fingierte Funkstörung während der Übertragung von Neuss' »Paukenschlägen« auf einer kabarettistischen Veranstaltung für Bundestagsabgeordnete im Oktober 1955
4 Doris Rosenstein, »Zur Geschichte kabarettistischer Sendeformen«. In: *Geschichte des Fernsehens in der Bundesrepublik Deutschland* IV. München: Wilhelm Fink 1994, S. 173

5 »Noch'n Zivilisationsbruch«, *die tageszeitung*, 28. Februar 1998
6 »Die ARD setzt ›Pssst‹ ab«, *Süddeutsche Zeitung*, 10. August 1995
7 »Zwischen uns ist Hass pur«, *Stern TV*, 13. Januar 1994
8 Herbert Feuerstein, »Das Leben des Herbert Feuerstein. Eine Autobiographie«. http://www.herbertfeuerstein.de/feuer/bio/bio_hf.html
9 »Herbert Feuerstein über das Alter«, *Süddeutsche Zeitung*, 15. Juni 2002
10 »Harald und Herbert: Guten Abend Schmidteinander«, *Frau im Spiegel*, Nr. 50, 14. Dezember 1990, S. 12
11 »Wo ein Mikro ist, bin ich«, *Zeit Magazin*, Nr. 23, 3. Juni 1994, S. 16
12 »Der Menschenfreund«, *Frankfurter Rundschau*, 14. Juni 2002
13 »Eindeutiger Rausschmiss«, *Süddeutsche Zeitung*, 18. April 1996
14 Ricarda Strobel/Werner Faulstich, *Die deutschen Fernsehstars. Stars für die ganze Familie*. Göttingen: Vandenhoeck und Ruprecht 1998, S. 141
15 »Gottschalk wird der Kuli von morgen«, *Neue Revue*, Nr. 49, 30. November 1984
16 »Ich bin Gottschalk«, *Süddeutsche Zeitung Magazin*, 30. April 1992
17 Henri Bergson, *Das Lachen. Ein Essay über die Bedeutung des Komischen*. Frankfurt: Luchterhand 1988, S. 62
18 »Spaß mit Tücke«, *Stern*, Nr. 12, 18. März 1993, S. 106
19 »Das ist doch Anarchie«, *Das Erste*, Nr. 9, 1. September 1992, S. 16
20 »Verstehen Sie Spaß? …«, *Stuttgarter Zeitung*, 23. März.1993
21 »Das ist doch Anarchie«, *Das Erste*, ibid.
22 »Die Showbranche lechzt nach mir«, *Berliner Zeitung*, 15. April 1995

»Ich drück Dich!«

1 Gespräch mit Fred Kogel am 13. Juni 2002
2 Knut Hickethier, *Geschichte des Deutschen Fernsehens*. Stuttgart: Metzler 1998, S. 435
3 »Morgen ist wieder kein Tag«, *Die Zeit*, 24. November 1986
4 Christian Buß u. a., »Entstehung und Entwicklung des Senders SAT.1 von 1984 bis 1994«. In: Joan Kristin Bleicher. *Programmprofile kommerzieller Anbieter*. Opladen: Westdeutscher Verlag 1997, S. 100
5 »Mafia und Medienkonzerne«, *taz*, 27. Mai 2000

Die Nachtschicht

1 »The Clubbing of America«, *Rolling Stone*, 3. November 1988
2 »100 Characters in Search of an Author«, *Rolling Stone*, 3. November 1988
3 Jay Leno, *Leading with My Chin*. Thorndyke, Maine: G. K. Hall 1996, S. 9
4 ibid., S. 80
5 ibid., S. 137

6 »Zur Strafe komme ich morgen wieder«, *Stern*, 20. August 1997
7 Bill Carter, *The Late Shift: Leno, Letterman, and the Network Battle for the Night*. New York: Hyperion 1994
8 Frances Lefkowitz, *David Letterman*. Philadelphia: Chelsea House 2001
9 ibid., S. 98
10 Robert James Parish, *Let's Talk: America's Favourite Talk Show Hosts*. Las Vegas: Pioneer Books 1993, S. 99
11 Lefkowitz, ibid., S. 96
12 ibid., S. 101
13 ibid., S. 104
14 »He's no Johnny Carson«, *Time*, 6. Februar 1989
15 »The Late Show with David Letterman«, CBS, 18. 11. 2001
16 »Die Harald Schmidt Show«, SAT.1, 25. 9. 2001
17 »Zur Strafe komme ich morgen wieder«, *Stern*, 28. August 1997
18 »Sehen Sie, Sie sehen nichts«, *Frankfurter Allgemeine Zeitung*, 27. September 2001
19 Aus der Begründung des Adolf Grimme-Instituts zur Verleihung des Adolf Grimme Spezial-Preises an Harald Schmidt am 23. 3. 2002 in Marl. Im Internet unter: www.grimme-institut.de

Deutsch, aber glücklich

1 Ricarda Strobel, Werner Faulstich, *Die deutschen Fernsehstars IV.* Göttingen: Vandenhoek & Ruprecht, 1998, S. 165
2 Walter Grasskamp, »Glanz und Elend des Humors«, *Merkur* 9/10, September/Oktober 2002, S. 779
3 »Potz Tausend!« *TV today*, Nr. 23, 3. November 2001
4 »Wer reich werden will, muss denken«, *Frankfurter Allgemeine Zeitung*, 2. August 1997
5 »Ami Hure? Schönes Thema!«, *die tageszeitung*, 17. Juni 1996
6 ibid.
7 »Harald Schmidt«, *Frankfurter Allgemeine Magazin*, 16. Mai 1997
8 »Ami Hure«, ibid.
9 »Ich bin zuverlässiger als das Grundgesetz«, *Gala*, 27. Juli 1995
10 Jens Kapitzky, *Sprachkritik und Political Correctness in der Bundesrepublik Deutschland*. Aachen: Shaker Verlag 2000, S.27
11 »PC oder: Da hört die Gemütlichkeit auf«, *Die Zeit*, 22. Oktober 1993
12 Theodor W. Adorno, *Jargon der Eigentlichkeit. Zur deutschen Ideologie. Frankfurt am Main:* Suhrkamp 1997, S.9
13 Bittermann, Klaus; Henschel, Gerhard (Hrsg.), *Das Wörterbuch des Gutmenschen. Zur Kritik an der moralisch korrekten Schaumsprache.* Berlin: Edition Tiamat, 1994
14 Harald Schmidt, *Warum und wohin? Gesammelte Notizen aus dem beschädigten Leben.* München: Ullstein 2002, S.183

15 Gesellschaft für deutsche Sprache, *Der Sprachdienst.* Jahrgang 42, April 1998, S.130
16 ibid., S.131
17 Harald Schmidt, *Warum und Wohin? Gesammelte Notizen aus dem beschädigten Leben.* München: Ullstein 2002, S.49
18 »Hundert Fragen an ... Harald Schmidt«, *Süddeutsche Zeitung Magazin,* 24. November 2000
19 »Reinste Onanie«, *Die Woche,* Nr.22, 25.5.2001
20 »Kommt Ihnen das Feuilleton auf die Schliche, Herr Schmidt?«, *Der Tagesspiegel,* 6. April 1995
21 ibid.
22 ibid.
23 »Hier schreibt Harald Schmidt«, *Focus,* Nr.33, 11. August 2002

»Kotz, kotz, kotz«

1 »Aufrecht pissen gehen«, *Süddeutsche Zeitung Jugendmagazin Jetzt,* Nr. 8, 22. Februar 2002, S. 6
2 »Mit einer Gnade geboren«, *Frankfurter Allgemeine Zeitung,* 23. Februar 1999
3 ibid.
4 »Wie tief sind die Medien mittlerweile ins Leben eingedrungen«, *Die Zeit,* Nr. 9, 25. Februar 1999, S. 43
5 »Willkomen im TV-Bordell«, *Die Zeit,* Nr. 9, 25. Februar 1999, S. 43
6 »Aufrecht pissen gehen«, *Süddeutsche Zeitung Jugendmagazin Jetzt,* Nr. 8, 22. Februar 1999, S. 6
7 ibid.
8 »Fernsehen macht blind und blöd«, *Der Stern,* Nr. 8, 18. Februar 1999, S. 46

Der Relaunch

1 »Vor der Show ist nach der Show«, *Theater heute,* Jahrbuch 2002, September 2002, S. 90
2 »Ich halt's nicht mehr aus«, *TV today,* Nr. 5, 24. Februar 2001
3 »Harald Schmidt: Lästermaul mit goldener Zunge«, *Bunte Online* 8/99
4 »Hundert Fragen an Harald Schmidt«, *Süddeutsche Zeitung Magazin,* 24. November 2000, S. 19
5 »Ohne die Show würde ich saufen«, *Stern,* Nr. 47, 15. November 2001, S. 276
6 ibid.
7 »Machiavelli und Haribo«, *Der Spiegel,* Nr. 11, 12. März 2001, S. 100
8 ibid.
9 »Ich erwarte Anbetung«, *TV today,* Nr. 10, 6. Mai 2000

10 »Tramper? Da fahre ich mit meinem Porsche vorbei«, *Der Tagespiegel,* 3. März 2002
11 »Dr. Udo Brömme MdL«, http://www.drbroemme.de/presse.html
12 »Potztausend«, *TV today,* Nr. 23, 3. November 2001
13 »Harald Schmidt contra Stefan Raab«, *GQ,* Nr. 3, 1. März 2000
14 Eckhard Schumacher, »Konkurrenzloses Lachen«, *Merkur,* Nr. 9/10, September/Oktober 2002
15 »Humorkritik«, *Titanic,* Nr. 7, Juli 2002
16 Rainald Goetz, *Dekonspiratione.* Frankfurt: Suhrkamp 2000, S. 70
17 Gespräch mit Fred Kogel vom 21. Juni 2002

Lucky Strike

1 »Da spielt doch Harald Schmidt mit«, *Die Zeit,* Nr. 2, 3. Januar 2001
2 ibid.
3 »Beckett gegen seine Liebhaber verteidigt«, Hessischer Rundfunk, 31. Mai 1963
4 Samuel Beckett, *Warten auf Godot. En attendant Godot. Waiting for Godot.* Frankfurt: Suhrkamp 1971, S. 111
5 »Da spielt doch Harald Schmidt mit«, ibid.
6 ibid.
7 ibid.
8 »Stahlhart gute Laune«, *Berliner Zeitung,* 5. Oktober 1996
9 ibid.
10 Roland Koberg, Claus Peymann, *Aller Tage Abenteuer. Biografie.* Berlin: Henschel 2000, S. 283
11 »Claus Peymann kauft sich keine Hose, geht aber mit mir essen«, *Frankfurter Allgemeine Zeitung, Berliner Seiten,* 17. März 2001
12 »Eine Hose für Harald Schmidt«, *Frankfurter Allgemeine Zeitung, Berliner Seiten,* 24. November 2001
13 »Generation Jugend«, *Die Zeit,* Nr. 10, 2. März 2000
14 »Ich kann sie auswendig«, *Frankfurter Allgemeine Zeitung, Berliner Seiten,* 29. Juni 2002
15 »Der Bildungsprotz«, *Freitag,* Nr. 13, 23. März 2001
16 »In den Zeiten der Unschockierbarkeit«, *Berliner Zeitung,* 11. März 1998
17 *»Die Direktoren« von Daniel Besse,* Programmheft zur Deutschen Erstaufführung am 31. Mai 2002. Bochum: Schauspielhaus Bochum, 2002
18 »Pommard oder Pomerol?«, *Frankfurter Allgemeine Zeitung,* 3. Juni 2002
19 »Vor der Show ist nach der Show«, *Theater heute. Jahrbuch 2002,* September 2002, S. 91

Abbildungsnachweis

Seite 13: Ralf Jürgens
Seite 18: HfK-Rottenburg/Archiv
Seite 21: Paul Schirnhofer/Focus
Seite 36: Fred Schöllhorn
Seite 44: Peter Rigaud/Focus
Seite 49: Fred Schöllhorn
Seite 63 li., re.: KPA/dpa
Seite 65: WDR/Kom(m)ödchen-Archiv
Seite 81: WDR/SFB
Seite 86: Peter Meyer
Seite 93: Hajo Hohl/WDR
Seite 103: Michael Pladeck/Interfoto
Seite 112: KPA/dpa
Seite 120: Fred Prouser/Reuters
Seite 132: Alan Singer/Reuters
Seite 143: Guido Ohlenbostel/action press
Seite 150: KPA/dpa
Seite 154: Ralf Jürgens
Seite 164: Ralf Jürgens/action press
Seite 172: Interfoto - Archiv
Seite 184: Cinetext Bildarchiv
Seite 188: Sven Simon
Seite 193: Matthias Jung/laif
Seite 199: Ralf Jürgens
Seite 203: KPA/Chris
Seite 209: Arno Declair
Seite 213: ullstein bild/ddp
Seite 226: Arno Declair

Die Übertragung von Zitaten ins Deutsche stammt, wenn nicht anders angegeben, von Mariam Lau.

Ullstein
Ullstein ist ein Verlag des Verlagshauses Ullstein Heyne List GmbH & Co. KG
ISBN 3-550-07564-2

Bildredaktion: Konstantin Gerszewski
 Printed in Germany
Satz und Lithos: LVD GmbH, Berlin
Druck und Bindung: Claussen & Bosse, Leck